아름다운 개인주의자를 위한

# 별자리
# 심 리
# 사 ★ 전

아름다운 개인주의자를 위한

# 별자리

이림영옥
제소라
윤순식
지음

# 심리사 ★ 전

시크릿하우스

# 별자리가
# 삶의 태도가 될 때

● 이림영옥


　　가장 어두운 밤에 운명처럼 별을 만났다. 하늘의 별 말고 출생
차트의 별을. 인문학 공동체에 해답을 찾으러 갔다 천문해석학(친근하게
'별자리'라 부른다)의 세계로 들어섰다. 전부라 생각했던 사랑이 붕괴되는
참혹의 순간, 별자리 개념과 상징을 손에 쥐고 내 운명과 한판 승부는
그렇게 시작되었다.

　　지혜는 바닥났고 눈물만 그렁했던 시절, 길목마다 내 별자리에
게 난폭하게 물었다. 삶의 잔해 속에서 꺽꺽 울면서, 누구에게도 말하지
못한 슬픔의 질문들을 토해내며 지혜를 더듬거렸다. 무지했기에 별빛을
따라 걸을 수 있었다. 생각해 보면 그건 살고 싶다는 기도였는지 모른
다. 그 다행으로 살아남았다. 내 깜냥만큼의 렌즈로 본 별빛이었지만 별
은 찬란했다. 삶에 단편적으로 적용하는 기술지로서도 별은 충분히 훌
륭했다.

현생사 정답을 얻어갈 때쯤 또 길을 잃었다. 결과로서의 별자리는 편리했지만 편향적이었다. 공부가 깊어질수록 내가 더 어렵고 복잡해졌다. 관계망 속에 다르게 펼쳐지는 나, 확신은 또다시 혼돈이었다. 머리 위로 펼쳐진 별들의 패턴이 신비로운 언어로 속삭였다. "AS ABOVE, SO BELOW". "무한히 중첩된 나, 한없이 되어 가는 나"라는 진리를 마주하고 요상한 자유를 느꼈다. 나는 실체가 아니라 하나의 흐름이라는 구체적 인식. 내 마음먹기에 따라 달라지는 결과들, 내가 우주라는 말은 더 이상 은유가 아니었다. 마침내 망망대해! 정확한 정답을 찾는 게 아니라 좋은 질문을 하게 되었다. 내 안에서 빛과 힘이 솟구쳤다. 눈물로 얼룩진 사건이 다시 보였다.

붕괴된 건 작은 나였지, 삶이 아니었다. 다른 길이 어렴풋이 보였다. 세계는 넓어졌고 나도 조금 커졌다. 고통이 선물한 우주다. 이 경이를 잊지 않으려 손에 해달별을 새겼다. 대립하는 힘들 사이에서 균형을 잡고 서서 리듬감 있는 평형 상태를 매번 만들어 간다. 한 사람의 우주를 발견하고 별빛 응원을 뿌리는 배달부로 방향을 바꿨다. 자주 어렵고 가끔 두려워도 가장 신나고 잘 살도록 이끌기에 안 할 도리가 없었다. 나는 전갈자리가 필연으로 마주하는 상실을 파헤쳐 해방으로 변환하고 다시 사랑하기 시작했다. 완전히 다른 방식으로,

나에게만 이런 은총이 있을 리 만무하다. 도덕적 인과론의 법칙 안에서 우주는 공평하니까. '아름'과 '나'는 언어적 뿌리가 같다는 추

론을 지지한다. 나다울 때 우리는 가장 아름답다. 언어적 우연이 아니라 우주의 지혜가 언어 속에 스며든 증거일지니. 우리의 아름다움은 필연이다. 바야흐로 물병자리 시대, 우리는 저마다의 방식으로 각자 아름다워야 한다. 독립적이고 독창적인 개인주의자지만 너나우리로 공존할 수 있는 아름다운 개인주의자의 시대를 별빛은 지향한다.

누구의 보호자, 파트너, 명함 속 가면을 벗고 진짜 나로 온전히 살 때만 아름답다. 별빛은 우주가 우리에게 부여한 고유한 광채다. 나답게 살기 위해 필요한 것은 자기이해와 정확한 용기다. 많은 경험보다는 정확하게 배울 수 있는 온전한 경험이 중요하다. 깨어 있으면 된다. 아니 깨어 있으려 노력하면 누구나 이 선물을 받을 수 있다.


태양 별자리로 삶의 면면을 비추는 이 책은 때론 당신을 많이 알 것이다. 또 많이 모를 것이다. 그러나 한가지는 분명하다. 태양 별자리가 지닌 핵심 에너지가 당신 삶을 강력히 비춘다는 것. 당신의 인생 무대에서 펼쳐지는 사건은 법칙성을 벗어나 다양한 조건을 만나 수천 개로 변주된다. 그저 우리는 그간의 임상과 연구를 통해 발견한 다양한 사례를 나누고자 했다. 당신이 틀린 것이 아니라 우리가 부족하다. 그러니 당신의 생명력을 전개하라. 태양의 길을 향해 계속 나아가라.

태양 별자리가 품고 있는 고유한 에너지는 당신 내면에 존재하는 잠재력이다. 그것을 깨우는 순간, 당신은 우주의 먼지가 아니라 별빛 주인공이 된다. 태양 별자리의 강점과 약점을 제대로 알고 '충실히' 살

때, 카를 구스타프 융이 말한 개성화는 개화되기 시작한다. 결국 우리는 태양 별자리를 통해 꽃피운다. 10개 행성의 별자리는 태양 별자리로 통합되어야 한다. 나의 태양 별자리를 아는 힘은 강하다. 제대로 알면 사랑하게 되고 타고난 힘을 인생 무대에서 자유자재로 쓸 수 있다. 원인과 결과를 자기 안에 지닌 채 아름다운 개인주의자로 자기 삶에 우뚝 설 수 있다. 내가 나여서 기쁜 마음으로 나를 먼저 사랑하고 세상을 사랑하는 방식으로 나아갈 수 있다.

별 볼 일 있는 우리는 별나게 살아야 한다. 페이지들 사이에서 자신의 태양 별자리의 시크릿 코드에 기반한 핵심 기질과 관계 맺는 방식, 일하는 방식을 제대로 이해하며 균형을 잡는다면 더없이 좋겠다. 그 앎이 당신에 대한 판단이 아니라 이해의 걸음이 되길 바란다. 인간관계 가이드에서 같은 별자리는 같은 기질과 욕망을 가졌기에 기본적으로 궁합이 좋아 생략했다. 별자리로 나를 이해하고 타인을 이해하며 공존하면 좋겠다. 그 이해가 단순한 지식이 아니라, 당신을 묶고 있던 보이지 않는 사슬을 끊어내는 해방의 열쇠가 되길 바란다.

'별생'은 '나생'이자 '도생道生'이다. 자아를 껍질처럼 벗어던지고 영혼의 차원으로 도약하는 진화의 길이다. 황도대zodiac는 산스크리트어의 '길'이라는 의미로 거슬러 올라간다. 단순한 유형론이 아니라 영혼의 길이다. 12별자리를 통해 자신의 가장 깊은 본질과 만나는 미션과 해방 가이드에 귀 기울여라. 한 별자리의 완성은 다음 별자리다. 태양이 12

별자리를 순환하며 그리는 원은 우리 영혼이 경험해야 할 삶의 완전한 원을 상징한다. 다른 별자리도 이해하고 배워야 하는 이유다.

당신은 당신보다 크고 우리는 온전하다. 그것을 알려주려 우주는 우리에게 매일 태양 빛을 보낸다. 엄지손가락 하나에 우주의 에너지가 담긴 중성 미립자가 천억 개나 있다는 놀라움! 우주는 언제나 당신을 돕고 있다. 지구는 둥글고 우주는 모두 연결되어 있다. 깨어 연결되는 순간 우리는 우주가 된다. 부디 이 책이 약간이나마 자기에 대한 호기심을 자극하고, 드넓은 모험으로 이끌기 바란다. 아름다운 개인주의자로 나답게 존재하고 너다움을 응원하며 우리로 공존하길 바란다.

지구별에 스스로 온 아름다운 당신! 일상에서 태양 별자리의 장점을 의지적으로 쓸 수 있다면 당신의 우주적 순간은 선물처럼 자주 찾아올 것이다. 별자리가 당신의 삶의 태도가 될 때, 당신은 가장 아름답다. 언제 어디서나 별빛의 수호를 받으며 정직하고 떳떳하기를, 아름답고 기품 있기를. 하루하루 명랑하기를 기도한다.

북극성이 되어주는 라자요가의 집 친구들, 우주살롱 친구들 덕분에 멀리 올 수 있었다. 섬세하게 별을 탐구하는 스카이워커 덕분에 내 하늘도 자주 맑고 무중력으로 가벼워진다. 감사와 존경의 마음을 전한다.

# 별을 공부하는 마음,
# 나를 사랑하는 마음

● 제소라

　　천문해석학인 별자리 공부를 처음 만난 건 서른도 중반을 넘기던 무렵이었다. 이제 막 시작한 커리어는 미미했고 미래는 막막했다. 불안한 미래에 대해 조금이라도 알게 되면 나아질까, 나를 이해하면 더 나은 미래를 그릴 수 있을까. 수성이 쌍둥이자리에 있는 나는 책으로 먼저 그 길을 찾았다. 무엇 하나 뚜렷한 것이 없는 와중에도 나는 내가 제일 궁금했다. 자연스럽게 명리와 에니어그램, 당시엔 아직 인기가 없던 MBTI와 별자리 책을 뒤적이며 지구에 떨어진 나란 존재를 알아갔다.

　　다른 철학이나 인문학 공부보다 유독 별자리 공부가 끌렸던 건 달이 12하우스 전갈자리에서 빛나기 때문이란 걸 공부하고 난 후 알게 되었다. 사실 별자리로 미래를 점치는 것보다 나를 알아가는 것이, 더 나아가 사람들은 모두 자신만의 고유하고 온전한 우주로 태어난다는 것이 더 마음에 들었다. 타인과 비교하지 않고 옳고 그른 것이 없는 나만의 우주라니 정말 멋지지 않은가. 존재에 높고 낮음은 없다고 별들은 내내 우리에게 이야기하고 있었다. 태어난 순간의 하늘의 별자리가 나란 사람을 설명한다는 건 어떤 이들에겐 허무맹랑한 소리일지 모르지만 적어도 나에겐 낭만적이고 상상력을 돋우었다. 나는 그 낭만과 상상력에 기대어 태양 황소자리 사람답게 슬렁슬렁 게으르고 천천히 별자리 공부를 계속하는 중이다.

금성이 수호행성인 황소자리답게 나는 소소하고 작은 행운이 많은 사람이다. 친한 사람, 그저 아는 사이의 사람에게도 자주 작은 선물을 받는다. '소소하고 작다'고 했지만 작고 소소한 것이야말로 결국 관계를 가꾸는 가장 큰 힘이다. 초저녁 하늘에 달 옆에서 가장 밝게 반짝이는 금성은 누구나 쉽게 찾을 수 있는 별이다. 누구나 쉽게 찾을 수 있어서 어쩌면 잘 알아차리지 못하겠지만 행운은 살펴보면 늘 곁에 있다. 아마 별자리 공부를 하지 않았으면 알지 못했을, 혹은 알아차리지 못했을 기쁨들이 있다. 나를 알기 위해 시작한 별자리 공부가 오래 이어진 것은 함께 별을 보는 사람들이 있어서 가능했다. 이 책을 그들과 쓸 수 있어서 기쁘다.

내가 그랬던 것처럼 별자리 공부가 이 책을 펼칠 당신에게 당신을 온전히 사랑하는 경로가 되길 바란다. 가까운 친구처럼 자주, 쉽게 펼쳐서 내 별자리에 깃든 우주가 전하는 행운을 발견하기를.

# '있는 그대로의 나'를
# 찾아가는 여정

● 윤순식

    내가 인문학 공부를 시작한 이유는 단순했다. 나를 제대로 알고 싶어서다. 오십 평생 착한 딸, 좋은 엄마, 성실한 직장인으로 살아왔다. 그러나 나이를 먹을수록 알 수 없는 불안이 마음을 무겁게 했다. 때로는 "이만하면 잘 살았다"며 스스로를 안심시키다가도, 갑자기 "이렇게 사는 건 아니지"라는 생각에 초조해지곤 했다. 이 찜찜함과 불안을 떨쳐내고 싶었다.

    이런 고민은 비단 나만의 문제는 아닐 것이다. 누구나 삶의 방향을 잃고 막막할 때가 있다. 내가 잘 살아왔는지, 앞으로 어떻게 살아야 하는지와 같은 근원적인 질문들이 떠오르는 순간들 말이다. 돌이켜 보면, 나는 중년이 되어서야 이런 질문과 마주하게 되었다. 길을 잃었다면, 혹은 잃고 싶지 않다면, 가장 먼저 해야 할 일은 나아갈 방향을 찾는 것이다. 방향을 정해야 방법을 찾을 수 있다. 이때 '자기를 아는 것'

은 무엇보다 중요하다. 불안감은 자기 확신의 부재에서 비롯되기 때문이다. 진정 원하는 것, 잘할 수 있는 것, 기질과 성향을 안다면 남이 정해준 길이 아닌, 스스로 선택한 길을 걸을 수 있다. 자신에게 맞는 길을 걸을 때 우리는 즐겁고 행복할 수 있다.

　　자기를 안다는 것은 기질, 성향뿐 아니라 잠재된 재능과 욕망까지 파악하는 것이다. 그래야 온전한 자신을 이해할 수 있다. 하지만 많은 사람들이 자신을 제대로 알지 못한다. 주변 사람들이 말하는 '나'와 내가 알고 있는 '나' 사이에 괴리가 있는 경우도 많다. 나 역시 나를 진지하게 탐구해 본 적이 없었다. 오랜 시간 나는 '착한 사람'이 되는 것을 도덕으로 내면화하며 살았다. 착하다는 것은 윗사람 명령에 순종하는 것이었고, 부모님, 선생님, 회사, 사회통념이 원하는 모습으로 사는 것이었다. 당시 사회 분위기와도 맞아떨어져 삶의 방향성에 의문을 제기할 필요가 없었다. 그 결과, 모범생, 착한 여자, 현모양처라는 타이틀을 얻었다.

　　그러나 나이가 들면서 따라야 할 명령이 사라지자 방향을 잃었다. 중년이 되어서야 행복하게 사는 법을 고민하며 나를 탐구하기 시작했다. 그때 길잡이가 되어준 것이 운명학이었다. 사람들은 다양한 방식으로 자기 자신을 탐구한다. 적성검사, 성격검사, MBTI, 에니어그램으로 자기를 파악하기도 하고, 책이나 명상을 통해서 자신을 성찰하는 사람도 있다. 다양한 방법이 있지만, 나에게는 사주명리와 별자리가 욕망과 기질을 파악하는 데 가장 큰 도움이 되었다.

별자리는 별들의 기운을 통해 운명을 읽어내는 학문이다. 태어나는 순간 우주의 기운이 우리 몸에 새겨지고, 그 기운이 운명과 기질을 결정짓는다고 본다. 운명학의 본질은 미래를 예측하는 데 있지 않다. 마치 에너지가 형태를 바꾸며 흐르듯, 우리의 운명 역시 고정된 것이 아니라 끊임없이 변화하는 흐름임을 깨닫는 데 있다. 중요한 것은 이 변화의 가능성을 인식하고 받아들이는 것이다. 즉, 운명이란 타고난 기질을 자신이 운용하는 것이다. 자신의 기운과 욕망의 배치를 알고, 성향을 선한 방향으로 개척해 나가는 것이 운명학 공부의 목적이다. 자신 안의 별들을 나침반 삼아 인생의 지도를 그려나가야 한다. 또한 저마다 다른 에너지를 지닌 별들처럼, 사람 또한 각기 다른 기질과 욕망을 지니고 태어난다. 이러한 차이를 이해하는 것만으로도 타인과의 소통에서 발생하는 어려움을 줄일 수 있다. 이렇듯 운명학의 비전은 미래 예측이 아닌, 인간과 삶을 더 깊이 이해하는 데 있다.

별자리는 나에게 새로운 언어를 열어주고 '있는 그대로의 나'를 이해하며 살아가는 법을 알려주었다. 전갈자리의 통찰력으로 숨겨진 진실을 바라보고, 사자자리의 빛나는 에너지로 그것을 나누며, 양자리의 개척 정신으로 새로운 길을 모색하는 여정은 내게 무한한 기쁨을 선사했다. 별자리 공부를 통해 나를 사랑하는 법을 배웠고, 나아가 사람들과 고민을 나누며 별들의 메시지를 전하는 여정을 걸어올 수 있었다. 이 책이 독자들로 하여금 자신만의 별을 발견하고, 스스로를 진정으로 이해하며 사랑하는 여정의 출발점이 되길 바란다.

# 차 례

| 별자리 | 영문 | 기호 | 캐릭터 | 날짜 | 수호행성 |
|---|---|---|---|---|---|
| 양자리 | Aries | ♈ | 행동하는 개척자,<br>전사,<br>무사, 대장 | 3월 20일<br>~<br>4월 20일 | 화성<br>(Mars)<br>♂ |
| 황소<br>자리 | Taurus | ♉ | 실용적인 평화주의자,<br>자연주의자,<br>예술가 | 4월 20일<br>~<br>5월 21일 | 금성<br>(Venus)<br>♀ |
| 쌍둥이<br>자리 | Gemini | ♊ | 다재다능한 소통가,<br>생기발랄한 젊은이,<br>멀티플레이어 | 5월 21일<br>~<br>6월 21일 | 수성<br>(Mercury)<br>☿ |
| 게자리 | Cancer | ♋ | 다정한 양육자,<br>정서주의자 | 6월 21일<br>~<br>7월 22일 | 달<br>(Moon)<br>☽ |
| 사자<br>자리 | Leo | ♌ | 위풍당당한 창조자,<br>왕, 지배자 | 7월 22일<br>~<br>8월 23일 | 태양<br>(Sun)<br>☉ |
| 처녀<br>자리 | Virgo | ♍ | 사려 깊은 완벽주의자,<br>봉사자 | 8월 23일<br>~<br>9월 23일 | 수성<br>(Mercury)<br>☿ |

| 별자리 | 영문 | 기호 | 캐릭터 | 날짜 | 수호행성 |
|--------|------|------|--------|------|----------|
| 천칭<br>자리 | Libra | ♎ | 정의로운 중재자,<br>로맨티시스트 | 9월 23일<br>~<br>10월 23일 | 금성<br>(Venus)<br>♀ |
| 전갈<br>자리 | Scorpio | ♏ | 몰입하는 통찰자,<br>비밀주의자,<br>컨트롤러 | 10월 23일<br>~<br>11월 22일 | 올드룰러_화성<br>(Mars) ♂<br>모던룰러_명왕성<br>(Pluto) ♇ |
| 사수<br>자리 | Sagittarius | ♐ | 모험하는 철학자,<br>이상주의자 | 11월 22일<br>~<br>12월 21일 | 목성<br>(Jupiter)<br>♃ |
| 염소<br>자리 | Capricorn | ♑ | 절제하는 성취자,<br>지배자, 감독관,<br>최고 전문가,<br>마스터 | 12월 21일<br>~<br>1월 20일 | 토성<br>(Saturn)<br>♄ |
| 물병<br>자리 | Aquarius | ♒ | 독창적인 혁신가,<br>휴머니스트,<br>과학자, 발명가,<br>개인주의자 | 1월 20일<br>~<br>2월 19일 | 올드룰러_토성<br>(Saturn) ♄<br>모던룰러_천왕성<br>(Uranus) ♅ |
| 물고기<br>자리 | Pisces | ♓ | 신비로운 영성가,<br>영적 스승,<br>치유자 | 2월 19일<br>~<br>3월 20일 | 올드룰러_목성<br>(Jupiter) ♃<br>모던룰러_해왕성<br>(Neptune) ♆ |

# 별자리 주간 찾는 법

## 나의 별자리는? 내 48주간 찾는 법

**SLN 사이트**

우주의 12별자리는 다시 48개의 주간으로 나뉜다. 우리는 누구나 12개 중 하나의 태양 별자리를 가지고 있으며, 48개의 주간 중 하나의 주간에 태어난다.

48주간은 게리 골드슈나이더Gary Goldschneider라는 학자가 연구의 결실로 고안한 개념이다. 게리 골드슈나이더는 심리학, 점성술, 역사, 수비학, 타로를 기반으로 한 성격심리학personology 연구자이자 피아니스트이며 작가다. 40여 년 동안 생년월일에 바탕을 둔 분류체계를 만들고 실제 추적 조사하는 심리학의 기법을 통해 2만 명 이상의 인생사를 분석하고 종합한 연구 내용으로 48주간과 데스티니 등 독창적인 이론을 만들었다.

같은 태양 별자리 아래 태어나도 생일 주간에 따른 세부적 특징이 다르다. 한 사람을 다채롭게 이해하는 유용하고 직관적인 자료라 각 별자리마다 '주간별 강점과 약점'으로 요약 정리해서 소개했다. 그의 연구 자료는 SLNSecret Language Network 사이트에 전체 공개되어 있다. 자신의 생년월일만 넣으면 탄생 주간과 영적 성장의 길인 데스티니도 확인할 수 있다.

태양 별자리가 양자리라도 생일에 따라 탄생 주간이 다르다. 만약 양자리에 속하는 4주간 중에 자기 생일이 없다면, 전 별자리인 물고기자리의 끝 주간과 다음 별자리인 황소자리 첫 주간을 살펴보면 된다. 우주는 이렇게 연결되어 흐른다.

✦

# 양자리
## 행동하는 개척자

3월 20일~4월 20일

능동적이라는 것은 자신을 새롭게 하는 것,
성장하는 것, 흘러넘치는 것, 사랑하는 것, 베푸는 것을 의미한다.
_에리히 프롬

태양 별자리가 양자리인 사람이 아름다운 개인주의자가 되기 위한 가이드로 삼으면 좋다. 달 별자리나 동쪽 별자리

가 양자리에 있거나, 세 개 이상의 행성이 양자리에 있는 이들에게도 용기와 개척 정신에 관한 통찰을 선사할 것이

다. 또한 화성의 영향이 두드러진 출생 차트를 타고난 이들이나, 자아 정체성의 현장인 1번째 하우스에 세 개 이상

의 행성이 들어 있는 이들에게도 빛나는 조언이 될 것이다.

# 양자리
## Aries
**3월 20일~4월 20일**

---

**원소: 불(+)**
**상태: 활동하는 상태**
**수호행성: 화성**
**수호하우스: 1번째 하우스**

헬스장에서 벌크업 운동 후 스타트업 미팅에 바로 달려가는 에너지 넘치는 영혼. 스포츠카를 몰고 다니며 주말마다 새로운 익스트림 스포츠에 도전하고, 세미나와 네트워킹 파티를 통해 끊임없이 새로운 기회를 모색하는 진취적인 모험가. 실험적 시도에서 책임 있는 실행으로 나아갈 때, 이들의 불꽃 같은 에너지는 세상을 변화시키는 진정한 전사가 된다.

# 양자리의
# 숨겨진 에너지 코드

## 나는 나를 믿는다

드라마 〈동백꽃 필 무렵〉의 여주인공 동백의 삶은 마치 모래밭 위 사과나무 같았다. 그녀의 말처럼 파도는 쉬지도 않고 달려드는데, 발밑에 움켜쥘 흙도, 팔을 뻗어 기댈 나무 한 그루가 없었다. 어려서는 엄마가 없다는 이유로, 커서는 미혼모가 술집을 운영한다는 이유로 모진 시선을 감내해야만 했다. 그러나 동백은 결코 기죽지 않는다. 그녀를 둘러싼 불리한 조건도 그녀의 발걸음을 멈추지 못했다. 오히려 동백은 겨울 끝자락에서 가장 먼저 봄을 알리는 동백꽃처럼 모든 편견과 한계를 뛰어넘어 자신만의 길을 개척해 나간다.

이제 그녀의 옆에는 그녀를 지켜주고 응원해 주는 사람들이 돋아났다. 사람들 사이에서 뿌리를 내리며 단단한 발판을 만들었다. 그녀의 눈에는 곁에서 항상 꿈틀댔을 바닷바람과 모래알, 그리고 눈물 나게 예쁜 하늘이 들어온다. 이건 기적일까? 그런 복권 같은 기적을 믿느냐는 연인의 말에 동백은 자신 있게 말한다. "아니요, 나는 나를 믿어요." 자신을 믿는다는 동백의 말은 단순한 자기암시가 아니다. 이는 자신의 운명을 개척하겠다는 의지의 표현이자, 삶을 향한 치열한 긍정의 외침이다. 불꽃 같은 열정으로 겨울을 뚫고 피어난 동백이. 혹독한 현실 속에서도 자신을 향한 믿음과 타인을 향한 따뜻한 마음으로 자신만의 봄을 일구어내는 그녀에게서 진정한 양자리의 에너지를 발견할 수 있다. 연인 용식의 말처럼 "동백이는 동백이가 지킨다."


## 시작의 문을 여는 운명의 개척자


매년 3월 20일경, 우주는 새로운 막을 올린다. 낮과 밤의 길이가 같아지는 춘분, 바로 양자리 시즌이 시작되는 순간이다. 고대로부터 전해져 온 천문해석학의 지혜는 우주의 리듬이 하늘에서 땅으로, 다시 인간에게로 흐른다고 보았다. 하늘의 기운은 땅에서 날씨의 변화로 나타나고, 그 영향을 받아 사람들은 각자의 시절에 맞는 특별한 기질을 선물 받았다. 낮의 길이가 더 긴 6개월이 시작되는 춘분은 단순한 계절의 변화가 아니다. 만물이 새로운 생명력을 얻고 새로운 순환이 시작되는 순간이다. 겨울 내내 침묵하던 대지가 깨어나고, 움츠러들었던 씨앗들이 용기 있게 새싹을 틔운다. 메마른 가지들은 연둣빛 새순으로 생기있게 변신하고, 봄꽃들은 마치 경쟁하듯 앞다투어 피어난다.

흥미롭게도 이 시작의 기운은 여러 문화에 깊이 새겨져 있다. '봄'을 뜻하는 이탈리아어 'primavera'와 프랑스어 'printemps'은 '최초'와 '시작'이라는 의미를 품고 있다. 고대 페르시아와 서남아시아에서는 춘분을 새로운 시작이라는 뜻의 '노로즈Newroz'라 부르며 일 년 중 가장 성대한 축제의 날로 기념했다. 양자리는 태초의 에너지를 온몸으로 담아낸 개척자다. 마치 단단한 겨울 땅을 뚫고 올라오는 새싹처럼, 어떤 난관 앞에서도 굴하지 않는 도전 정신으로 새로운 길을 개척한다. 그래서 양자리가 12별자리의 첫 번째 별자리가 되었다. 양자리가 보여주는 이 불굴의 의지는 우리 모두에게 새로운 시작의 용기를 선물한다.


## 열정과 도전의 불꽃 전사


우주의 질서 속에서 모든 별자리는 화火, 토土, 공空, 수水 원소 중 하나를 품고 있다. 그중 불의 기운을 받은 별자리는 각자의 방식으로 세상을 비춘다. 한여름 태양의 기운을 담은 사자자리는 무대 위 주인공처럼 당당한 존재감과 예술적 재능으로 세상에 빛을 발산하고, 끝없는 호기심과 모험심을 지닌 지적 탐험가 사수자리는 철학자의 등불처럼 진리를 향한 열망으로 타오른다. 양자리는 가장 원초적이고 강렬한 불의 기운을 지녔다. 그들의 열정은 마치 화염방사기에서 터져 나오는 불꽃처럼 순간적이고 강렬하다. 복잡한 분석이나 깊은 고민 대신, 번개 같은 직관으로 새로운 길을 개척한다. 얼핏 즉흥적으로 보일 수 있지만, 사실 이는 그들만의 특별한 재능이자 비밀 무기다. 자신의 이상과 약자를 위해 주저 없이 뛰어드는 모습은 자신을 태워 세상을 밝히는 불꽃과도 같다.

양자리의 수호 행성인 화성은 이들의 전사적 기질을 더욱 강화시킨다. 전쟁과 열정의 행성인 화성은 양자리에게 끊임없는 도전 정신과 무한한 에너지를 선사한다. 대부분 다부진 체격을 가진 양자리는 단순한 신체적 강인함을 넘어, 불굴의 의지로 목표를 향해 전진하는 개척자의 정신을 품고 있다. 어려움을 뚫고 도전하고 싸우며 이겨내는 과정을 즐기는 개척자들. 그래서 양자리를 전사, 무사의 별자리라 부른다. 어둠을 밝히는 불빛처럼 양자리는 늘 희망을 향해 달린다. 난관에 부딪혀도 온 힘을 다해 돌파하며, 한 길이 막히면 다른 길을 찾아내는 지치지 않는 도전자다. 이들의 강인한 정신과 화성의 에너지가 만나 강한 의지가 탄생한다.

타고난 승부사인 양자리의 가장 놀라운 점은 어떤 시련 앞에서도 오뚝이처럼 일어나는 회복력이다. 넘어져도 툭툭 털고 일어나 다시 전진하는 모습이야말로 진정한 전사의 면모를 보여준다. 양자리에게 인생은 한 편의 웅장한 서사시와 같다. 영감이 스치는 순간 지체 없이 행동으로 옮기고, 목표를 달성하면 곧바로 다음 도전을 향해 망설임

없이 발걸음을 내디딘다. 마치 끝없이 타오르는 불꽃처럼 새로운 도전을 향한 그들의 열망은 쉽게 식지 않는다. 한국인 최초로 프리미어리그에 진출한 박지성의 이야기는 양자리의 전사적 기질을 완벽하게 보여준다. 다소 왜소한 체격으로 국가대표 발탁 후에도 크게 주목받지 못했지만, 그는 포기하지 않았다. "쓰러질지언정 무릎은 꿇지 않는다"라는 19살 때의 선언처럼, 끝없는 도전과 노력으로 마침내 세계적인 축구 영웅이 되었다. 자신의 한계를 뛰어넘어 새로운 역사를 쓴 그의 여정은 불굴의 전사 양자리를 상징하는 완벽한 모습이다.

## 강인함과 순수함,
## 죽음을 통과한 열정

양자리의 기호 ♈는 막 돋아난 어린 숫양의 뿔과 새싹을 상징한다. 어린 숫양들이 뿔 박치기로 힘을 겨루듯 당당하게 자신을 표현하고, 승부의 세계에서 물러섬 없이 도전하는 모습이 그들의 첫 번째 얼굴이다. 그러나 이 기호에는 흥미로운 이중성이 숨어있다. 강인한 숫양의 뿔이면서 대지를 부드럽게 뚫고 나오는 여린 새싹을 동시에 상징한다. 여린 새싹이 봄의 차가운 대지를 뚫고 나오는 모습은 양자리의 숨겨진 순수함을 보여준다. 새싹은 비록 작고 연약해 보이지만, 생명력과 순수한 성장의 의지를 담고 있다. 양자리의 열정과 도전 정신 이면에는 이처럼 때 묻지 않은 순수함과 솔직함이 자리하고 있다. 순수함에는 어떤 환경에서도 자신만의 방식으로 성장하려는 근원적인 생명력을 지니고 있다. 그들은 복잡한 계산이나 전략보다는 직관과 진심에 의존한다. 이런 태도는 때로 세상을 놀라게 하는 창의적 돌파구가 된다. 이처럼 양자리는 강철 같은 의지와 순수한 열정이 공존하며 조화를 이룬다. 이 양면성이 양자리의 매력이자 그들이 세상에 기여하는 독특한 가치이다.

인생의 첫 7년, 즉 0세부터 7세까지의 순수한 어린이 에너지를 담은 양자리는 마치 처음 세상을 마주하는 아이처럼 눈부시게 맑은 영혼을 지녔다. 양자리는 자아와 정체성, 개인적 시작을 담당하는 1번째 하우스의 인생 영역을 담당하는 별자리로, 우주의 첫 에너지를 온몸으로 받아들이며 순수한 열정으로 새로운 여정을 시작하고, 자신만의 독립적 존재감을 확립하며 삶의 모든 가능성을 향해 과감히 돌진한다. 이들의 존재 자체가 품은 당당함은 어린아이의 천진난만함과 어우러져 독특한 매력을 만들어낸다. 호기심 가득한 눈으로 세상을 탐험하고 가슴속 이야기를 거침없이 펼쳐내는 모습은 마치 봄의 생명력을 연상케 한다. 봄의 기운처럼 양자리가 있는 곳이라면 어디든 생기와 활력이 넘실거린다.

그런데 우주의 시간은 뫼비우스의 띠처럼 끝없이 순환한다. 우주 순환의 관점에서 보면 첫 번째 별자리인 양자리는 동시에 열세 번째 별자리다. 물고기자리의 끝자락에서 다시 새롭게 피어난 양자리는 죽음과 부활이 교차하는 신성한 시작점이다. 그래서 이 시기에 태어난 이들은 우주로부터 영원한 시작의 기운을 받은 개척자이자, 부활의 에너지를 지닌 특별한 존재들이다.

이는 자연의 이치로도 알 수 있다. 죽음과 소멸의 계절인 겨울을 지나야 새로운 생명의 계절인 봄이 온다. 고대 유대인들은 양자리가 시작되는 춘분을 새해의 시작으로 삼았고, 예수의 부활을 기념하는 부활절 역시 춘분을 기준으로 정해졌다. 소멸과 탄생이 맞닿는 그 찰나가 바로 창조의 순간이다. 양자리는 시작의 설렘과 부활의 숭고함이 공존하는 이 특별한 시기의 에너지를 품고 태어났다. 위대한 철학자 크리슈나무르티는 흥미로운 통찰을 남겼다. 열정passion의 어원은 '슬픔'이며, 그 슬픔은 '사랑하는 이의 죽음'에서 비롯된다는 것이다. 양자리의 열정은 바로 여기서 시작된다. 사랑하는 이의 죽음이라는 궁극의 상실을 온전히 겪어내고 그 깊은 슬픔을 견뎌낸 영혼에서 솟아나는 강력한 생명력, 그것이 양자리의 열정이다. 죽음을 통과했기에 그들의 열정에는 두려움이 없고 가식 없이 순수하다.


## 승부사의 영광과 그림자

순수한 영혼의 소유자답게 양자리는 감정과 욕구를 직접적으로 표현한다. 돌려 말하는 대신 솔직하게, 모호함 대신 명확하게 말한다. 그러나 솔직함은 때로 무례함이라는 부적절한 의사소통으로 보일 수 있다. 솔직함이라는 가치 뒤에 상대방의 감정을 헤아리지 않고 날카로운 말들을 쏟아내는 경우가 많기 때문이다. 이런 직설적이고 즉각적인 의사 표현은 불필요한 갈등의 원인이 되곤 한다. 특히 이런 반응패턴은 자신의 입지가 위협받거나 목표 달성이 방해받을 때 강한 분노 표출로 나타난다. 분노라는 강한 감정 표현은 충동적 판단과 경솔한 실수로 이어질 수 있다.

삶을 대하는 태도 역시 직선적이다. 이것이면 이것, 저것이면 저것이다. 삶에 대한 이런 이분법적 접근 방식은 명확성의 장점을 가지지만, 유연성 부족으로 인해 대인관계에서 마찰을 초래할 수 있다. 또한 과도한 경쟁심으로 인해 다른 사람의 성공에 질투를 느끼고, 이것이 공격적인 행동으로 나타나기도 한다. 남의 성공을 자신의 실패처럼 느끼는 이런 사고방식은 결국 자신의 성장을 방해한다. 항상 스스로를 몰아붙이다 보니 심한 스트레스를 받게 되고, 결국에는 지쳐버린다. 개척 정신과 도전 의식을 지닌 불꽃 전사들에게 신중함과 인내의 부족은 반드시 통과해야 할 목표이자 영원한 과제이다.


## 시도에서 책임으로!

양자리의 분노 관리에서 단순히 감정을 억누르는 것은 해결책이 될 수 없다. 양자리에게 분노를 억압하는 것은 화산의 분출구를 막는 것과 같다. 결국 더 큰 폭발로 이어져 자신과 주변에 깊은 상처를 남길 수 있다. 타협과 양보를 패배처럼 인식하는 양자리에게 가장 필요한 것은 '인내와 책임감'을 배우는 것이다.

인내의 미덕을 배우는 열쇠는 '알아차림'에 있다. 불교의 가르침처럼 알아차림은 감정의 폭주를 막는 강력한 제동장치가 된다. 분노를 알아차리는 가장 확실한 방법은 몸의 신호다. 예로부터 지혜로운 선인들은 마음과 몸이 서로 연결되어 있다고 보았는데, 스트레스를 받으면 우리 몸은 즉각적인 변화로 반응한다. 특히 양자리는 화가 나면 열이 위로 올라오면서 목덜미가 뻣뻣해지고 머리가 조여지는 듯한 두통이 시작된다. 이러한 몸의 신호가 오면 "아, 내가 화가 났구나"라고 알아차릴 수 있다. 자각하는 순간, 우리는 감정의 소용돌이에서 한 걸음 물러나 객관적 시각을 확보할 수 있다. 이는 원망과 비난으로 향하던 마음의 방향을 전환하여 평정을 찾는 첫걸음이 된다.

책임감 있는 행동의 첫 단계는 숙고하는 습관을 기르는 것이다. 타고난 선구자적 기질과 도전 정신이 온전한 가치를 발휘하기 위해서는 책임감이라는 균형추가 필요하다. 특히 양자리의 행동은 단순한 충동이 아닌 책임감 있는 판단에서 비롯될 때 더 효과적인 결과를 가져온다. 그러기 위해서는 행동하기 전 잠시 시간을 갖고 자신의 결정이 공동체와 타인에게 미치는 영향력을 고민하는 시간이 필수적이다. 이는 양자리의 강렬한 에너지가 즉각적인 시도에서 책임감 있는 에너지로 전환할 중요한 과정이다. 때로는 잠시 쉬어가는 것도 더 큰 도약을 위한 지혜가 될 수 있다. 양자리의 성장은 열정이든 감정이든 그들의 불꽃을 어떻게 다스리느냐에 달려 있다. 자신의 에너지를 긍정적 방향으로 승화시킬 때, 더욱 강인하고 성숙한 존재로 거듭날 수 있을 것이다.

물고기자리의 무한한 자비와 창조적 상상력을 이어받은 양자리는 순수한 이상향을 향한 불굴의 열정으로 세상에 첫발을 내디딘다. 끝까지 이상을 포기하지 않는 개척 정신으로 새로운 지평을 열어가지만, 현실과의 조화를 이루지 못한다면 그들의 비전은 허상에 그치고 만다. 그래서 현실에서 물질적인 것들을 구현하는 황소자리로 넘어가게 된다.

## 양자리 주간별 강점과 약점

### 3월 19일~3월 24일
### 몽상가의 새로운 시작을 알리는 '부활의 주간'
**강점:** 직선적인, 직관적인, 높은 열정을 지닌
**약점:** 오해받기 쉬운, 참을성이 없는, 비현실적인

모든 별자리 중 가장 첫 번째 별자리다. 물고기자리의 섬세한 감수성과 양자리의 순수함이 공존하는 특별한 시기다. 솔직하고 직선적

인 면모를 지녔지만, 예민한 감성과 복잡한 내면을 숨기고 있다. 새싹이 대지를 뚫고 나오듯, 단도직입적이고 솔직하다. 뛰어난 직관력으로 세상을 읽어낸다. 그러나 이들의 단순명쾌한 제안은 때로 주변의 오해를 살 수 있다. 험난한 현실과 맞서기에는 너무 순수하다고 여겨지기도 하지만, 이는 그들의 본질을 제대로 이해하지 못한 편견일 뿐이다.

예리한 직관으로 자신의 감정을 거침없이 표현하며, 관심사에 대해서는 폭포수 같은 열정을 쏟아붓는다. 새로운 것에 쉽게 매료되는 성향이 있지만, 이러한 충동성은 양날의 검이 될 수 있다. 실패를 대하는 내성이 부족한 만큼, 인내심을 기르고 행동하기 전에 깊이 사고하는 지혜가 필요하다.

## 3월 25일~4월 2일
### 호기심과 신선한 에너지로 가득한 '어린이의 주간'
**강점:** 솔직한, 생각 없이 행동하는, 역동적인
**약점:** 세상 물정 모르는, 관습을 거스르는, 과도한 이상주의

천진난만한 아이처럼 호기심과 생동감이 가득하다. 솔직하고 거침없는 행동으로 눈에 띄며 세상 물정은 잘 모르지만, 그들만의 신선한 관점으로 세상을 바라본다. 자신이 발견한 세상의 경이로움을 나누고 싶어 한다. 사회적 제약 앞에서 때로 당황하지만, 성숙하고 책임감 있는 존재로 인정받기를 갈망하며 그에 걸맞은 행동을 추구한다. 자발

성과 개방성으로 새로운 경험을 마주하는 이들은 적극적이고 능동적인 유형과 내성적이고 수동적인 유형으로 나뉜다. 두 유형 모두 강한 독립성과 프라이버시를 중시하는 공통점을 지닌다. 형식적 관계보다는 자신의 내면세계를 이해해 주는 이들에게 깊은 매력을 느낀다.

성숙함과 책임감을 인정받을 때 더욱 역동적인 에너지를 발산한다. 타고난 체력과 강인함을 지녔다. 다만 지나친 도덕주의적 성향과 완고함, 고지식함은 때로 갈등의 씨앗이 될 수 있다. 도움이 필요한 순간에는 망설임 없이 손을 내밀 줄 아는 용기도 필요하다.

### 4월 3일~4월 10일
### 자아를 세워가는 열정적 존재 '스타의 주간'

**강점:** 성공지향적인, 용기 있는, 에너지가 넘치는
**약점:** 냉담한, 과민한, 과도한

세상의 중심에서 빛나고자 하는 강렬한 열망이 있다. 넘치는 활력과 범상치 않은 용기로 모든 순간의 주인공이 되려 한다. 자연스레 모든 상황의 중심에 서게 되며, 의미 있는 프로젝트나 올바른 대의를 위해 자신의 에너지를 아낌없이 쏟아붓는다.

군중 속에서도 외로움을 느낄 수 있지만, 혼자 있는 것을 싫어해 주변에 항상 사람들이 많다. 그래야 마음이 안정된다. 하지만 역설적으로 홀로 남겨진 순간의 고통을 경험해야 진정한 자아와 내면의 가치

를 발견할 수 있다. 목표 달성을 위해서는 자신의 한계와 좌절감을 극복해야 한다. 자신의 입지가 위협받는다고 느낄 때도 불쾌하게 받아들이지 말고 타인의 감정과 결정에 귀 기울이는 세심함을 배워야 한다. 거절과 무시에 대한 두려움도 내려놓아야 한다.

**4월 11일~4월 18일**

**공동체 의식과 탐구 정신이 강한 '선구자의 주간'**

**강점:** 보호해 주는, 관대한, 두려워하지 않는

**약점:** 비현실적인, 굽힐 줄 모르는, 자기희생적인

대담하게 자신의 비전을 실천하는 사람들이다. 자기중심적인 전형적인 양자리 성향과 달리 공동체나 타인의 삶의 환경을 향상하는데 깊은 관심을 기울인다. 전통적인 가치를 존중하면서도 낡은 관습을 혁신하고자 하는 진보적 열망이 강하다. 선의를 실천하며 스스로가 그 모범이 되고자 하는 이상주의적 기질과 함께, 두려움 없이 자신의 꿈을 좇는 개척자의 자질을 지녔다.

타인을 위해 자기 것을 아낌없이 내어주고 자기희생도 마다하지 않는다. 솔직하고 양심적이며 헌신적인 태도로 삶을 대한다. 다만 자신의 철학이나 혁신적 발상을 타인, 특히 가까운 가족들에게 강요하지 않도록 유의해야 한다. 베푸는 과정에서도 상대방의 생각과 현실적 상황을 섬세하게 고려하는 지혜가 필요하다.

# 양자리의
# 인간관계 가이드

## 양자리의 가족 관계

양자리의 솔직하고 직설적인 의사소통 방식은 종종 가족 내 갈등의 원인이 된다. 대가족 구조나 가족 구성원의 역할이 정해져 있는 전통적인 가족 제도는 그리 좋아하지 않는다. 양자리 부모는 자녀에 대한 높은 기대치를 가지고 때로는 지나치게 자신의 방식을 강요하는 경향이 있다. 반면 양자리 자녀는 천성적으로 독립적이고 도전적이어서, 부모의 권위에 저항하며 새로운 영역을 개척하려는 강한 의지를 보인다. 이러한 특성으로 인해 일찍 독립하는 경우가 많다. 형제자매 관계에서도 경쟁을 통해 성장하는 모습을 보이며, 이 과정에서 때로는 갈등이나 긴장 관계가 형성되기도 한다.

양자리의 가장 눈에 띄는 점은 '주목받고 싶어 하는 욕구'다.

마치 갓 태어난 아기가 집안의 중심이 되듯, 양자리는 늘 스포트라이트를 받고자 하는 타고난 전사이자 스타의 기질을 가지고 있다. 이들에게는 자신의 존재를 알리고 인정받는 것이 매우 중요하다. "텔레비전에 내가 나왔으면 정말 좋겠네, 정말 좋겠네"라는 노랫말이 이들의 심정을 정확히 대변하지만, 동시에 타인의 성공을 시기하는 마음도 강해 "텔레비전에 네가 나온다면 꺼버릴 거야"라는 속마음도 품고 있다. 가족 내 어느 위치에 있든 양자리는 중심적인 역할을 맡는다. 이러한 특성을 고려할 때 칭찬은 이들의 잠재력을 끌어내는 최고의 촉매제가 된다. 적절한 인정과 칭찬을 받을 때 양자리는 자신의 능력을 200% 이상 발휘하며, 이는 가족 전체에 긍정적인 영향을 미치게 된다.


## 양자리의 친구 관계

열정적이고 개방적인 성향으로 많은 사람들과 쉽게 친해진다. 새로운 인연에 대한 두려움이 없어 자연스럽게 친분을 넓혀나가며, 타고난 리더십과 넘치는 에너지로 주변 사람들을 끌어모으는 매력이 있다. 양자리의 우정은 진정성에 기반을 둔다. 한번 맺은 인연은 소중히 여겨, 친구가 어려움에 부닥쳤을 때는 자기 일처럼 발 벗고 나서서 도와준다. 이들의 가장 큰 장점인 솔직함은 친구 관계에서도 예외가 아니다. 때로는 거침없는 솔직한 표현이 갈등을 초래할 수 있지만, 이 또한 진실한 관계를 위해 필요한 과정이라 여긴다.

양자리는 정적인 만남보다는 동적인 활동을 통해 우정을 다지는 것을 선호한다. 여행, 스포츠, 익스트림 활동 등 몸을 움직이는 활동은 양자리에게 최고의 놀이다. 이런 과정에서 자연스럽게 친밀감이 형성된다. 특히 새로운 도전을 함께할 때 가장 큰 즐거움을 느끼는데, 이는 그들의 모험심과 개척 정신이 잘 드러나는 부분이다. 양자리의 특징 중 하나는 강한 경쟁의식이지만 이들이 원하는 이상적인 우정의 형태는 건강한 경쟁 관계다. 친구들과의 관계에서 양자리의 경쟁은 파괴적이기보다는 건설적인 성격을 띤다. 친구들과의 선의의 경쟁을 통해 서로를 자극하고 동기부여 하며, 이는 결과적으로 모두의 성장으로 이어진다.


## 양자리의 연인과 부부 관계


양자리의 연애와 사랑은 마치 뜨거운 여름날의 태양처럼 강렬하다. 이들은 흔히 말하는 '금사빠(금방 사랑에 빠지는 사람)'의 대표주자다. 사랑에 빠지는 속도만큼이나 그 열정도 뜨겁다. 첫눈에 반한 상대방을 향한 마음은 곧바로 타오르는 불꽃이 되어 주변 사람들을 놀라게 할 정도다. 청춘 로맨스 영화의 한 장면처럼 극적이고 열정적이다. 로미오와 줄리엣의 사랑이 그러했듯 사랑을 위해서라면 그 어떤 희생도 감수할 준비가 되어 있다. 연인을 향한 애정 표현은 과감하고 다이내믹하다.

직설적이고 적극적이다. 이러한 열정적인 성향은 연애 스타일에도 고스란히 반영된다. 성별과 관계없이 자신이 관계를 주도하길 원하며, 먼저 프러포즈 하는 것도 두려워하지 않는다. 이런 대담하고 진취적인 태도는 많은 이성의 마음을 사로잡는 매력 포인트가 된다.

　　같은 불 별자리인 사수자리는 양자리와 최고의 궁합이다. 사수자리의 낙천적인 성격은 양자리의 도전 정신을 북돋아 준다. 다만, 두 별자리 모두 자유로운 영혼이기 때문에 서로의 자유를 존중해주면 평생 파트너가 될 수 있다. 대부분의 사람은 자기와 정반대의 성향을 지닌 배우자를 선택하는 경우가 많다. 양자리도 반대 자리에 있는 천칭자리와는 특별한 끌림을 느낄 수 있다. 초기에는 양자리의 직설적인 성격과 천칭자리의 균형 잡힌 성향이 충돌할 수 있지만, 시간이 지날수록 서로의 장점을 배우며 더 성숙한 관계로 발전할 수 있다.

　　드라마 〈동백꽃 필 무렵〉의 황용식 캐릭터는 양자리의 기질과 사랑을 그대로 보여준다. 용식은 단순하고 솔직하고 우직하고 용맹스럽다. 어린아이처럼 원하는 것은 다 하고 싶어 한다. 이런 기질 덕에 그토록 원하는 경찰이 되었다. 그런 용식이 마음에 동백이 들어왔다. 그의 순수하고 열정적인 사랑은 화염방사기처럼 뜨겁고 강렬하다. 용식의 순애보는 '그대를 누구보다 사랑한다'라는 동백꽃 꽃말을 그대로 담고 있다. 동백과 용식을 둘러싼 사람들이 "사랑 같은 소리하네"를 외칠 때 용식은 "사랑하면 다 돼!"라며 맞선다. 동백을 만난 건 기적이 아니라 "나도 너를 믿어요"라며 그녀를 향한 무조건적인 사랑과 지지를 보낸다. 결국 용식은 동백의 닫힌 마음을 열어 기적 같은 사랑을 완성했다.

하지만 양자리의 사랑이 항상 장밋빛인 것은 아니다. 독립성을 중시하는 이들은 연인과의 관계에서도 자신만의 공간과 시간이 있어야 한다. 상대가 소유하려고 든다면 이들은 참지 못할 것이다. 또 불같이 타오르는 열정만큼이나 빠르게 식어버릴 수 있다. 상대에게 자신이 항상 1순위가 되어야 한다. 세상이 자기를 중심으로 돌아가야 하는데 그렇지 않다면 큰 상처를 받는다. 만약 권위를 잃었다는 생각이 들면 당당함도 잃게 된다. 자존심이 상하거나 더 이상 새로운 자극이 없다고 느끼면 순식간에 차가워진다. 이러한 양면성은 양자리 연애의 특징이자 극복해야 할 과제이기도 하다.


## 양자리와 잘 지내는 법


양자리의 타고난 열정과 에너지를 이해해야 한다. 양자리는 마치 끊임없이 타오르는 불꽃과도 같다. 이들의 내면에는 늘 혁신적인 아이디어가 샘솟고 그것을 현실로 만들고자 하는 강렬한 의지가 타오르고 있다. 비록 가끔은 현실성이 부족해 보일 수 있지만, 이러한 창의적인 발상을 무시하거나 비난하는 것은 그들의 불꽃을 꺼뜨리는 것과 같다. 대신 그들의 잠재력을 믿고 지지해 준다면 놀라운 시너지가 만들어질 것이다.

양자리와의 대화에서는 직설적인 소통이 핵심이다. 이들은 에둘러 말하는 것을 지루해한다. 때로는 날카로운 직설적 표현으로 상대방을 당황하게 할 수 있다. 하지만 이는 순수한 열정과 목표를 향한 진심에서 비롯된 것임을 이해해야 상처를 받지 않는다. 그들의 솔직함 뒤에 숨은 진정성을 알아본다면 이러한 소통 방식이 오히려 관계를 더욱 단단하게 만드는 요소가 될 수 있다. 자유로운 영혼의 소유자인 양자리에게 지나친 간섭이나 통제는 독이 된다. 마치 새장 속의 새처럼 그들의 자유를 구속하려 든다면 관계는 급속도로 악화될 수 있다. 대신 적당한 거리를 유지하면서 그들만의 공간을 존중해준다면 더욱 건강한 관계를 만들어갈 수 있다.

양자리의 경쟁심은 양날의 검과 같다. 이를 억누르려 하기보다는 건설적인 방향으로 이끌어주면 오히려 놀라운 성장의 동력이 될 수 있다. 특히 이들에게 있어 인정과 칭찬은 최고의 동기부여가 된다. 새로운 도전 앞에서 망설일 때는 따뜻한 격려를, 작은 성공이라도 이뤘을 때는 진심 어린 축하를 아끼지 말아야 한다. '신뢰'와 '존중'이 바탕이 될 때 양자리의 긍정적 에너지는 주변을 밝히는 등불이 될 수 있다.

# 양자리의 관계 별점

Aries

· **사수자리** ★★★★★: 모험을 추구하고 자유를 사랑하는 성향이 완벽하게 조화를 이룬다. 함께 새로운 도전에 뛰어들며 서로의 독립성을 존중한다.

· **쌍둥이자리** ★★★★: 다양한 주제에 대한 흥미로운 대화와 새로운 경험을 함께 나누며 즐겁게 지낼 수 있는 관계다.

· **처녀자리** ★★★: 양자리의 즉흥성과 처녀자리의 계획성이 충돌하지만, 서로의 장점을 인정하고 배우려 노력하면 성장할 수 있는 관계다.

· **천칭자리** ★★★: 다른 접근 방식으로 처음엔 불편하겠지만, 이를 통해 서로 성장할 수 있는 관계다.

· **전갈자리** ★★★: 서로를 깊이 이해하면 강력한 파트너가 될 수 있지만, 강력한 개성이 충돌할 수 있어 서로 배려하는 것이 필수다.

# 양자리의
# 라이프 밸런스 가이드


## 양자리의 건강과 운동

양자리는 타고난 강인한 체력과 넘치는 에너지로, 대부분 단단하고 다부진 체격을 자랑한다. 활동량이 많은 운동을 좋아해 비교적 건강도 잘 유지한다. 오랜 기간 아이언맨을 연기한 로버트 다우니 주니어나 70대의 나이에도 여전히 액션 스타로 활약하는 성룡이 대표적인 양자리다. 국내에서는 메이저리그의 '코리안 몬스터' 류현진, '산소탱크'라 불린 박지성, 그리고 프로권투 선수로 활동했던 배우 이시영이 모두 양자리다. 이들은 모두 체력과 근성, 승부욕의 끝판왕이라고 할 수 있다.

하지만 이러한 강점이 때로는 약점이 되기도 한다. 에너지를 급격히 소진하는 경향이 있어 건강관리에 특별한 주의가 필요하다. 또한, 급하고 강렬한 에너지를 많이 쓰기 때문에 화기가 올라 체내 수분이 부족해지기 쉽다. 이로 인한 각종 열성 질환에 취약하다. 얼굴 종기, 여드름, 안압 상승, 이명 등 주로 얼굴 쪽에 이상이 올 수 있는데 두통은 양자리의 대표 병증이다. 과도한 활동이나 스트레스로 열이 상승해서 나타나는 증상들이다. 이는 신장과 뼈 건강에도 영향을 미칠 수 있다. 스트레스를 잘 관리하는 것이 무엇보다 중요하다. 또 과도한 운동으로 인한 근육통도 자주 발생하는 증상 중 하나다.

흥미로운 점은 이토록 강인한 체력의 소유자임에도 불구하고 작은 통증에는 의외로 약한 면을 보인다는 것이다. 특히 병원 방문이나 주사, 침 치료를 꺼리는 경향이 있어 작은 증상이 큰 병으로 발전하는 경우도 종종 있다. 양자리의 건강관리를 위해서는 '균형'이 핵심이다. 격렬한 운동을 즐기되, 요가나 명상과 같은 정적인 활동을 통해 마음의 안정을 찾는 것이 도움이 된다. 불꽃 같은 열정과 함께 때로는 고요한 휴식을 취하는 지혜가 필요하다.


## 양자리의 일과 재능

강렬한 추진력과 혁신적 사고로 새로운 길을 개척하는 선구자적 인재다. 직관에 기반한 신속한 의사결정과 탁월한 실행력으로 조직에 활력을 불어넣으며, 도전적인 과제를 만날수록 더욱 빛나는 열정을 발휘한다. 타고난 리더십으로 팀을 이끄는 데 탁월하며, 분명한 비전 제시로 구성원들에게 강한 동기를 부여한다. 목표를 향한 강인한 집중력은 프로젝트의 성공을 이끄는 핵심 동력이 된다. 초반의 폭발적 에너지로 신규 프로젝트의 성공적인 론칭을 주도하며, 명확하고 투명한 소통 방식은 조직의 효율성을 크게 향상시킨다. 진정성 있는 리더십으로 팀원들과 신뢰를 쌓아가며 조직의 혁신을 이끄는 핵심 인재다.

### 스타트업 CEO

남들이 가보지 않는 길을 개척하고 싶어 하는 양자리의 도전 정신과 잘 맞는다. 남다른 호기심과 창의력으로 새로운 비즈니스 모델을 창조한다. 경제나 정치 등 사회 전체를 조망할 수 있는 통찰력과 미래를 내다볼 수 있는 안목도 갖추고 있다. '이게 될까?'라는 의심 대신 '한번 해보자!'라는 도전 정신으로 새로운 아이디어를 뚝심 있게 밀고 나간다. 목표를 위해 위험을 감수할 만큼 도전을 두려워하지 않는다. 1등이 되겠다는 강한 승부욕과 자기주도적 리더십은 성공적인 스타트업을 이끄는 핵심 동력이 된다.

### 운동선수

류현진, 박지성처럼 양자리의 강인한 체력과 승부 근성은 스포츠 분야에서 빛을 발한다. 스포츠 분야는 넘치는 에너지를 마음껏 발산할 수 있는 무대다. 선수, 트레이너, 코치로서 자신의 한계에 도전하며 성장하는 것을 즐긴다. "불가능이란 없다"는 신념으로 경쟁을 즐기고,

도전적인 목표를 설정하고 이를 달성하기 위해 끊임없이 노력한다. 자신과의 경쟁도 포함한 경쟁을 통해 에너지를 더욱 발전시킨다. 달성하기 어려운 목표가 주어질수록, 그리고 경쟁이 치열할수록 투지는 더욱 불타오르고 에너지는 배가 된다. 불가능해 보이는 목표를 향한 집념은 양자리의 트레이드 마크다.

### 군인, 경찰, 소방관

"위험하니까 내가 간다!" 용감하고 이타적인 양자리의 본성을 살릴 수 있는 직업이다. 정의감과 책임감이 강해 사회를 보호하고 봉사하려는 동기가 강하다. 남다른 사명감으로 남들이 피하는 위험한 현장의 최전선에 서는 것을 마다하지 않는다. 체력이 좋기 때문에 고도의 훈련도 문제가 없다. 결단력이 뛰어나 위험한 상황이나 극한의 상황에서도 침착함을 유지하고 빠른 결정을 내릴 수 있다. 뛰어난 통찰력과 공명심으로 자기가 맡은 역할을 충실하게 수행한다.

### 정치인

현상 유지보다는 혁신을 추구하는 기질이 정치 무대에서 강력한 힘을 발휘한다. "이대로는 안 된다"라는 문제의식으로 시작해 "이렇게 바꾸자"는 구체적 비전을 제시한다. 카리스마 넘치는 리더십으로 대중을 설득하는 능력도 탁월하다. 최전선의 전사답게 정치 현장의 치열한 논쟁과 토론도 두려워하지 않는다. 강한 정의감과 개척자적 기질은 더 나은 사회를 만들기 위한 창조적 에너지로 승화된다. 현재 활동하고 있는 정치인 조국, 정청래, 한동훈, 심상정, 장혜영, 용혜인 등이 양자리다.

## 양자리의 재테크

양자리는 안정적인 경제적 기반을 구축하는 것을 중요하게 생각한다. 타고난 개척자인 이들은 새로운 도전을 위해서는 단단한 경제적 토대가 필수라는 것을 본능적으로 알고 있기 때문이다. 안정적인 자금이 있어야 자신이 원하는 새로운 시도나 모험을 자유롭게 할 수 있다. 그래서 재테크에 관심이 많고 자신의 재무 상태도 철저하게 관리한다. 특히 자립심이 강해 타인에게 경제적으로 의존하는 것을 극도로 꺼린다. "내 삶은 내가 책임진다"라는 마인드로 재무적 독립을 추구하는 것이 양자리 특징이다.

재테크 분야에서도 승부사적 기질이 두드러진다. 이들에게 투자는 단순한 돈 관리가 아닌 일종의 '승부'의 대상인데, 이 분야에서도 최고가 되고자 하는 욕망이 강하다. 투자 스타일은 과감하면서도 체계적이다. 주식부터 신생 기업, 암호 화폐, 부동산까지 다양한 분야를 아우르는 포트폴리오를 구성하는 것이 특징이다. 도전을 즐기는 성향 때문에 고위험 고수익 투자를 선호한다. 새로운 투자 상품에 대한 호기심도 커서 새로운 투자 기회를 잘 발견한다. 시장의 트렌드를 남들보다 빠르게 포착하여 수익을 창출하는 데 능숙하다. 빠른 결단력은 투자 타이밍을 잡는 데 큰 강점이 될 수 있다.

하지만 양자리의 재운을 개선하기 위해서는 신중함을 잊지 말아야 한다. 투자에는 항상 위험이 따르므로 구체적이고 실현할 수 있는 목표 설정이 필수다. 목표를 향해 질주하는 성향이 있는 만큼 투자 기간과 목표 수익률을 미리 정해두는 것이 현명하다. 또 즉흥적인 소비 습관, 특히 스트레스를 푸는 데 너무 많은 지출을 하지 않도록 조심해야 한다. 꼭 필요한 것만 구매하는 절제력을 기르는 것이 장기적인 재테크 성공의 열쇠가 될 것이다. 쓸데없는 지출을 막는 것도 최선의 재테크 방법이 될 수 있다.

# 양자리를 일깨우는
# 해방 가이드

## 양자리의 아킬레스건
## 성급함

  양자리의 가장 큰 약점은 성급함이다. 항상 첫 번째가 되고 싶은 강한 욕구 때문에 생기는 이 성격은 양자리에게 동기를 부여하지만, 동시에 문제도 일으킨다. 진취적 에너지 이면에는 어린아이 같은 원초적 욕구, 즉 자기중심적 경향이 공존한다. 자신의 판단이 틀릴 수 있다는 생각을 잘 받아들이지 않는다. 목표가 설정되면 타협이나 양보도 없다. 이러한 과도한 자기중심적인 접근 방식은 종종 무모한 행동으로 인식되기도 한다. 어떤 목표에 몰두할 때 너무 빨리 결정을 내리기 때문에 주변 상황을 간과하기 쉽다. 이는 대인관계에서 예상치 못한 반응을 유발하기도 한다. 또 초기에 집중적으로 에너지를 투입하는 경향은 마무리가 흐지부지해지는 결과를 낳기도 한다. 에너지 관리의 균형을 찾지 못하면 시작은 역동적이나 완결성이 부족한 결과물을 초래하게 된다. 결국 양자리에게 있어 핵심 과제는 그들의 강한 에너지를 효율적으로 분배하고 지속 가능한 방식으로 활용하는 능력을 개발하는 것이다. 이는 단기적인 성취를 넘어 장기적인 성공을 위해 반드시 갖추어야 할 역량이다.

양자리가 이런 약점을 극복할 방법이 있다. 가장 선행되어야 할 것은 자신의 성급함을 인식하는 것이다. 어떤 상황에서 성급해지는지, 왜 그런 반응이 나오는지 이해하면 조금씩 통제할 수 있게 된다. 또한 다른 사람과 경쟁하기보다 자신의 과거와 경쟁하는 데 집중하는 것이 도움이 된다. 남과 비교하지 않고 어제보다 나은 오늘의 자신을 만드는 데 집중하면 된다. 현재에 집중하면 결과보다 과정에서 만족을 찾을 수 있게 된다. 이런 변화는 하루아침에 이루어지지는 않는다. 인내심을 갖고 천천히 자신을 바꿔나가는 용기가 필요하다. 안정적인 불꽃이 지속적인 빛과 열을 내듯, 자신을 너무 몰아세우지 않으면서도 꾸준히 성장하려는 균형 잡힌 태도가 중요하다. 성급함을 적절히 조절하며 자신과의 건강한 경쟁을 이어갈 때, 양자리는 더욱 강하고 성숙한 존재로 거듭날 수 있을 것이다.

# 양자리답게 살기 위해
# 통과해야 할 미션

## 속도 조절하기

빨강 신호등 앞에서 멈추는 법을 배우는 것, 이것이 양자리의 첫 번째 과제다. 불같은 열정으로 세상을 향해 달려 나가는 것이 양자리의 본능이지만, 때로는 이 질주 본능을 멈출 줄 아는 지혜가 필요하다. 포도주가 시간을 들여 숙성되어야 깊은 맛을 내듯, 인생의 모든 순간에도 적절한 시간이 필요하다. 결과도 중요하지만, 그곳에 이르는 여정을 즐기는 것 또한 삶의 깊이를 더한다. 명상이나 정원 가꾸기처럼 느리지만 깊이 있는 취미를 통해 기다림의 미학을 체득해 보는 것은 어떨까.

## 충동 다스리기

살아있는 모든 생명체는 욕망이라는 원초적 에너지로 살아간다. 이 거대한 생명력은 그 자체로는 선악이 없다. 잘 다스리면 삶에 활력을 불어넣는 원동력이 된다. 양자리는 이러한 욕망에 가장 충실한 별자리다. 그러나 이들의 강렬한 욕구는 삶의 동력이 되기도 하지만, 때로는 위험한 불꽃이 되기도 한다. 연금술사가 귀금속을 정제하듯, 양자리는 자신의 충동을 다스리는 법을 배워야 한다. 새로운 도전 앞에서 "이것이 진정 내가 원하는 것인가? 순간의 충동은 아닌가?"라는 자문이 필요하다. 도전 정신은 가치 있지만 단순한 호기심에서 비롯된 것이라면 쉽게 식어버릴 수 있기 때문이다. 큰 목표를 작은 단계로 나누어 하나씩 차근차근 이루어나가는 지혜가 필요하다.

### 옆 사람 배려하기

에너지 넘치는 양자리는 앞만 보고 달리느라 종종 옆에 있는 주변 사람들을 놓친다. 자신의 빠른 걸음이 전부인 양 착각하며, 다른 이들도 같은 속도로 움직이기를 기대한다. 하지만 세상에는 저마다의 고유한 리듬이 있다. 첫 번째 별자리이자 나머지 모든 별자리의 여정을 통과한 양자리는 타인과의 조화로운 공존이 진정한 완성임을 본능적으로 알고 있다. 주변을 살피는 여유를 가질 때 비로소 함께 가는 이들이 보이고 목소리가 들리기 시작한다. 자신의 속도만을 기준 삼기보다는 각자의 고유한 리듬을 존중하고 배려하는 법을 배워야 한다.


## 양자리의 영혼을 깨우는 법

황금 양털을 찾아 떠난 이아손 신화는 양자리가 지닌 영혼의 여정을 잘 보여준다. 늙고 무능한 왕 아이손은 야심만만한 동생 펠리아스에게 왕위를 빼앗긴다. 간신히 목숨을 건진 그의 아들 이아손은 은밀히 자라나 용맹한 전사가 된다. 검술과 활쏘기, 악기 연주법, 항해술을 배우며 성장한 이아손은 마침내 자신의 왕위를 되찾고자 숙부 앞에 선다. 펠리아스는 교묘한 제안을 한다. "황금 양털을 가져오면 왕위를 돌려주겠다." 수많은 영웅이 목숨을 잃은 불가능한 과업이었지만, 이아손은 50명의 원정대와 함께 아르고호에 올라 미지의 모험을 시작한다.

숱한 시련 끝에 황금 양털을 가진 아이에테스 왕에게 도달한 이아손은 또 다른 시험에 직면한다. 불을 내뿜는 야생 황소 두 마리에게 멍에를 씌우라는 것. 실패를 거듭하던 그에게 운명의 여인이 나타난다. 마법사 메데이아 공주는 이아손에게 첫눈에 반해 그를 돕고 이아손은 마침내 황금 양털을 손에 넣어 왕위를 되찾는다.

여기까지는 승리의 서사다. 그러나 왕위에 오른 이아손은 더 큰 권력에 욕심을 내서 자신의 구원자였던 메데이아를 버리고 크레온의 딸과 새 결혼을 계획한다. 배신당한 메데이아의 복수는 처절했다. 이아손의 새 신부는 물론, 자신의 두 아들마저 죽이고 도망가 버린다. 모든 것을 잃은 이아손은 절망 속에서 무기력하게 보내다 자신의 낡은 배에서 쓸쓸한 최후를 맞는다.

이아손 신화는 양자리의 가장 빛나는 미덕과 가장 위험한 그림자를 동시에 보여준다. 부당하게 왕위를 차지한 숙부에 대한 분노, 억압받는 백성을 구하겠다는 이상과 열정, 불가능에 도전하는 용기, 미지의 세계로 떠나는 모험, 절대 꺾이지 않는 투지는 양자리의 찬란한 빛이다. 하지만 목표에만 집착해 주변의 소중한 인연을 잃어버리는 순간, 그 빛은 어둠으로 변한다. 메데이아의 파괴적인 사랑 또한 양자리가 경계해야 할 그림자다. 진정한 승리자가 되기 위해 양자리는 자신의 내면에 숨은 그림자와 마주하는 용기도 필요하다. 불가능을 가능으로 만드는 그들의 뜨거운 열정이 성숙한 절제와 만날 때, 비로소 영혼의 황금 양털을 얻을 수 있을 것이다.


## 양자리에게 추천하는 콘텐츠

### 끊임없는 탐구와 도전으로 자신의 존재를 탐색하는 책

- 《영웅의 여정》조지프 캠벨 지음_ 영웅의 여정을 통해 도전 정신과 자기발견을 자극할 수 있는 책.
- 《위대한 개츠비》F. 스콧 피츠제럴드 지음_ 자기성취의 욕구를 다룬 책.
- 《쓸만한 인간》박정민 지음_ 양자리 저자의 도전과 자기발견 과정을 볼 수 있는 책.
- 《단순한 열정》아니 에르노 지음_ 뜨거운 감정과 열정을 이해하고 공감할 수 있는 책.
- 《존재의 기술》에리히 프롬 지음_ 자기존재에 대해 깊이 사색할 수 있는 책.
- 《빨간 머리 앤》루시 모드 몽고메리 지음_ 주인공을 통해 강한 독립심과 열정을 볼 수 있는 책.
- 《소피가 화나면 정말 정말 화나면》몰리 뱅 지음_ 분노와 감정

을 다루는 법을 담은 그림책.

## 태양 양자리 시즌에 양자리 에너지를
## 플레이하기 좋은 리추얼

양자리 시즌은 춘분과 청명이다. 겨울의 긴 잠에서 깨어나 새싹이 돋아나는 춘분, 그리고 맑은 하늘이 드높아지는 청명까지. 이 시기는 자연이 가장 활기차고 생동감 넘치는 때다. 이 시기에는 특히 새로운 도전과 시작이 중요하다. 봄의 새싹이 대지를 뚫고 나오듯, 과감한 결단력으로 자신의 꿈을 향해 힘차게 전진하는 것이 핵심이다. 청명의 맑은 하늘처럼 선명한 비전을 가지고 나아갈 때다. 강인한 추진력과 불굴의 의지로 새로운 영역을 개척하라.

- 새해 목표를 중간 점검하고 미뤄둔 일이 있다면 용기 내서 시작하라.
- 새로운 프로젝트나 취미에 도전하라.
- 하고 싶은 게 있으면 몸부터 움직여 그냥 시도하라.
- 운동이나 야외 활동으로 활력을 키워라.
- 순수하게 좋아하는 것에 열정을 바쳐라.
- 분노를 돌아보고 원하는 것을 제대로 표현하라.

- 주변 사람들에게 마음을 베풀어라.

**#열정마니아 #리더기질 #개척자DNA #앞뒤안보고GO**
**#오뚝이정신 #아이like순수함 #솔직담백 #계획보다실행**

✦

# 황소자리
## 실용적인 평화주의자
### 4월 20일~5월 21일

현명한 사람은 자신이 가진 것에 만족하며 살고,
어리석은 사람은 가지지 못한 것을 갈망하며 산다.
_쇼펜하우어

태양 별자리가 황소자리인 사람이 아름다운 개인주의자가 되기 위한 가이드로 삼으면 좋다. 달 별자리나 동쪽 별자리가 황소자리에 있거나, 세 개 이상의 행성이 황소자리에 있는 이들에게도 소유와 쾌락에 대한 통찰과 조언이 도움이 될 것이다. 또한 금성의 영향이 두드러진 출생 차트를 타고난 이들이나, 물질과 가치의 현장인 2번째 하우스에 세 개 이상의 행성이 들어 있는 이들에게도 빛나는 조언이 될 것이다.

# 황소자리
## Taurus
**4월 20일~5월 21일**

---

**원소:** 흙(-)
**상태:** 고정하는 상태
**수호행성:** 금성
**수호하우스:** 2번째 하우스

집 안에 빈티지 가구와 고급 와인 컬렉션을 자랑스럽게 전시하며, 주말 아침 카페에서 천천히 에스프레소를 즐기는 미식가. 안정과 편안함을 최고의 가치로 여기며, 한번 시작한 일은 느리지만 끝까지 밀고 나가는 끈질긴 추진력의 영혼. 물질적 축적을 넘어 깊은 이해로, 아드리아네의 실타래로 미로에서 벗어날 때 진정한 영혼으로 진화한다.

# 황소자리의
# 숨겨진 에너지 코드

## 나만의 속도로 행복하게

"다른 어린 황소들은 온종일 달리고 뛰어다니며 서로 들이받고 싸웠지만, 페르디난드는 코르크 나무 그늘 아래서 조용히 앉아 꽃향기를 맡는 것을 좋아했어요."

《꽃을 좋아하는 소 페르디난드》는 무려 1936년에 나온, 먼로 리프가 쓰고 로버트 로손이 그린 그림책의 고전이다. 지금도 전 세계 많은 어린이들이 (그리고 많은 어른들이) 페르디난드를 만나고 있으며, 디즈니에선 1938년과 2017년에 각각 두 차례나 애니메이션 영화로 만들었다.

주인공 페르디난드는 스페인의 한 마을에 사는 꽃을 좋아하는 어린 황소다. 혼자 있어도 외롭지 않은 남다른 황소 페르디난드는 그저 좋아하는 나무 그늘 아래 꽃향기를 맡을 수 있으면 충분하다. 어느 날

꽃을 찾으러 나갔다가 그만 벌 위에 앉고 만 페르디난드가 벌에 쏘여 아프고 놀라서 이리저리 날뛰자, 싸움을 잘하는 줄 안 사람들이 페르디난드를 투우장으로 끌고 간다. 그러나 흥분한 사람들이 꽉 찬 소란스러운 투우장에서도 페르디난드는 바람에 실려 오는 꽃향기를 맡을 뿐이었다. 결투를 벌여야 하는 투우장 한가운데에서 꽃향기를 맡으며 싸울 생각이라곤 전혀 없는 황소 페르디난드는 자연을 사랑하고 삶을 즐기는 평화주의자 황소자리 사람과 매우 닮았다. 페르디난드도 분명 황소자리에 태어났을 것이다. 황소자리는 야망에 불타거나 세속적인 성취보다 매일매일의 소박하고 다정한 일상을 사랑하는 사람들이다. 《꽃을 좋아하는 소 페르디난드》의 마지막 문장은 이렇다.

'아마 페르디난드는 지금도 여전히 자신이 좋아하는 코르크 나무 아래 앉아서, 그저 조용히 꽃향기를 맡고 있을 거예요. 페르디난드는 아주 행복해요.'

황소자리 사람도 그렇다. 매일 자신의 루틴을 반복하는 것을 지루해하지 않고 자신만의 방식으로 감각을 일깨우며 자신의 일상을 방해받지 않는다면 아주 행복한 사람들이다.

## 풍요로운 대지의 흙 별자리, 황소자리

서두르는 법이 없는 황소자리는 꽃과 초록이 빛나는 계절을 통과한다. 온화한 날씨, 하늘과 땅 사이 지구의 모든 생명이 생기와 활기를 내뿜는 계절의 황소자리는 어린아이처럼 명랑하다. 별자리 나이로도 한창 성장하는 시기, 일곱 살에서 열네 살을 상징한다. 풍요로운 자연을 닮아 느긋하고 여유로운 황소자리가 우아해 보이는 건 이들이 느린 탓도 있다.

흙 별자리 황소자리는 오감이 발달해서 보고 듣고 만지고 맛보며 향기에도 예민하고 섬세하다. 황소자리가 태어난 계절은 꽃은 만개하고 잎새는 푸르며 하늘은 맑고 바람은 기분 좋게 분다. 그러니 자연스레 오감이 발달할 수밖에 없다. 이처럼 실재하는 것을 감각하는 것은 황소자리에게 물질성과 현실성을 부여하여 낙천적인 동시에 실용적이다.

흙 별자리 중에서 고정형에 해당하는 황소자리는 같은 흙 별자리인 성실하고 체계적인 변화형 처녀자리, 목적한 바를 위해 꾸준히 달리는 활동형 염소자리보다 안정감이 더 중요하다. 고정하는 흙 에너지의 황소자리는 보수적이고 빠른 변화보다 한 곳에 오래 머무르며 익숙한 것들에게서 편안함을 느낀다. 물건도 잘 버리지 못하고 관계도 쉽게 거두지 않는다. 때로 변화를 받아들이지 못하고 고집을 부리는데 황소고집은 황소자리를 위한 관용구이다. 그러나 정작 황소자리들은 자신이 고집스럽다는 말에 고개를 젓는다. 자신의 고집을 인내심이라고 할 것이다. 사실 틀린 말은 아니다. 황소자리의 인내심은 정말 강하다. 강하다 못해 미련스러울 정도지만, 그때도 미련이 아니라 인내심이라고 할 것이다.

세계적인 발레리나 강수진도 태양 별자리가 황소자리다. 스무 살이 채 안 된 나이에 독일 발레단에 아시아인 최초로 입단했으며 30년을 무대에서 활동했고, 원할 때까지 수석 무용수 자격으로 무대에 오를 수 있는 역시 아시아 최초의 종신 단원 자격으로서 은퇴했다. 현재는 국립발레단 단장에 연임되어 무용계의 발전을 위해 여전히 왕성하게 활동 중이다.

강수진의 한창 활동하던 시절의 발 사진은 유명하다. 관절이 불거지고 튀어나온 발레리나 강수진의 발은 혹독한 연습의 결과로 황소자리의 인내와 끈기가 아니라면 발레리나로서 이례적으로 늦은 나이인 마흔아홉 살까지 무대에서 서지 못했을 것이다. 한 인터뷰에서 어떤 사람으로 기억되고 싶냐는 질문에 "나는 보잘것없어 보이는 하루하루를 반복해서 대단한 하루를 만들어낸 사람으로 기억되고 싶어요"라고 답했다. 정말이지 황소자리다운 태도이자 대답이다.

황소자리는 고집이든 인내든 혹은 미련이든 좀처럼 자신의 견해를 바꾸지 않고 자신이 추구하는 것을 변함없이 매일 매일 꾸준히 오래 일구는 이들이다. 불처럼 성질 급한 양자리라면 포기했을 프로젝트도, 빠른 쌍둥이자리라면 바람처럼 떠나버렸을 작업도, 황소자리는 결국에는 해낸다. 고집불통에 미련스러워도 의지에 있어서만큼은 황소자리를 인정해 줘야 한다.

## 안정을 추구하는 실용주의자

　　황소자리는 흙 별자리 중 물질에 대해서 개념이 가장 분명하고 금전에 대한 감각 역시 현실적이다. 경제적·물질적 기반을 마련하는 것은 황소자리에 매우 중요하다. 물질적 가치와 소유, 자원을 담당하는 2번째 하우스의 인생 영역을 담당하는 별자리로 황소자리는 양자리에서 시작된 생명력을 안정적으로 구축하고, 오감으로 세상의 풍요로움을 만끽하며 지속 가능한 가치를 창조하고 보존한다.

　　황소자리에게 들어간 돈과 자산은 허투루 새어나가는 법이 없다. 내실 있는 자산가 중에 황소자리가 많은 것은 우연이 아니다. 대신 물질적인 기반, 경제적인 상황이 불안할 때 명랑하고 느긋한 황소자리라도 정서와 심리가 불안해지기 쉽다. 쾌락을 사랑하는 관능적인 황소자리의 식욕과 성욕마저 식어버린다. 이런 자신을 잘 아는 황소자리는 자신의 곳간을 항상 체크한다. 황소자리에겐 물질의 안정과 심신의 평화는 같은 무게로 중요하다. 돈과 그 돈이 주는 안정감이 중요한 황소자리는 소유욕 또한 강하다. 그 소유욕에는 가족과 연인, 친구 역시 포함된다. 황소자리는 나의 사람, 나의 물건을 늘 지키려고 하며 곁에 두려고 한다. 2번째 하우스가 의미하는 나의 소유에는 물질과 더불어 사람을 통제하려는 욕망 또한 포함된다. 안정을 추구하고 소유하려는 욕망의 이면에 있는 집착과 질투를 황소자리는 늘 경계해야 한다.

## 자연과 예술을 사랑하는
## 감각적인 쾌락주의자

황소자리는 아름다움과 사랑의 별 금성을 수호행성으로 둔다. 금성은 태양과 달을 제외하고 하늘에서 가장 밝게 빛나는 별이며, 밝은 노란색으로 화려하다. 황소자리는 이런 금성의 영향으로 감각적 쾌락을 늘 곁에 둔다. 편안하고 질 좋은 안락한 소파, 부드러운 스카프, 향기로운 거품 목욕을 좋아한다. 화병에 결코 조화를 꽂지 않는 황소자리는 생활 속에서 아름다움을 가꿀 때 만족스럽고 행복하다. 물론 맛있는 음식도 빼놓을 수 없다. 좀처럼 화내지 않는 인내의 흙 별자리 황소자리가 인내를 포기하는 순간은 맛있는 음식 앞에서이다. 풀코스 정찬 파티에 황소자리를 빼놓고 부르지 않는 건 황소자리와의 우정을 포기하는 것과 같다.

미의식의 별 금성의 별자리답게 황소자리는 가치와 질을 판단하는 안목이 뛰어나며 취향도 훌륭하다. 예술적 재능 또한 풍부하다. 울림이 좋은 목소리를 지녀 성악을 할 수도 있고, 악기를 연주할 수도 있다. 세심한 관찰력과 비례 감각, 색채 감각이 뛰어나 화가가 될 수도 있으며 흙 별자리답게 흙을 빚는 도예가가 될 수도 있고 집을 사랑해서 아예 건축가가 될 수도 있다. 음악이든 미술이든 혹은 건축이든 어떤 장르의 예술이든 실용적인 흙 별자리 황소자리의 예술은 일상과 가깝고 대지의 별자리답게 자연과 가까울 것이다. 그리고 예술을 하지 않더라도 일상을 예술적으로 가꾸는 것을 멈추지 않는다. 황소자리가 가장 주력하는 예술 작업은 바로 그들 자신의 삶이다.


## 황소자리의 이중성,
## 힘의 깨달음과 욕망의 그림자

황소자리의 기호 ♉는 둥근 원과 초승달 모양의 반원으로 이루어져 있다. 뿔 달린 황소의 얼굴로 다 자란 수소를 의미하며 힘과 풍요로움을 상징한다. 논과 밭을 가는 황소는 예로부터 농사에 이용해 왔던 동물로 노동, 순종, 인내, 성실성의 상징이었다. 불 에너지 양자리의 뿔(♈)이 앞으로 향하는 추진력과 공격성을 상징한다면, 흙 에너지 황소의 뿔은 부드럽고 풍요롭고 안정적이다. 대지에 굳건히 발을 딛고 땅을 일구는 황소의 힘은 어마어마하다. 이런 황소자리의 힘을 극단적으로 사용해 전혀 다른 길을 간 두 사람이 있다. 붓다와 히틀러다.

왕국의 부족함 없는, 풍요로운 환경 속에서 보호받고 자란 왕자 싯다르타는 모든 욕망을 충족하는 삶을 살았다. 그러나 궁전 너머 세계의 고통과 괴로움을 발견하고 안락한 삶의 경계를 스스로 뛰어넘어 많은 경험을 통해 점점 깨달은 자, 붓다가 되어 갔다. 왕국의 지배자 왕으로 살기를 거부하고 자기 욕망을 넘어 스스로의 지배자, 붓다가 되어 인류가 고통과 환상의 수레바퀴에서 해방되도록 도왔다. 반면 히틀러는 전 세계를 지배하려고 했고 실패했다. 자기 욕망에 사로잡혀 스스로에게 지배당했다. 성적 일탈부터 국가 권력까지 힘에 대한 욕망에 사로잡힌 히틀러는 유럽 대륙 전체를 전쟁터로 만들어 수많은 학살을 자행했다. 힘을 통해 깨달은 자로 살 것인가, 그 힘에 사로잡혀 파괴하는 자로 살 것인가. 황소자리는 욕망이 지닌 강력한 힘을 성찰해야 한다.

양자리에서 황소자리로, 다시 쌍둥이자리로 이어지는 여정은 원초적 생명력이 점차 성숙해가는 과정을 보여준다. 양자리가 봄의 첫 불꽃처럼 폭발적인 시작과 순수한 열정으로 세상에 뛰어든다면, 황소자리는 그 거친 에너지를 대지에 뿌리내리고 안정화한다. 충동적인 행동이 지속 가능한 성장으로 전환되는 것. 이 단단한 기반 위에서 쌍둥이자리는 끝없는 호기심으로 세상을 탐험하고 지적 성장을 이루어간다. 이 세 별자리의 여정은 씨앗이 나무로 자라나는 과정과도 같다. 양자리가 겨울의 대지를 뚫고 올라오는 강인한 새싹이라면, 황소자리는 그 생명력을 영양분으로 전환하여 단단한 줄기를 만들고, 쌍둥이자리는 사방으로 뻗어나가는 가지처럼 다양한 가능성을 탐색한다. 이는 원초적 본능에서 시작해 물질적 안정을 거쳐 정신적 확장에 이르는 의식의 첫 단계를 상징한다.

# 황소자리 주간별 강점과 약점

## 4월 19일~4월 24일

## 목표 달성을 위한 역동적 힘의 추구 '권력의 주간'

**강점:** 견실한, 권력을 손에 쥔, 후한

**약점:** 둔감한, 돈 때문에 행동하는, 나태한

권력의 주간은 불 별자리 양자리의 열정과 성급함, 흙 별자리 황소자리의 참을성과 실용성을 함께 지닌 사람이다. 일상생활에서 권력을 얻기 위해 고군분투하나 부드러운 황소자리답게 타인에게 반감을 사지 않고 목적한 바를 이룬다. 긴 시간 인내를 가지고 상대를 설득하며 나서야 할 때와 아닐 때를 잘 구분하며 타이밍에 대한 감각이 뛰어나다. 존재감이 큰 이들은  가장 높은 곳까지 올라가며 성공하고 실패를 하더라도 크게 한다. 한마디로 모두의 주목을 끄는 사람들이다.

이들은 최고 능력을 발휘하기 위해서는 주기적으로 스스로를 비워내고 재충전하며 권력에 대해 집착과 욕망을 적절히 내려놓고 나눔과 협력, 관용을 추구해야 한다. 무엇보다 조건 없이 베푸는 사랑을 배워야 한다. 조건 없이 베푸는 사랑을 할 수 있을 때 권력의 주간 황소자리는 내면과 영혼의 한 차원 더 높은 행복에 다다를 수 있다.

# 4월 25일~5월 2일

## 냉철한 현실주의자의 실천 의지 표명 '표현의 주간'

**강점:** 생산적인, 육체적인, 끈기 있는

**약점:** 고집 센, 잘난 체하는, 과장하는

표현의 주간은 '표현'을 중심 이미지로 갖는다. 여기서 '표현'은 생각을 구체화시키고 현실에서 실행하는 것을 의미한다. 아이가 놀이에 몰입하는 것처럼 자신의 아이디어에 빠지게 되면 그것이 완성될 때까지 쉬지 않는다. 그만큼 체력도 좋아서 매우 육체적인 사람들이다. 무엇이든 한자리에서 즐기는 것을 좋아해 비만이나 건강상 여러 문제에 시달릴 수 있다.

표현의 주간 사람들은 무슨 일이든 미루는 버릇이 있다. 이는 감당하기 벅찬 여러 책임을 거절하지 못하기 때문으로 이들은 너무 많은 책임을 맡지 않도록 주의해야 한다. 이들의 미루고 유예시키는 버릇은 관계에서도 나타나 끝나버린 관계를 미련스럽게 이어가려고 한다.

표현의 주간 황소자리들은 쥔 주먹을 펼쳐 놓을 줄 알아야 한다. 주먹을 펼칠 때 새로운 관계도, 새로운 기회와 계기도 찾아온다. 자신을 변화시키려 의식적으로 노력하고 다양한 가치관과 규율을 접하며 시야를 넓혀 나가야 한다.

5월 3일~5월 10일
**사회와의 조화를 배우며 동시에 가르치는 교사**
**'가르침의 주간'**
**강점:** 진취적인, 공명정대한, 매력적인
**약점:** 요구가 많은, 비판적인, 융통성 없는


가르침의 주간은 '배움'이 가장 중요한 요소이다. 이들은 누구를 만나도 교사와 학생 같은 관계를 맺으려 하는데 상사나 선생님, 부모로서는 훌륭하지만 배우자, 연인, 동료 등 수평적인 관계에서는 까다롭고 불편한 사람일 수 있다. 요구가 많고 비판적이며 도덕관이 강하며 옳고 그름에 대한 생각이 확고하고 그것을 표현하는데 주저함이 없다. 이들은 좀 더 명랑하고 친절해야 한다. 내가 아닌 다른 이도 가르칠 수 있으며 좋은 교사는 학생의 자세를 잃지 않는다는 것을 기억해야 한다. 그러나 아름다움에 대한 취향이 뛰어나고 매력이 넘치는 사람들로 주변에 이들을 추종하는 무리들이 넘친다. 하지만 정작 이들은 시큰둥하다. 가르침의 주간은 잘 보이려고 요란을 떠는 이들보다 묵묵히 제 할 일을 해내는 이들을 더 좋아한다. 가르침의 주간이 사회적으로 성공하기 위해서는 자신의 매력을 잘 조절하며 곤란에 빠지지 않도록 해야 한다.

5월 11일~5월 18일

## 변화의 충동에 적응해 가는 '자연스러움의 주간'

**강점:** 장난을 좋아하는, 모험을 즐기는, 상상력이 풍부한

**약점:** 강박적인, 반항하는, 좌절하는

자연스러움의 주간은 사춘기의 아이처럼 자신의 에너지를 역동적이며 충동적으로 드러낸다. 이는 황소자리 다음에 오는 가볍고 빠른 공기 별자리 쌍둥이자리의 영향이다.

자연스러움의 주간들은 황소자리 중에서도 가장 감정적으로 불안정하고 예민하며 싫증을 자주 느낀다. 그러나 불안은 역설적으로 이 주간 사람들에게 안정을 추구하는 힘으로 작동한다. 불안을 동력으로 현실에서의 안정, 재정적 독립을 위해 여러 장애를 뛰어넘어 도전을 멈추지 않고 결국엔 성공을 쟁취한다. 이들은 행동파이며 도전하는 사람들이다.

자연스러움의 주간들은 이해받지 못한다고 여겨지면 깊이 상처받는다. 그러나 이해받기 전에 스스로를 이해하고 아는 것이 중요하다. 이 주간 사람들은 스스로에 대한 탐구와 성찰을 일생 동안 지속해야 한다.

# 황소자리의
# 인간관계 가이드

## 황소자리의 가족 관계

떠도는 자유보다 한곳에 오래 머물며 자기 세계를 구축하는 황소자리는 집을 좋아한다. 그런 황소자리이니만큼 집에서 함께 생활하는 가족은 중요한 관계다. 사회적 성취보다 가정생활의 화목함에 가치를 두는 황소자리는 가족에게 정서적으로나 물질적으로 베풀며 집이 안락한 공간과 휴식처가 되도록 애쓴다.

황소자리 아이도 집을 좋아하고 자신의 가족을 사랑한다. 얌전하지만 명랑하고 온순한 황소자리 아이를 부모는 거저 키운다고 말할 것이다. 그리고 곧 이렇게 말한다. "어쩌다 고집부리는 것만 빼면 정말 착한 아이예요"라고 말이다. 황소자리 아이는 음식 투정도 하지 않고 잘 먹고 튼튼하며 성실하게 학교생활을 하고 친구들과도 잘 지내는 어린이다. 아마 12별자리 아이들 중 가장 양육하기 쉬운 아이일지 모르지만, 부모는 이 무던한 아이의 고집이 강한 자의식에서 나오는 것을 알아야 한다. 순하지만 자존심이 강한 황소자리 아이에게 '있는 그대로 너'를 사랑한다고 자주 말해줘야 한다. 그리고 황소자리 아이에게 빨리하는 것만 기대하지 않는다면, 느리고 순한 황소자리 아이는 무럭무럭 알아서 잘 자란다.

　　황소자리가 부모가 된다면 안정감을 주는 좋은 부모가 된다. 가족을 위해 성실하게 일하고 안락한 집을 마련하려고 애쓴다. 황소자리에겐 두 부류가 있다고 한다. 집을 소유한 자와 집을 꿈꾸는 자. 황소자리 부모에게 안락함은 그저 표현이 아니다. 정말로 안락한 집을 마련하기 위해 열심히 돈을 벌고 재산을 늘린다. 느긋한 황소자리 부모는 아이를 닦달하지 않고 기다려 주며, 정서적·물질적으로 지원을 아끼지 않는다. 단, 황소자리의 보수성으로 변화를 받아들이지 못하고 자녀의 창의성을 억압할 수 있다는 것을 기억해야 한다.

　　'가정적'이란 표현은 황소자리에게 맞춤한 표현이다. 성실하며 책임감이 강한 흙 별자리 황소자리가 K장녀이거나 K장남일 경우는 가족을 위해 헌신하느라 자기 돌봄을 소홀히 할 수 있다. 가족의 요구를 우선하고 보살피다가 보답받지 못해 서운해 하거나, 지나칠 경우 억울함으로 화병이 생길 수도 있다. 황소자리는 가족과 오래도록 화목하기 위해서 반드시 거리 두기가 필요하다. 가족은 태어나 보니 맞닥뜨린, 나의 의지와 무관한 자연재해이며 끝없는 우주에서 우연히 스친 타인임을 가족을 사랑하는 황소자리는 기억해야 한다.

## 황소자리의 친구 관계

차분한 첫인상의 황소자리는 튀는 행동은 하지 않지만 묵직한 존재감을 지닌다. 모임에서 다른 이들의 말을 경청하며 적절한 반응으로 분위기를 부드럽게 한다. 만약 맛있는 음식이 있다면 더욱 명랑해질 것이다. 황소자리는 친구를 사귀는 것에도 신중해서 많은 사람들과 두루두루 친하기보다 몇몇 친구와 깊고 오래 우정을 나눈다. 미적 감각이 좋아서 쇼핑을 하며 당신에게 어울리는 스카프를 골라주고, 전시회에 함께 가서 전시 중인 화가의 작품과 생애에 대해 즐겁게 이야기하지만, 사실은 집에서 만나는 것을 제일 좋아한다. 안정감을 주는 편안한 장소에서 오랜 친구와 맛있는 것을 먹으며 수다 떠는 것을 좋아하는 황소자리는 물론 속 깊은 대화를 나눠도 신뢰를 주는 별자리다. 황소자리는 입이 무거워 비밀을 잘 지킨다. 대신 화가 나도 입을 꾹 다물어 버리는데 그럴 땐 분위기 좋은 곳에서 맛있는 음식을 먹으며 차분하게 이야기하면 된다.

황소자리는 오랜 친구가 세상의 질타를 받는 실수를 저지르더라도 비난하기보다 곁을 지키며 한번 맺은 관계를 쉽게 거두지 않는다. 단, 당신도 황소자리에게 신의를 보여줘야 한다. 황소자리의 인정 욕구는 순한 겉모습과 다르게 매우 강해서, 자신이 필요한 사람이며 친구에게 소중한 존재임을 확인받기 원한다. 이들이 일대일로 만나는 것을 선호하는 것은 어쩌면 우정에서도 은근히 소유권을 주장하는 것인지 모른다.

집을 가꾸듯이 오래된 우정을 소중히 여기며 가꾸는 황소자리는 좋은 친구다. 그러나 때로는 가는 곳만 가고 익숙한 사람만 만나려고 하는 습관에서 벗어나야 한다. 새로운 관점과 생각을 가진 친구를 만나 사고의 폭을 넓히고 확장하며 타협하는 방법을 배우는 것도 황소자리에겐 필요하다.

## 황소자리의 연인과 부부 관계

사랑하고 관계 맺고 싶어 하는 별 금성이 수호행성인 황소자리는 관계에 헌신하는 별자리다. 수줍음 많고 낯을 가려서 가까워지는 데에는 시간이 걸리지만 한번 맺은 인연을 소중히 여긴다. 황소자리에게 선물을 해보라. 선물을 준 당신이 잊을 만큼 긴 시간이 흘러도 여전히 그 선물을 간직하며 당신에 대한 고마움을 어제 일처럼 기억할 것이다.

황소자리의 사랑도 그렇다. 호감 가는 이성이 다가와도 쉽게 곁을 주진 않는다. 찬찬히 상대를 관찰하고 신중하게 지켜보며 그의 애정이 얼마나 진심인지 오래 숙고한다. 먼저 다가가는 법 없이 수동적이지만 그러나 일단 마음이 열리면 자신의 연인을 위해 아낌없는 사랑을 준다. '내 사람'이라고 생각하면 감정이든 물질이든 넉넉하게 잘 베푼다. 애정 표현이 화려하거나 요란하지 않지만, 애정의 순도와 깊이에서 만큼은 어느 별자리에 뒤지지 않는다. 안정감이 중요한 황소자리는 보수적이기도 해서 결혼이라는 계약 관계, 일부일처제에 적합한 별자리이며 믿음만 준다면 장거리 연애도 가능하다. 황소자리는 한 사람과 오래 연애하며 사랑의 별 금성의 별자리이자 오감이 발달한 흙 별자리답게 다정한 스킨십과 감각적 쾌락을 좋아하는 관능파이다.

　　황소자리는 같은 흙 별자리인 성실하며 이타적인 처녀자리와 잘 어울리며, 목표의식이 분명한 염소자리는 특히 결혼이라는 미래를 그릴 때 황소자리에게 신뢰를 준다. 12별자리 중 정확히 반대편에 있는 전갈자리와는 미묘하게 서로에게 끌릴 수 있고, 물고기자리와는 로맨틱한 관계를 만들어 나간다. 영혼을 다루는 점성학에서 황소자리와 물고기자리는 의식의 성장과 영적 성숙을 돕는 별자리라고 한다.

　　사실 황소자리는 어떤 별자리와 연애를 하고 결혼을 하더라도 감정에 크게 휘둘리는 법이 없고 관계를 쉽게 깨지 않는다. 황소자리는 자신의 연인과 배우자를 위해 성실하게 최선을 다하는 안정적인 연인, 배우자가 된다.

## 황소자리와 잘 지내는 법

고지식해 보이는 황소자리는 진심을 알아보는 직관이 빛나는 사람들이다. 그들에게 번드르르한 감언이설이나 허장성세 가득한 피상적인 칭찬은 통하지 않는다. 흙 별자리 황소자리에게 칭찬은 구체적이어야 한다. 그날의 스타일이나 안목, 황소자리만의 개성을 칭찬한다면 부끄러워하지만 기뻐할 것이다.

황소자리와 빨리 친해지고 싶다면 맛집을 예약해 두거나, 비싸지 않더라도 세련된 선물을 하는 것이 좋다. 무엇보다 맛있는 음식만큼 식도락가 황소자리의 마음을 여는 것은 없다. 까다롭지 않고 무난한 황소자리는 대체로 상대에게 잘 맞춰 주지만, 약속 없이 집 앞에 찾아간다면 매우 당황할 것이다. 계획에 없는 급작스런 만남, 약속 없는 방문은 무례함으로 비춰질 수 있다. 황소자리는 예측 가능한 것에 편안함을 느낀다는 것을 명심하라.

느긋하고 여유 만만한 황소자리에게 재촉하는 것 역시 금물이다. 황소자리에겐 무엇보다 황소자리만의 속도를 존중해줘야 한다. 황소자리가 가장 싫어하는 말은 '빨리빨리'이다. 대신 감정 표현은 솔직담백하게 하는 것이 좋다. 모호하게 에둘러 말하다간 신뢰를 잃을지 모른다. 황소자리의 소유욕은 물질뿐 아니라 관계에서도 마찬가지이다. 때때로 황소자리가 당신에게 얼마나 각별한지 표현해야 한다. 여럿이 함께 어울리는 사이여도 가끔은 단둘이 시간을 갖는다면 충직한 황소자리는 당신을 위해 변함없는 우정을 보여줄 것이다.

# 황소자리의 관계 별점

Taurus

· **처녀자리★★★★**: 같은 흙 별자리로 실용적이고 안정적인 성향이 잘 맞아 신뢰를 바탕으로 하는 관계를 형성한다.

· **전갈자리★★★★**: 서로 마주 보는 반대편이 별자리인 전갈과 황소는 다른 듯 서로에게 이끌리는 관계로 전갈의 깊은 통찰은 황소의 단순하고 명랑한 에너지와 시너지가 좋다.

· **천칭자리★★★**: 금성이 수호행성으로 같은 천칭자리는 취향과 미적 가치를 공유하며 서로의 안목을 넓힐 수 있다.

· **염소자리★★★**: 목표 지향적이고 헌신적인 성격이 관계의 안정을 추구하는 황소자리와 잘 맞아 장기적인 관계에서 특히 궁합이 좋다.

· **물고기자리★★★**: 직관적인 물 별자리 물고기자리가 현실적인 황소자리를 보완하여 감성과 현실의 조화로운 균형을 이루며 서로의 부족한 면을 채워주는 관계가 된다.

# 황소자리의
# 라이프 밸런스 가이드

## 황소자리의 건강과 운동

    황소자리는 인체에서 머리를 받치고 있는 목 부위에 해당한다. 평상시 부드럽고 울림이 좋은 목소리를 자랑하는 황소자리가 스트레스를 받으면 제일 먼저 목이 붓거나 부드러운 목소리가 잘 나오지 않는다. 긴장하면 목덜미가 뻣뻣해지기도 한다. 고정형의 흙 별자리로 보존하려는 성향이 강하고 느긋해서 몸을 재빠르게 움직이는 것을 좋아하지 않는다. 그래서 몸의 순환이 더디거나 자칫 비만이 되기 쉽다. 게다가 네 개의 위를 가진 황소처럼 소화력까지 좋은 미식가여서 맛난 음식과 달콤한 디저트 앞에서 대식가가 되어 버린다. 황소자리는 식욕과 쾌락에 대한 욕망을 적절히 통제할 때 건강하며 기관지와 목과 관련한 병이나 비만으로 인한 심장 질환을 조심해야 한다.

움직이는 것을 싫어하는 황소자리가 운동하려면 초록이 풍성한 자연으로 나가면 된다. 자연을 사랑하는 별자리답게 실내에서 하는 운동보다 자연 속을 거니는 산책이나 가벼운 등산이 좋다. 고요하게 자신의 호흡에 집중하며 몸과 마음, 영혼을 통합하는 요가 역시 고정하는 흙 별자리 황소자리에게 잘 맞는 운동이다. 인내와 끈기의 황소자리답게 좋아하는 운동을 찾으면 꾸준히 하여 그 운동의 전문가가 될 수도 있다. 튼튼한 황소처럼 체력이 좋은 황소자리는 건강을 과신하다 작은 병을 크게 키울 수 있으니 정기적인 건강검진은 필수다.

## 황소자리의 일과 재능

감각적이며 미의식이 발달한 황소자리는 예술 분야에서 그 재능을 발휘한다. 그림과 클래식 음악을 사랑하는, 예술을 곁에 두고 즐기는 황소자리가 예술가가 되는 것은 예견된 일이기도 하다. 자연을 사랑하는 대지의 흙 별자리에게 농담 삼아 농부가 제일 잘 어울린다고 말하기도 하는데, 농부가 아니더라도 나무와 흙, 꽃을 다루는 조경 디자이너와 원예가, 플로리스트는 잘 맞는 직업이 된다. 어떤 직업을 선택하든 황소자리는 젊은 시절 성공하거나 유명해지진 않을 것이다. 그러나 대기만성의 표본 황소자리는 자신의 속도로 한 분야에 인내와 끈기로 매진하여 결국 전문가가 된다.

### 화가, 디자이너

섬세한 관찰력, 색채에 대한 감각이 뛰어난 황소자리는 추상화가가 되기보다 자연과 일상의 아름다움을 자신의 화폭에 담을 것이다. 또는 일러스트레이터가 되어 보다 많은 사람들에게 대중적인 방식으로 자신의 예술세계를 선보일 수도 있다. 또, 미적 트렌드에 민감한만큼 디자인과 패션 관련 업종도 좋은 직업 선택이 된다.


### 요리사, 조향사

미각이 발달한 미식가 황소자리가 요리사가 되거나 섬세한 후각을 살려서 조향사가 되는 것도 오감을 살리는 직업이 된다. 황소자리 셰프는 신선한 재료를 사용하여 만든 음식을 고급스런 그릇에 담아낼 것이고, 황소자리 조향사가 만든 향수는 자연의 향기가 은은하게 담겨있을 것이다.


### 조경 디자이너, 플로리스트

대지의 흙 별자리 황소자리에게 자연을 다루고 재구성하는 조경 디자이너와 플로리스트는 매우 잘 어울리는 직업이 된다. 자연과 가까이 있을 때 안정과 평화를 느끼는 황소자리가 조경 디자이너와 플로리스트가 된다면 직업 만족도가 매우 높을 것이다.

## 황소자리의 재테크

　　돈의 소중함과 가치를 잘 아는 황소자리는 돈을 사랑하는 별자리라고 하는데 돈 역시 황소자리를 사랑한다는 말이 있다. 황소자리는 억만장자가 되진 않더라도 적어도 파산선고를 받아 무료 급식소에 줄을 서는 일은 없는 사람들이다.

　　감정이든 물질이든 안정성을 지향하는 보수적인 황소자리는 재테크에서도 안정적인 투자를 선호하며, 장기적인 이익을 추구하는 경향이 있다. 축적하는 습성으로 적은 돈이라도 매달 차곡차곡 모으며 이율이 높은 정기적금을 붓거나, 목돈이 있다면 대지의 흙 별자리답게 부동산에 투자하여 미래를 보장하려 할 것이다.

　　변하지 않는 가치를 지닌 금을 사두는 것도 황소자리다운 재테크이다. 또는 탁월한 미적 감각과 세련된 안목을 살려 공예와 예술품에 투자하는 것도 좋다. 아트 페어를 다니며 미술품을 감상하며 주목받는 작가의 작품을 컬렉션 하는 것은 황소자리의 취향에 맞는 재테크가 된다.

# 황소자리를 일깨우는
# 해방 가이드

### 황소자리의 아킬레스건
### 소유에 대한 집착

황소자리는 정신적 물질적 안정을 위해서 자신의 에너지 대부분을 할애한다. 특히 물질적인 풍요를 가치 있게 여겨서 물질적인 안정감이 깨졌을 때 황소자리는 가장 불안해한다. 돈과 물질을 축적하고 확실한 나만의 것으로 소유하려는 황소자리는 안정과 소유에 대한 지나친 추구로 삶의 기쁨과 통찰이 흐려질 수 있다. 쾌락에 탐닉하는 것도 소유에 대한 집착에서 비롯된다. 더 많이 가지고 더 많이 쌓아서 눈에 보이지 않는 불안을 해소하려 하지만, 안정감은 물질을 축적하는 데에서 오는 것은 아니다.

황소자리는 안정과 소유에 대한 자신의 욕망을 생각해 봐야 한다. 혹 자신이 소유한 것과 나라는 존재를 동일시하는 것은 아닌지 스스로에게 되물어야 한다. 내가 가진 돈, 내가 나온 학교와 학력, 내가 이룬 세속적인 업적과 성취, 내가 관계 맺은 사람들이 진정한 나는 아니다. 소유가 자신의 전부인 사람들은 물질에 더 집착하고 더 많이 가지려고 애쓰며 삶의 중심을 소유에 내어준다. 소유는 안정감을 주지만 영원히 소유할 수 있는 것은 없다. 그러기에 더 소유에 집착할 수밖에 없으며, 소유는 불안정을 속성으로 하고 있다는 것을 황소자리는 잊으면 안된다.

황소자리의 소유욕은 관계에서도 드러난다. 가족을 사랑하고 친구와 연인에게 헌신하는 것은 아름답지만, 관계조차 자신의 통제 아래 두려고 하고 이는 집착과 질투를 불러온다. 황소자리의 평화를 스스로의 집착과 질투로 깨어버린다. 황소자리가 원하는 금성의 아름다움과 사랑은 소유한다고 얻을 수 없다. 소유하려는 욕망은 가진 것을 놓지 않으려 하기에 변화를 거부하고 자신이 서 있는 대지에서 한발자국도 움직이려 하지 않는다. 이는 자주 고집으로 드러나 황소자리는 완고한 고집불통이 된다. 변화를 거부하는데 어떤 아름다움을, 어떤 가치를 얻을수 있겠는가. 황소자리는 풍요로운 대지의 별자리이다. 황소의 풍요로움은 물질을 더 많이 소유하는 것에 있지 않다. 가진 것을 지키려고 곳간의 문 앞을 지키려는 것은 황소의 풍요로움도, 안정감도 아니다. 오히려 가진 것을 지키려고 황소는 과도한 책임감에 시달리며 삶의 여유와 아름다움을 잃는다.

황소자리는 꼭 쥔 주먹을 활짝 펼쳐라. 당신이 쥐고 있는 것은 미련이나 집착이란 걸 깨달아라. 안정을 위한 소유에 집착할 때 황소자리는 가장 중요한 자신만의 속도도 함께 잃는다는 것을 명심하라. 안정에 대한 열망, 소유하려는 집착을 내려놓을 때 비로소 황소자리의 본분인 아름다움은 생명을 얻는다.

## 황소자리답게 살기 위해
## 통과해야 할 미션

### 감각적 쾌락에서 벗어나기

오감이 발달해 감각적인 즐거움을 추구하는 황소자리는 종종 육체적 만족과 편안함에 과도하게 집착할 수 있다. 이러한 성향은 단기적으로는 만족을 주지만, 장기적으로는 영적 성장과 더 깊은 삶의 의미를 찾는 데 방해가 될 수 있다. 황소자리는 감각적 쾌락을 넘어서 정신적, 영적 만족을 추구하는 법을 배워야 한다. 물질적 즐거움과 편안함을 초월하여 내면의 가치와 의미를 발견할 때, 황소자리는 더 풍요로운 삶의 차원을 경험할 수 있다. 단순히 감각적 쾌락을 좇는 대신 자신만의 고유한 아름다움을 창조하고 표현해 나갈 때 황소자리의 타고난 심미안은 더욱 깊고 섬세하게 발달한다. 감각적 만족에 의존하지 않고도 행복을 찾는 능력을 키우는 것은 황소자리가 더 깊고 지속적인 충만함을 발견하는 핵심 미션이다. 이는 단순한 물질적 안정을 넘어 진정한 내적 평화로 이어지는 길이다.

## 소유를 넘어 존재로 나가기

물질에 대한 안정성을 추구하다가 자칫 정서적 가치와 존재로 사는 풍요로움과 아름다움을 잃을 수 있다. 황소자리에게 삶을 음미하고 즐기는 것은 무엇보다 중요하다. 물질의 소유, 더 많이 갖는 것만 추구하다간 고독한 스크루지와 볼썽사나운 자린고비가 되기 십상이다. 삶의 아름다움, 관계가 주는 기쁨을 잃지 않도록 하라. 안정과 풍요를 추구하는 황소자리는 자신의 존재가 수많은 연결 속에 있음을 알고 '나'만의 소유가 아니라 '우리'의 소유에 대해 배워나갈 때 물질적 풍요만이 아니라 마음의 풍요도 얻게 된다.

## 변화를 거부하지 않고 수용하기

황소자리의 신중함은 자주 변화를 거부하는 고집불통, 옹고집으로 드러난다. 황소자리는 신중함과 고집의 차이를 알아차려야 한다. 고집스러운 경직된 태도를 벗어나 새로운 관점과 생각에 열려있어야 하며 새로운 시도와 변화를 두려워하지 말아야 한다. 황소자리가 변화를 거부하는 것은 안정이 깨어지는 것을 두려워하기 때문이다. 그러나 변화가 언제나 불안정을 의미하지 않으며 새로운 시도는 더 나은 안정을 가져올 수 있다는 것을 기억해야 한다. 변화를 거부하지 않고 수용할 때 황소자리의 대지는 더 넓고 풍요로워진다는 것을 명심하라.

## 황소자리의 영혼을 깨우는 법

황소자리의 신화는 제우스가 페니키아의 공주 에우로페를 유혹하기 위해 황소로 변신한 이야기다. 바닷가에서 놀고 있는 에우로페에게 첫눈에 반한 제우스는 황소로 변신해 에우로페를 등에 태우고 크레타 섬으로 납치한다. 제우스는 에우로페에게 헤파이스토스가 만든 목걸이를 선물하며 환심을 산 후 사랑을 나누고 아이를 낳는다. 이후 에우로페는 크레타 섬 최초의 여왕이 된다. 제우스의 다른 애인들과 다르게 에우로페는 제우스의 질투심 많은 아내, 결혼의 여신 헤라에게 어떤 해코지도 당하지 않는다.

다른 별자리 신화들이 신과 영웅의 웅장하고 비극적인 모험을 다루는 데 반해 황소자리 신화는 사랑과 결혼을 다루고 있다. 풍요로운 대지의 흙 별자리이자 아름다움과 사랑의 별 금성을 수호행성으로 둔 황소자리 신화에는 재밌는 요소가 등장한다. 바로 불과 화산, 대장장이이자 발명가의 신 헤파이스토스가 만든 선물이다. 헤파이스토스는 미의 여신 아프로디테의 남편으로 다리를 저는 장애가 있으며 그리스의 남신 중 추남으로 유명하다. 로마식으로 '불칸'이라 부르는데, 황소자리의 수호행성 금성을 '비너스'라고 부르는 것 역시 아프로디테의 로마식 이름이다. 흙 별자리 황소자리의 금성과 불칸은 모두 대지의 에너지를 다루며 아름다움을 추구하고, 불칸에게 신체적인 장애는 예술과 창조에 더 몰입하게 하며 깊이를 더하는 요인이 된다. 황소자리 신화에 결혼이 등장하는 것은 금성과 불칸의 결합과 연결 지을 수 있다.

금성을 수호행성으로 둔 흙 별자리 황소자리는 아름다움과 안락함, 쾌락을 좇으며 현세적인 만족에서 행복을 얻는다. 그러나 금성의 감각적 쾌락을 넘어 한 차원 더 깊어지고 성숙하기 위해서는 불을 다루는 불칸처럼 물질적인 것 이외의 가치들을 인식하고 자신의 욕구와 감정들을 조절하며 유연해져야 한다. 무쇠덩어리가 불로 제련되어 세상만사 유용한 도구가 되듯이 말이다. 황소자리는 금성의 흠 없는 외관의 아름다움만을 추구하는 것이 아니라, 장애의 핸디캡을 지닌 채 생산적이며 확장성 있는 불칸의 창조성으로 나갈 수 있어야 한다.


## 황소자리에게 추천하는 콘텐츠

### 소유에 대한 통찰과 자연의 아름다움, 삶에 대한 다양한 가치를 보여주는 책

· 《그 많던 싱아는 누가 다 먹었을까》 박완서 지음_ 일제 강점기에서 한국 전쟁까지의 풍속과 생활상, 자연의 아름다움을 담은 자전적 성장 소설.

- 《월든》 헨리 데이비드 소로우 지음_ 월든 호숫가에서 자급자
  족하는 삶을 실험한 19세기 초월주의 철학자 소로우의 체험기.
- 《느리게 산다는 것》 피에르 쌍소 지음_ 행복을 위한 가장 적극
  적인 삶의 자세로 '느림'을 제안하는 피에르 쌍소의 에세이.
- 《게으름에 대한 찬양》 버트런트 러셀 지음_ 인간의 진정한 자
  유와 주체성 확립을 위해 여가가 필요하다고 주장하는 철학자
  러셀의 에세이.
- 《감각의 박물관》 다이언 애커먼 지음_ 인간의 육감에 대한 흥
  미롭고 다양한 정보와 지식에 대한 우아하고 유쾌한 에세이.
- 《유인원과의 산책》 사이 몽고메리 지음_ 세 명의 여성과학자
  가 인간과 가장 닮은 유인원과 생활하며 관찰한 탁월한 자연
  다큐 에세이.
- 《꽃을 좋아하는 소 페르디난드》 먼로 리프 글, 로버트 로손 그
  림_ 평화롭게, 자기답게 사는 삶에 대한 그림책의 고전.


## 태양 황소자리 시즌에 황소자리 에너지를
## 플레이하기 좋은 리추얼

황소자리 시즌은 곡우에서 소만까지다. 봄의 절정을 거쳐 초
여름을 여는 초록의 계절이다. 일 년 중 가장 화창하며 햇살이 풍부하고

넉넉하며 평화로운 계절로 사계절 중 가장 찬란한 초록을 만날 수 있는 시기이다. 초록의 자연으로 나가 자연을 닮은 의례를 가져 보자.

- 세 번째 차크라를 여는 명상을 하며 자신의 가치와 자존을 높이는 만트라를 읊어보라.
- 맨발로 땅의 기운을 느끼며 걸어 보자.
- 제철 음식으로 건강한 음식을 만들어 음미해 보자.
- 작약 한 송이를 자신을 위해 선물해 보자.
- 좋아하는 음악을 큰 소리로 들어보라.
- 가치 있게 여기는 것을 글로 써 보자. 초록이 보이는 야외로 나가 쓴다면 더욱 좋다.
- 속도를 늦추고 천천히 지금 이 순간을 음미하라.

**#소확행 #황소고집 #럭셔리하게 #귀차니스트 #완소스타일**
**#궁디팡팡행복 #맛집스타그램 #여유롭게**

# 쌍둥이자리
## 다재다능한 소통가
### 5월 21일~6월 21일

그들의 세계에 들어가서 그들이 관심을 가지는 것에 대해
질문하고 들어주라.
_데일 카네기

태양 별자리가 쌍둥이자리인 사람이 아름다운 개인주의자가 되기 위한 가이드로 삼으면 좋다. 달 별자리나 동쪽 별자리가 쌍둥이자리에 있거나, 세 개 이상의 행성이 쌍둥이자리에 있는 이들에게도 지성과 소통에 관한 통찰을 선사할 것이다. 또한 수성의 영향이 두드러진 출생 차트를 타고난 이들이나, 배움과 소통의 현장인 3번째 하우스에 행성이 세 개 이상의 행성이 들어 있는 이들에게도 빛나는 조언이 될 것이다.

# 쌍둥이자리
## Gemini
**5월 21일~6월 21일**

---

**원소: 공기(+)**
**상태: 변화하는 상태**
**수호행성: 수성**
**수호하우스: 3번째 하우스**

반짝이는 지성과 끝없는 호기심으로 세상을 탐험하는 디지털 유목민의 영혼. 스마트폰은 그들의 제3의 손이요, 검색창은 무한한 상상력을 펼치는 캔버스다. 수다는 그들의 예술이며, 트렌드는 그들의 놀이터. 일상의 단상을 추상적 지혜로 승화시키고, 끝없는 고뇌와 사유의 힘을 온전히 받아들일 때, 쌍둥이의 정신은 진정한 지혜의 날개를 단다.

# 쌍둥이자리의
# 숨겨진 에너지 코드


## 우리는 앞으로도 뒤로도 말할 수 있어

"어디로 가야 할지 모르겠어요"라는 앨리스의 말에 체셔 고양이는 "목적지를 모른다면 어느 길로 가든 상관없어"라고 답한다. 소설 《이상한 나라의 앨리스》의 앨리스와 체셔 고양이의 대화는 배꼽 도둑이다. "우리는 다들 미치광이야. 나는 미치광이고, 너도 미치광이지." 앨리스가 물었다. "어떻게 그걸 알았죠?" 체셔 고양이의 대답은 허를 찌른다. "그냥 알았어. 정상인은 우리 주변에 아무도 없으니까." 웃음을 자아내면서도 의미심장하다. 쌍둥이자리의 재기발랄한 티키타카와 지적 모험이다. 논리와 비논리를 자유롭게 넘나들며 언어유희를 즐기고 기존의 규칙을 뒤집는 모습에 같이 수다를 떨고 싶어 입이 근질거린다.

루이스 캐럴의 태양 별자리는 물병자리지만 이 작품은 끝없는 호기심과 창의적 상상력의 쌍둥이자리 에너지로 가득하다. 앨리스는 넘치는 호기심으로 새로운 세계를 마주할 때마다 주저 없이 도전하고, 끊임없이 질문하고 대화하는 쌍둥이자리의 특징을 고스란히 보여준다. "우리는 앞으로도 뒤로도 말할 수 있어. 뒤로 말하면 말의 의미가 달라져"라는 문장은 쌍둥이자리가 금언으로 여길 말한 말이다. 만약 앨리스와 체셔 고양이가 어떤 굴에 빠져 대한민국에 온다면, 100만 구독자를 거느린 유튜버로 라이브 방송을 하며 다양한 밈을 생산하고 있을 것이다. 이들의 역설적 대화와 기발한 언어유희에 빠져 채팅창은 폭주할 것이다. 쌍둥이자리에게 언어는 놀이터이자 무기이며, 현실을 뒤집어 보는 마법 거울이다.


## 지적 모험가의 끝없는 호기심

첫 번째 공기 별자리이자 변화하는 상태 그리고 양의 에너지의 조합으로 쌍둥이자리 에너지가 탄생한다. 12별자리 중 가장 변화무쌍한 별자리다. 잠깐만 한눈을 팔아도 사라지고 없다. 첫 번째 공기 별자리답게 지적 호기심이 넘쳐난다. 15세에서 21세의 청소년처럼 왕성한 호기심과 지적 탐구심까지 장착되어 있다. 지식과 소통, 짧은 여행을 담당하는 3번째 하우스의 인생 영역을 담당하는 별자리로 쌍둥이자리는 양자리와 황소자리를 통과하며 얻은 생존과 안정의 지혜를 언어로 풀어내고, 주변 환경과 끊임없이 소통하며 호기심 가득한 지적 탐험을 이어 간다. 이들의 뇌는 마치 성장기 청소년의 전두엽처럼 활발하게 작동하며, 세상의 모든 것에 질문을 던진다. 빠른 습득 능력과 민첩한 사고는 따라갈 자가 없다. 벼락치기는 쌍둥이자리의 특기다. 그러나 그만큼 빨리 잊어버린다. 똑똑하지만 기억력이 좋은 별자리는 아니다.

합리적인 지성과 소통을 중시하는 공기 별자리라도 관심사는 조금씩 다르다. 천칭자리는 저울처럼 모든 상황의 균형을 맞추는 중재자의 지혜를 발휘하고 물병자리는 번개와 같은 번뜩이는 혁신으로 기존의 틀을 깨고 새로운 패러다임을 제시한다. 반면 쌍둥이자리는 호기심 많은 나비처럼 이곳저곳을 누비며 다채로운 지식을 모은다. 모든 것을 문자언어로 배우고 습득한다. 개념왕으로 막힘없이 술술 정보를 전파한다. 걸어 다니는 챗GPT라 불리는 이들은 지식을 나누는 것을 즐기며, 다른 사람들과의 교류를 통해 에너지를 얻는다. 특히 언어의 마술사로 복잡한 개념도 쉽고 재밌게 언어로 포착한다.

새로운 기술이나 트렌드가 등장하면 누구보다 먼저 시도하고, 그것을 자신만의 방식으로 해석해 주변에 전파하는 것을 즐긴다. 신조어나 핫플, 신상 맛집이 궁금하다면 쌍둥이자리 친구에게 물어보라. 분명 정확한 좌표와 별점까지 알려줄 것이다.

## 멀티플레이어와 N잡러

넷플릭스를 틀어놓고 인스타그램 릴스를 훑어보며, 카카오톡 답장까지 동시에 하는 사람? 지구상에 쌍둥이자리밖에 없을 것이다. 이들은 타고난 멀티태스킹 능력으로 여러 가지 일을 동시에 해내는 재주꾼들이다. 그도 그럴 것이 혼자가 아니라 쌍둥이가 아닌가. 하나의 일에 집중하는 것보다 여러 가지 일을 동시에 진행할 때 더 큰 만족감을 느낀다. 마치 저글링 묘기를 부리는 곡예사처럼, 여러 개의 공을 동시에 던지고 받는 것에 능숙하다.

쌍둥이자리 사람들의 대화는 만화경처럼 다채롭다. 옆 사람의 키워드를 캐치해 유려하게 연결해서 공감대를 만들고 유쾌하게 모방할 줄 안다. 단순한 대화도 예술로 승화시킨다. 훌륭한 DJ가 다양한 음악을 자연스럽게 믹싱하듯, 이들은 서로 다른 주제와 이야기를 매끄럽게 연결하는 재주가 있다. 이들의 대화는 마치 즉흥 재즈 연주와도 같다. 기본 멜로디(주제)가 있지만, 그것을 중심으로 자유롭게 즉흥 연주를 펼치듯 대화를 이끌어 시간 가는 줄 모른다.

영화 〈미나리〉로 2021년 아카데미영화상 여우조연상 트로피를 거머쥔 윤여정 배우도 태양 별자리가 쌍둥이자리다. 73세의 나이가 무색할 만큼 여유롭고 위트 있는 수상소감은 지금껏 레전드로 회자된다. "우린 다 다른 영화에서 다른 역할을 연기했는데 어떻게 경쟁하겠어요? 내가 운이 조금 더 좋았을 뿐"이라며 겸손한 미소를 지으며 "대부분의 유럽 사람들이 저를 여영이나 유정이라고 부르죠. 하지만 오늘 밤 모두를 용서할게요"라며 전 세계를 울며들게 만들었다. "욕심이 많아서 이것저것 다 해보고 싶어. 인생이 심심하면 안 되잖아?"라며 편견 없이 젊은 세대와 작업하며 도전하는 그녀의 삶처럼 쌍둥이자리의 인생 사전에 심심함이란 단어는 없다.


## 헤르메스의 날개를 단 커뮤니케이터

쌍둥이자리를 수호하는 행성은 수성이다. 그리스 신화에서 수성은 신들의 메신저이자 소통의 신 헤르메스다. 헤르메스는 신들과 인간 세계를 자유롭게 넘나들며 메시지를 전달했고, 상인들과 여행자들의 수호신이었다. 날개 달린 샌들을 신고 재빠르게 움직이는 헤르메스를 닮은 쌍둥이자리는 다양한 세계를 넘나들며 새로운 것을 전파한다. 도서관 서가 사이를 자유롭게 누비며 탐험하는 사람들을 본다면 겨드랑이나 발을 살펴보라. 날개가 삐져나와 있을지도 모른다. 헤르메스의 수완과 재치, 변화무쌍함은 쌍둥이자리 사람들에게 그대로 드러난다. 때로는 영리한 상인으로, 때로는 재치 있는 이야기꾼으로 변신하는 헤르메스의 모습은 쌍둥이자리의 다면적 성격을 상징적으로 보여준다.

스마트폰은 쌍둥이자리의 최애템이다. 다양한 채팅방과 SNS를 넘나들며, 때로는 유튜버가 되고, 때로는 인플루언서가 되어 자신의 다양한 모습을 표현하는 N잡러다. 똑같이 수성의 수호를 받는 처녀자리가 체계적이고 분석적인 실무형이라면, 쌍둥이자리는 구체적인 지식으로 뉴스를 발신하는 소통가다.

'소통'은 쌍둥이자리의 진짜 이름이다. 두 명의 아이가 어깨를 나란히 하고 있는 쌍둥이자리 기호 Ⅱ처럼, 연결과 소통을 갈망한다. 이질적인 두 세계를 연결하는데 탁월하다. 마치 외국어를 통역하는 통역사와 같이 다른 나라, 다른 학문 등 이질적인 것들의 접점을 찾아 연결한다. 더 나아가 빛과 어둠, 물질적 세계와 영적인 세계를 연결하는 다리이기도 하다. 그래서 두 세계를 잇는 소통의 다리, 안타카라나의 별자리이기도 하다. 안타카라나는 산스크리트어로 '소통의 다리'를 뜻한다. 현실과 이상, 빛과 어둠, 진지함과 유머러스함 사이를 연결하며 통합해 나가는 것이 바로 쌍둥이자리의 운명이다.


## 허끝에서 멈춘 말들의 힘

쌍둥이자리의 뛰어난 소통력과 연결력은 의외로 침묵의 가치를 알 때 깊어진다. 박해영 작가의 드라마 〈나의 해방일지〉의 주인공 염창희는 쌍둥이자리 에너지가 넘치는 투머치토커에 달변가다. 염창희가 철드는 인상적인 장면이 있다. "내가 뭐든 입으로 털잖냐, 근데 이건 안 털고 싶다. 나란 인간의 묵직함, 나만 기억하는 나만의 멋짐. 말하면 이

묵직함이 흩어질 것 같아서 말하고 싶지가 않다"며 "영원한 나의 비밀"로 끝까지 삼킨다. 그 순간 묵직한 말의 힘이 생긴다. 말하지 않아서 더 깊어진다. 넘치는 말의 홍수 속에서도 진정한 쌍둥이자리의 성숙함은 말을 삼킬 줄 아는 용기에서 시작된다.

쌍둥이자리가 빛나는 순간은 이런 역설적 침묵의 순간이다. 염창희가 말했듯 "이 말들이 막 쏟아지고 싶어서 혀끝까지 밀려왔는데 밀어 넣게 되는 그 순간, 그 순간부터 어른이 되는 거다." 입에서 속사포처럼 쏟아지는 말을 때로는 삼킬 줄 아는 절제의 미학을 실천할 때, 그들의 지적 에너지는 더욱 깊고 강렬한 울림을 갖게 된다. 표현의 예술가인 동시에 침묵의 연금술사가 되는 순간, 쌍둥이자리는 진정한 커뮤니케이터로 거듭난다.


## 내 속엔 내가 너무도 많아


《불안의 서》로 유명한 포르투갈의 작가 페르난두 페소아는 75개가 넘는 필명으로 작품 활동을 했다. 각각 다른 성격과 삶의 이력, 문체까지 가지고 있었다. 리카르도 레이스, 알베르토 카에이로, 알바로 데 캄포스… 이들은 단순한 필명이 아닌, 완전히 독립된 인격체였다. 태양 별자리가 쌍둥이자리인 페소아의 이러한 면모는 한 사람 안에 존재하는 다양한 페르소나를 보여주는 완벽한 예시다. 마치 그의 시구처럼 "내 안에는 수많은 영혼이 살고 있다." 페소아가 75개의 자아로 글을 썼듯이, 쌍둥이자리의 내면에는 언제나 여러 개의 자아가 공존한다.

윤여정 배우처럼 나이를 잊은 듯 생기 넘치는 청춘의 호기심, 페소아처럼 수십 개의 자아로 세상을 바라보는 다채로운 시선. 이것이 바로 쌍둥이자리만의 특별한 매력이다. 황소자리가 지상의 풍요로움과 물질적 안정을 추구한다면, 쌍둥이자리는 그 물질세계를 초월하여 정신적 풍요로움을 찾아 나선다. 황소자리가 만든 견고한 기반 위에서, 쌍둥이자리는 끝없는 호기심으로 세상을 탐험하고 새로운 가능성을 발견한다. 그런 후에야 게자리의 깊은 감성적 공감으로 승화된다.

## 쌍둥이자리 주간별 강점과 약점

**5월 19일~5월 24일**
**급속한 성장과 혼돈을 통해 거듭나는 '에너지의 주간'**
**강점:** 다재다능한, 활동적인, 총명한
**약점:** 수다스러운, 강박관념에 사로잡힌, 서두르는

에너지의 주간 사람들은 황소자리의 감각적인 특성과 쌍둥이자리의 지적인 면모가 결합되어, 세상을 향한 강렬한 호기심과 탐구심

을 지닌다. 다양한 경험을 갈망하고, 끊임없이 새로운 자극을 찾아 나선다. 이들의 가장 큰 매력은 다재다능함과 총명함이다. 하지만 동시에 한 곳에 정착하지 못하는 성향 때문에 주변 사람들을 불안하게 만들기도 한다. 강한 호기심과 탐구심으로 기계나 장비의 작동 원리를 파악하는 데 뛰어나며, 타인의 신체나 건강 상태에도 깊은 관심을 보인다. 대화를 즐기고 관심의 중심에 서고 싶어 때로 너무 강하게 자신을 드러내려 한다. 자신의 매력을 마음껏 발산하고 싶어 하지만, 그 강렬함이 오히려 관계를 힘들게 만들 수 있다. 명석한 두뇌를 가졌으나 인내심이 부족해 성과로 이어지지 않는 것이 이들의 아쉬운 점이다. 자신의 에너지를 적절히 조절하는 것이 핵심이다.

### 5월 25일~6월 2일
### 정신적 독립과 정의에 대한 강렬한 열망 '자유의 주간'
**강점:** 재치 있는, 카리스마 넘치는, 전문 기술이 뛰어난
**약점:** 전제적인, 교묘하게 조종하는, 불평하는

자유의 주간 사람들은 풍부한 상상력과 빠른 충동성으로 새로운 계획을 끊임없이 세우지만 실무적인 일은 종종 소홀히 하는 경향이 있다. 감정적으로는 다소 불안정한 면이 있어 불만이 있으면 즉각적으로 표현하는 편이지만, 파트너에 대해서는 의외로 충실한 모습을 보인다. 이들은 자신의 매력을 적극적으로 활용하며 관능적으로 드러낼 수

있으나, 상대방과의 진정한 공감대 형성이 없다면 관계를 오래 지속하기 어렵다. 성공을 위해서는 자신의 감정과 신경을 잘 통제하는 것이 중요하며, 특히 술이나 흥분제는 가급적 피해야 한다. 이들과 가장 잘 맞는 상대는 다양성의 필요성을 이해하고 때때로 변화를 시도할 수 있는 사람이다. 이들은 특히 책임감 있는 업무나 개혁적인 일을 맡았을 때 뛰어난 능력을 발휘하는 특징이 있다. 성공적인 관계 유지를 위해서는 인내심을 기르고, 때로는 자신의 이상을 조율할 줄 알아야 하며, 내면의 감정에도 충분히 귀 기울이는 것이 필요하다.

**6월 3일~6월 10일**

**비판적 사고와 자기표현력을 얻는 '새로운 언어의 주간'**

**강점:** 의사소통에 능한, 경쟁심이 강한, 개혁적인

**약점:** 오해를 많이 받는, 유별난, 질서가 없는

새로운 언어의 주간 사람들은 강렬한 의사소통 욕구와 독특한 언어 표현 방식을 가진다. 내면의 깊은 불안과 거절에 대한 두려움을 숨기고 외향적인 모습을 보이지만, 실제로는 복잡한 심리를 지닌다. 어린 시절의 부정적 경험으로 인해 강한 경쟁심과 자기비판적 성향을 발전시켰으며, 이는 때로 대인관계에 어려움을 초래한다. 극적이고 대조적인 성격의 사람들에게 매력을 느끼지만, 실제로는 비슷한 배경을 가진 사람들과 더 성공적인 관계를 맺을 수 있다. 자신의 어두운 면과 화해하고

표현 방식을 조절하며, 타인의 인상을 고려하는 것이 중요하다. 깊은 우정과 관계 형성을 위해서는 시간과 인내, 그리고 자기 이해가 필요하다. 새로운 언어의 주간에 태어난 이 사람들은 궁극적으로 자신의 독특한 소통 방식을 긍정적으로 발전시키고 내면의 두려움을 극복함으로써 더욱 풍요로운 관계를 만들어갈 수 있다.

### 6월 11일~6월 18일
### 탐험에 대한 두려움 없는 도전 '탐구의 주간'

**강점:** 탐험을 좋아하는, 위험을 감수하는, 금전 감각이 뛰어난
**약점:** 감정적으로 불안정한, 환멸을 느끼는, 참을성이 없는

탐구의 주간 사람들은 상상력이 풍부하고 새로운 지식을 흡수하는 데 빠르며 문제 해결력이 뛰어나다. 반면 산만하고 우유부단하며 과시욕이 강한 면도 있다. 매사에 철저하고 실용적인 접근을 한다. 기발한 아이디어와 혁신적인 생각으로 주변 사람들을 놀라게 한다. 복잡한 문제를 해결하는데 탁월한 능력을 보이지만, 때로는 지나치게 이론적이되어 현실성이 떨어지기도 한다.

사교성이 좋고 유머러스하며 지적인 대화를 즐긴다. 하지만 자신의 지식을 과시하려는 경향이 있어 상대방을 불편하게 할 수 있다. 새로운 것을 배우는 데 열정적이지만 쉽게 싫증을 내는 편이다. 실용적인 성공을 위해서는 끈기를 기르고 현실적인 목표 설정이 필요하다. 자신

의 능력을 과신하지 말고 차근차근 단계를 밟아가는 것이 중요하다.

# 쌍둥이자리의
# 인간관계 가이드

## 쌍둥이자리의 가족 관계

가족들과 다양한 주제로 대화하는 것을 즐긴다. 거실은 자유롭고 활기찬 토론의 장과도 같다. 저녁 식탁에서 시작된 날씨 이야기가 우주의 신비로 이어지고, 곧이어 가족여행 계획으로 발전하는 것이 쌍둥이자리 가족의 전형적인 모습이다. 이처럼 자유로운 상상과 대화가 가족의 일상을 더욱 풍요롭게 만든다.

쌍둥이자리 에너지가 넘치는 가정의 가훈이 '자유롭게 생각하고, 책임감 있게 행동하자'라면 평화로울 것이다. 부모는 자녀의 호기심을 존중하고 다양한 경험을 장려하지만, 때로는 일관성 있는 양육에 어려움을 겪을 수 있다. 가정 내 규칙과 의무를 지키는 것을 답답해하며, 이로 인해 다른 가족들과 갈등이 생길 수 있다. 하지만 가족의 소중함을 알기에, 자신만의 방식으로 안정감과 자유로움의 균형을 찾으려 노력한다. 이들은 가족여행이나 새로운 문화 체험 같은 활동을 통해 가족과의 유대를 쌓는 것을 선호한다. 가족 구성원 각자의 개성을 인정하고 존중하는 태도가 이들의 특징이다. 어느 쌍둥이자리 아버지는 매주 일요일마다 가족들과 함께 새로운 장소로 피크닉을 떠났다. 기발한 아이디로 자유로움과 가족의 결속력을 동시에 충족시키는 일석이조의 재기를 발휘한 것.

호기심 넘치고 영리한 쌍둥이자리 아이는 재능과 예민함을 동시에 가진 독특한 존재다. 빠른 언어 습득 능력과 손재주로 그림, 글쓰기 등 다양한 영역에서 창의성을 발휘하지만, 산만한 독서 습관과 집중력 부족이 약점이다. 부모는 아이의 본성을 존중하면서도 끝까지 듣고 관찰하는 습관, 시간 약속의 중요성을 논리적으로 가르쳐야 한다. 책을 처음부터 끝까지 꼼꼼히 읽게 하고, 대화에서 상대방의 이야기를 끝까지 경청하도록 도와야 한다. 이를 통해 아이의 잠재력을 최대한 끌어올리고 균형 잡힌 성장을 지원할 수 있다.


## 쌍둥이자리의 친구 관계

지적 호기심이 넘치고 다양한 관심사를 가진 친구를 선호한다. 대화가 잘 통하고 새로운 시각을 제시할 수 있는 사람에게 특히 매력을 느낀다. 관계 유지를 위해서는 정기적인 연락보다는 자연스러운 만남과 흥미로운 대화가 좋다. 친구와의 약속이나 계획은 유연하게 조정할 수 있는 것을 선호하며, 너무 강압적인 친구는 피하는 경향이 있다. 폭넓은 인맥을 가졌지만, 깊이 있는 우정을 맺는 데는 시간이 필요하다. 서로의 자유를 존중하면서도 필요할 때 함께할 수 있는 균형 잡힌 우정을 추구한다. 일상의 소소한 이야기부터 깊이 있는 주제까지, 다양한 대화를 통해 친구 관계를 발전시켜 나간다. 친구의 새로운 시도나 변화를 응원하고 지지하는 좋은 조력자가 된다.

대학 시절을 함께 보낸 한 쌍둥이자리 친구는 매주 다른 동아리에 참석하며 새로운 친구들을 사귀었다. 지금도 그 시절 만난 친구들과 각기 다른 주제로 깊이 있는 대화를 나누는 것이 인생의 큰 즐거움이라고 한다. 쌍둥이자리의 세 치 혀는 누구도 막을 수 없다.


## 쌍둥이자리의 연인과 부부 관계

쌍둥이는 혼자서는 온전하지 않다. 혼자서도 잘 놀 것 같은 쌍둥이자리는 의외로 외로움을 잘 탄다. 또한 지적인 도전을 즐기기 때문에 자신에게 정신적인 자극을 줄 만한 상대를 찾는다. 열정적인 대화와 지적 호기심으로 시작되는 쌍둥이자리의 사랑은 마치 봄바람처럼 상큼하고 설렌다. 처음에는 서로의 다양한 관심사와 새로운 시각을 나누며 즐거운 시간을 보내는데, 이들은 특히 밤새도록 이어지는 대화에 진한 매력을 느낀다. 상대방과 함께 웃고 즐기는 것을 좋아하며, 일상 속에서 작은 즐거움을 찾는 데 능숙하다. 쌍둥이자리는 사랑을 속삭일 때도 티키타카가 중요하다. 데이트를 할 때도 새로운 경험을 추구하고, 색다른 활동을 통해 관계를 더욱 깊게 만든다. 독립서점이나 도서관, 서점은 최고의 데이트 장소다.

이들의 연애는 마치 신선한 바람이 부는 들판을 거니는 것처럼 자유롭다. 서로의 개성과 공간을 존중하면서도, 함께할 때는 새로운 도전과 경험을 공유하며 관계를 발전시킨다. 여행이나 새로운 취미 활동을 통해 서로에 대한 이해를 넓혀가는 것을 즐긴다.

결혼을 결심하게 되는 결정적 순간은 대부분 지적인 교감이 정서적 안정감으로 이어질 때다. 결혼 생활에서는 일상의 작은 변화들을 즐기며 서로를 이해하려 노력한다. 한 쌍둥이자리는 매주 다른 나라의 요리를 함께 만들어보는 '세계 요리 여행'을 통해 결혼 생활의 신선함을 유지한다고 한다. 하지만 결혼 생활을 오래도록 풍성하게 유지하기 위해서는 자유만을 추구하는 것이 아니라 책임지며 신뢰를 쌓는 것이 중요하다.

관계에서 책임은 자유를 추구하는 쌍둥이자리에게 가장 어려운 미션이다. 서로의 독립성을 인정하면서도 함께하는 시간의 소중함을 아는 지혜가 필요하다. 특히 상대방의 변화와 성장을 응원하고 지지하는 태도가 필수다.

쌍둥이자리의 사랑은 반짝이는 모스 부호 같다. 순간의 섬광처럼 빠르고 예측 불가능한 이들의 연애는 끊임없는 지적 호기심과 자유로움을 추구한다. 사수자리와 만나면 모험과 대화의 짜릿한 케미가 폭발하고, 양자리와는 서로의 독립성을 존중하는 유연한 파트너십을 만든다. 천칭자리와의 만남은 지적 교감이 가득한 대화의 향연으로 펼쳐진다.

반면 깊이 있는 감정을 요구하는 전갈자리와는 표면적 접근으로 갈등이 생기고, 체계적인 처녀자리와는 자유분방한 기질이 충돌한다. 안정을 추구하는 게자리와의 관계는 쌍둥이자리의 끊임없는 변화로 인해 균열이 생긴다.


## 쌍둥이자리와 잘 지내는 법

바람처럼 가볍고 자유로워야 한다. 쌍둥이자리의 생명력은 끝없는 호기심과 지적 탐험이다. 서로의 지적 호기심을 자극하며 피어나는 꽃과 같다. 다채로운 주제로 수놓아진 대화는 그들과의 우정을 더욱 빛나게 만든다.

지루함은 쌍둥이자리의 천적이다. 똑같은 곳에서 만나지 마라. 새로 문을 연 카페나 서점, 팝업 스토어까지, 트렌디한 문화의 흐름을 함께 탐험하면 관계는 더욱 깊어진다. 그들의 재기발랄한 지성이 반짝이는 순간을 놓치지 말자. 쌍둥이자리의 TMI 스위치가 켜졌다면? 그냥 흐름을 타주면 된다. 넷플릭스 다큐멘터리 보다가 갑자기 MBTI 얘기로 넘어가도 그냥 플로flow를 따라가라. 오늘은 철학책을 읽다가도 내일은 스케이트보드에 빠질 수 있는 변화무쌍함을 인정해 주고 응원하라. 쌍둥이자리의 TMI는 사실 보석 상자와 같아서, 예상치 못한 순간 빛나는 아이디어가 튀어나온다. 특히 같은 단어를 두 번 말하기 좋아하는 쌍둥이자리의 언어 습관을 힘들어 한다면, 친구가 되기 어렵다. 두 번씩 반복하며 노는 것이니 귀엽게 봐줘라.

구속과 통제는 쌍둥이자리의 날개를 묶는 끈이 된다. 대신 자유로운 영혼을 인정하고, 그들만의 리듬을 존중해야 한다. 과도한 책임감이나 일관성을 요구하는 순간, 이 반짝이는 인연은 안개처럼 사라질 수 있음을 잊지 말자.

# 쌍둥이자리의 관계 별점

**Gemini**

- **사수자리★★★★★**: 둘 다 지적 탐험을 즐기는 불꽃 같은 관계다. 사수자리의 철학적 통찰력과 쌍둥이자리의 재기발랄한 지성이 만나 끝없는 영감을 주고받는다.

- **천칭자리★★★★**: 지적 호기심과 사교성이 완벽한 조화를 이룬다. 두 별자리 모두 대화를 즐기고 새로운 아이디어를 탐구하는데, 특히 천칭자리의 균형감이 쌍둥이자리의 변화무쌍한 에너지를 더욱 빛나게 한다.

- **물병자리★★★★**: 공기의 기운을 공유하는 이 둘의 만남은 불꽃놀이처럼 화려하고 짜릿하다. 지적 호기심과 혁신적인 사고가 완벽한 하모니를 이룬다.

- **양자리★★★**: 활력 넘치는 두 영혼의 만남이다. 양자리의 추진력과 쌍둥이자리의 적응력이 만나 역동적인 시너지를 만들어낸다.

- **처녀자리★★★**: 지적인 능력이 뛰어난 두 사람의 수다는 매우 즐거울 것이다. 양적 팽창보다 현실적으로 분석하는 능력을 배우면 일 파트너로 시너지가 빛날 것이다.

---

# 쌍둥이자리의
# 라이프 밸런스 가이드

## 쌍둥이자리의 건강과 운동

쌍둥이자리는 민감한 신경으로 아주 건강한 편은 아니다. 총명한 두뇌 활동에 필요한 충분한 산소 공급이 매우 중요하다. 맑은 공기를 마셔주는 것이 좋고, 여러 가지 일을 한꺼번에 벌이는 타입이라 피로가 쌓이기 쉬우니 적절한 휴식이 중요하다. 하루 30분 이상 공원이나 숲에서 걷는 것을 추천한다. 쌍둥이자리의 최애템인 스마트폰을 내려놓고 디지털 디톡스하며 가벼운 산책을 즐긴다면 더없이 좋다. 실내 공기를 자주 환기시키고 청정기를 사용하는 것은 기본, 정신 건강을 위한 식물을 가꾸는 멘탈 가드닝도 추천한다.

특히 팔과 어깨 부위의 스트레칭을 자주 해주면 좋고, 허파, 호흡기, 신경계 질환, 기침, 감기에 걸리기 쉬우니 잘 관리해 주는 것이 필요하다. 허파와 호흡기는 쌍둥이자리의 가장 민감한 신체 부위이다. 때문에 금연은 선택이 아닌 필수! 호흡기가 약한 쌍둥이자리에게 흡연은 특히 치명적이다. 허브티나 과일주스로 건강한 대체 습관을 만드는 것이 바람직하다.

운동은 테니스, 배드민턴, 탁구 등 주고받는 재미가 있는 운동을 추천. 사교성도 살리고 건강도 챙길 수 있어 일석이조다. 머리로는 오조 오억 개의 운동을 하겠지만 실제 몸은 움직이지 않는 쌍둥이자리를 일으켜 세운다. 순간적인 판단력과 민첩성을 발휘하는 의외의 재능을 발견할지도 모른다.


## 쌍둥이자리의 일과 재능

뛰어난 언변으로 프레젠테이션과 설득력이 탁월하다. 트렌드를 빠르게 캐치해 새로운 아이디어 제시하며 SNS, 디지털 커뮤니케이션에도 재능 있는 인플루언서 재질이다. 다재다능함과 소통 능력을 잘 활용하면 팀의 분위기 메이커이자 아이디어 뱅크로 빛나는 역할을 할 수 있다.

쌍둥이자리의 진가는 브레인스토밍이나 기획 단계에서 가장 빛난다. 여러 부서를 넘나들며 소통하고 트렌드를 캐치하는 그들의 능력은 모두가 탐낼만한 재능이다. 단, 꼼꼼한 마무리는 다른 동료의 도움을 받는 게 좋다. 꼼꼼한 처녀자리가 옆에서 체크리스트를 잡아준다면 완벽한 시너지가 탄생한다. 쌍둥이자리에게 자유로운 업무 환경은 필수다. 틱톡커처럼 여러 콘텐츠를 동시에 다루듯, 다양한 프로젝트를 자유롭게 오가며 일하는 것을 선호한다. 너무 딱딱한 규율이나 반복적인 업무는 그들의 재능을 바래게 만든다.

### 기자, 아나운서

핵심을 간단명료하게 전달하는 능력은 뉴스룸에서 특히 빛을 발한다. 복잡한 사회 현상도 대중이 이해하기 쉽게 설명하는 탁월한 언변은 쌍둥이자리만의 강점이다. 구체적이고 실용적인 논리는 타의 추종을 불허한다. 또한 넘치는 호기심과 지적 탐구를 즐기는 성향은 심층 취재와 다각도의 분석과 비평에도 큰 도움이 된다.

### 트렌드 분석가

다양한 정보를 빠르게 흡수하고 연결하는 능력은 시장의 흐름을 예측하는 데 필수적이다. SNS와 디지털 환경에 대한 높은 이해도를 바탕으로, 소비자의 니즈를 정확하게 포착하고 미래 트렌드를 예견하는 능력이 뛰어나다.

### 마케터

탁월한 설득력과 창의적인 아이디어로 주목받을 수 있다. 상품이나 서비스의 장점을 효과적으로 전달하는 능력이 뛰어나며, 다양한 관점에서 접근할 수 있는 유연한 사고방식은 혁신적인 마케팅 전략 수립에 큰 강점이 된다. 특히 소비자와의 공감대 형성이 뛰어나 브랜드 스토리텔링에서 독보적인 성과를 낼 수 있다.

### 번역가, 통역가

쌍둥이자리는 언어 천재다. 다국어를 능숙하게 다루며 문화적 차이를 이해하고 해석하는 능력이 탁월하다. 언어에 대한 직관과 높은 의사소통 능력은 쌍둥이자리의 대표적인 강점이다. 유연한 사고방식으로 원문의 뉘앙스를 정확하게 파악하고, 이를 타깃 언어로 자연스럽게 전달하는 능력이 뛰어나다. 특히 실시간 통역에서는 순발력과 적응력이 빛을 발한다. 빠르게 변화하는 상황에서도 침착하게 대처하며, 다양한 주제와 맥락을 신속하게 이해하고 전달하는 능력이 탁월하다.

## 쌍둥이자리의 재테크

쌍둥이자리의 재테크는 '멀티플레이' 스타일이다. 35살 쌍둥이자리 프리랜서 친구는 수입이 불규칙해 기본 생활비의 6개월 치를 고금리 예금에 묶어두고, 나머지는 주식과 가상화폐에 50:50으로 투자한다. 특히 새로 상장하는 코인들을 발 빠르게 찾아내 단타로 수익을 내는데

능하다. 이처럼 한 가지에만 올인하기보다는 여러 투자 상품을 동시에 운영하는 걸 선호한다. 여러 개의 넷플릭스 시리즈를 동시에 정주행하듯이!

쌍둥이자리는 단기 수익에 민감하고 변화를 추구하는 스타일로 새로운 투자 정보를 빠르게 캐치하고 실행한다. SNS나 커뮤니티를 통해 투자 인사이트를 얻으며 가상화폐나 주식 등 트렌디한 투자에 관심도 많다. 경제 뉴스, 투자 관련 서적, 전문가의 의견 등을 참고하여 자신만의 투자 전략을 세운다. 쌍둥이자리는 사람들과의 소통이 뛰어난 만큼, 다양한 사람들과의 네트워크를 적극 활용할 필요가 있다. 투자 세미나나 모임에 참석해 다른 투자자들과의 교류를 통해 유용한 정보를 얻고, 새로운 투자 기회를 발견할 수 있다. 쌍둥이자리의 경우 새로운 정보에 너무 민감하게 반응해 잦은 매매를 할 수 있다. '존버력'을 키우고 장기적인 관점도 놓치지 않는 것이 중요하다. 투자는 단거리 달리기가 아니라 마라톤이다!

# 쌍둥이자리를 일깨우는
# 해방 가이드

## 쌍둥이자리의 아킬레스건
## 산만함과 피상성

쌍둥이자리의 산만함과 피상성은 진정한 소통을 가로막는 장애물이다. 이들의 탁월한 멀티태스킹 능력과 끝없는 호기심은 양날의 검과 같아서, 다재다능함을 선사하는 동시에 자신의 중심을 잃어버리기 쉽게 만든다. 그들은 종종 맥락도, 깊이 있는 의미도 없는 정보의 홍수 속에 휩쓸려 표류하게 된다. 한 가지를 완성하지 못한 채 또 다른 흥미로운 대상으로 옮겨가는 패턴이 끊임없이 반복되는 것이다.

끊임없이 새로운 정보와 경험을 추구하는 그들의 본성은 소셜 미디어, 게임, 즉각적인 보상 시스템에 쉽게 매료되고 빠져들게 만든다. 때로는 성인 ADHD와 유사한 증상을 보이며, 호기심과 다양한 자극에 대한 강렬한 갈망으로 도파민 중독에 빠지기도 한다. 그러나 바쁘게 사는 것과 의미 있게 사는 것은 분명히 다르다. 역설적이게도 이러한 과도한 바쁨은 오히려 정신적 게으름의 표현일 수 있다.

　　이러한 산만함의 영향은 단순한 주의력 결핍이나 문제 해결 능력의 저하를 넘어서 심각한 정서적 불안정으로까지 이어질 수 있다. 쌍둥이자리는 새로운 정보와 경험을 흡수할 때마다 자신의 정체성을 끊임없이 재구성하는데, 이 과정에서 본연의 진정한 자아를 잃어버리기도 한다. 소통의 달인이라 불리는 이들이 정작 자기 내면과의 대화에서는 실패하는 것도 이 때문이다. 타인의 이야기는 능숙하게 풀어내면서도, 정작 자신의 이야기를 할 때면 어디서부터 시작해야 할지 망설이고 주저하게 된다.

　　대화 중 갑작스러운 주제 전환이나 상대방의 이야기를 끝까지 경청하지 못하는 태도는 내면의 산만함이 외적으로 표출된 단적인 예다. 천의 얼굴을 지닌 그들은 때로는 스스로도 어떤 얼굴이 진정한 자신인지 혼란에 빠진다. 따라서 쌍둥이자리에게는 자신만의 확고한 맥락을 구축하고 일관된 정체성을 유지하려는 깊은 성찰이 필수적이다.

　　이러한 아킬레스건을 극복하고 승화하기 위해서는 무엇보다 피상적인 수박 겉핥기식 접근을 넘어서, 깊이 있게 관찰하고 사유하는 용기가 필요하다. 정보를 진정성 있게 소화하고 자신의 감정을 통해 세상을 바라보려는 진지한 노력이 요구된다. 때로는 과감한 디지털 디톡스를 통해 모든 외부 정보를 차단하고, 차분히 내면의 소리에 귀 기울이는 시간도 필요하다. 이때 중요한 것은 느리고 지루하더라도 한곳에 머무를 수 있는 인내의 힘이다. 이러한 과정을 통해 자기 내면의 이중적이고 다중적인 요소들이 자연스럽게 연결되어 통합된 자아를 형성하게 될 것이다. 쌍둥이자리의 진정한 지성은 바로 이러한 깊은 집중과 몰입의 순간에 가장 찬란하게 빛난다.

## 쌍둥이자리답게 살기 위해
## 통과해야 할 미션

### 양질의 정보로 깊이를 더하기

쌍둥이자리는 정보를 무기라고 생각한다. 그래서 세상의 모든 정보를 멀티태스킹으로 서핑한다. 빠르게 수박 겉핥기식 지식에 현혹되기 쉽다. 지적인 대화를 위한 넓고 얕은 지식을 좋아한다. 반복적이고 쓸데없는 정보에 관심을 빼앗기면 산만해질 수밖에 없다. 숏츠나 가십이 넘치는 뉴스 피드를 무분별하게 소비하기보다는, 자신의 성장에 도움이 되는 양질의 정보를 선별하는 안목을 길러야 한다. 넘쳐나는 정보 중에 팩트 체크는 기본이다. 뇌피셜만으로 무분별하게 여기저기 전달하는 가짜뉴스 발신자가 되지 마라. 정보를 탐독해 소화하고 생각의 길을 만들어 자신만의 견해를 길러야 한다. 반복적인 메시지나 쉽고 가벼운 글만 읽지 마라. 알고리즘의 덫에서 벗어나야 한다. 자신의 피상적인 호기심을 깊이 있는 사유로 전환하려면 사색할 수 있는 글을 읽어야 한다. 즉각적인 자극보다는 깊이 있는 독서가 중요하다. 디지털 디톡스나 명상을 통해 내적 균형을 유지하고, 독서, 토론, 창작 활동 같은 건강한 지적 자극으로 에너지를 전환해야 한다.

### 자주 멈추고 하나에 집중하기

'생각의 공백'을 만들어라. 호흡의 들고남을 관찰하며 순간의 감각에 집중하다 보면, 산란했던 마음이 고요해진다. 산란한 생각들이 잠잠해져야 진정한 자신의 목소리를 들을 수 있다. 멈춤은 자신의 무한한 가능성을 재정비하는 시간이다. 명상이나 요가와 같은 집중력 훈련을 통해 평온히 집중하는 능력을 기르는 것도 좋다. 여러 관심사를 동시에 추구하는 것은 쌍둥이자리의 강점이지만, 때론 한 가지에 깊이 몰입하는 훈련이 필요하다. 하나의 주제나 프로젝트에 집중할 때는 일정 시간 동안 다른 모든 방해 요소를 차단하라. 브라우저 탭을 수십 개 열어놓지 마라. 집중의 순간들이 쌓여 진정한 전문성이 만들어진다. 영감은 서핑할 때가 아니라 집중할 때 찾아온다.

### 경청하기

진정한 소통은 말하기가 아닌 듣기에서 시작된다. 상대방의 이야기를 중간에 끊지 않고 끝까지 듣는 연습, 다음 말을 준비하느라 현재의 대화를 놓치지 않는 연습이 필요하다. 경청은 단순히 귀로 듣는 것이 아닌, 마음으로 받아들이는 과정이다. 상대의 이야기를 끝까지 경청하고, 그 안에 담긴 감정과 맥락을 이해하는 데 집중하라. 침묵과 듣기를 통해 쌍둥이자리의 뛰어난 소통 능력은 더욱 탁월해진다. 다양한 주제를 넘나들더라도, 대화의 깊이를 잃지 않는 균형을 위해 수련해야 할 미션이다.


## 쌍둥이자리의 영혼을 깨우는 법

그리스 신화에서 쌍둥이자리는 스파르타의 왕비 레다의 쌍둥이 아들이다. 두 아들 중 하나는 신의 자식이고, 다른 하나는 인간의 자식이다. 백조로 변신한 제우스와 레다 사이에서 태어난 아들은 폴룩스(폴리데우케스)고, 레다와 그의 남편 사이에서 태어난 아들은 카스토르다. 폴룩스는 신의 아들로서 불사의 몸을 지녔으나, 카스토르는 죽음을 맞이해야 하는 인간의 운명을 타고났다. 서로 다른 아버지를 둔 형제였지만 둘의 우애는 각별했다. 어느 날 격투 도중 인간인 카스토르가 목숨을 잃자, 불사의 몸인 폴룩스는 제우스에게 자신의 생명을 나누게 해달라고 간청한다. 폴룩스의 청을 받아들인 제우스는 이들이 하루의 반은 땅의 세계에서, 나머지 반은 올림포스에서 번갈아 지내도록 했고, 이들은 결국 밤하늘의 쌍둥이자리가 되었다.

신의 아들은 쌍둥이자리 안의 빛이자 이상이며, 인간의 아들은 어둠이자 현실이다. 신화 속 두 아이가 두 세계를 오갔듯, 쌍둥이자리는 두 세계를 오가며 이중성을 드러낸다. 이들은 그 양면성을 인지하지만 어느 한쪽을 택하지는 않는다. 오히려 그 사이를 진자처럼 왕래한다. 그래서 쌍둥이자리들이 삶에서 마주하는 일들은 이중성을 띄는 경향이 있다. 쌍둥이자리 안에는 밝은 쌍둥이와 어두운 쌍둥이가 공존한다. 밝은 쌍둥이는 자유롭고 유머와 재치가 넘치는 면모를 보이는 반면, 어두운 쌍둥이는 책임을 회피하며 옳고 그름만을 판단하는 논객의 모습을 보인다. 이들은 서로 정보를 공유하지 않은 채 번갈아 모습을 드러내기에, 때로는 아침과 저녁의 말이 완전히 다르게 들리기도 한다. 주변에서 '한 입으로 두 말을 한다'고 지적해도 쌍둥이자리는 모른 척한다. 그들은 본질적으로 둘이기 때문이다.

이중성은 쌍둥이자리의 핵심적인 특징이자 패턴이다. 그들은 본능적으로 오늘의 진리가 내일은 거짓이 될 수 있음을 알고 있다. 이런 까닭에 글을 쓸 때도 가명이나 익명을 선호한다. 그러나 쌍둥이자리의 진정한 성장은 이 이중성의 통합에서 시작된다. 내면의 두 쌍둥이가 만나 소통하고 교류할 때 비로소 완성된 자아를 이룰 수 있다. 한쪽에만 머무르면 다른 쪽은 사멸하게 되며, 신성한 빛과 자유로움만을 추구하다 보면 현실의 책임을 저버리게 된다. 두 쌍둥이처럼 분열된 내면의 조화를 이루고, 한 가지에 깊이 있게 집중하는 법을 배울 때 성장할 수 있다. 단순히 상반된 두 면모를 인식하는 것을 넘어, 하나로 융합하는 더 깊은 차원의 작업을 의미한다. 이 과정에서 쌍둥이자리의 수호행성은 수성에서 금성으로 변화하는데, 이는 단순한 연결이 아닌 진정한 통합의 힘을 얻게 됨을 상징한다.

## 쌍둥이자리에게 추천하는 콘텐츠

### 지적 호기심과 소통의 화두를 잘 어루만지며 빛나는 통찰을 보여주는 책

- 《별게 다 영감》 이승희_ 반짝이는 호기심으로 일상에서 만난 영감을 아이디어로 승화하는 책.
- 《대화란 무엇인가》 데이비드 봄_ 지금 우리에게 절실한 상생의 창조적 대화 방법을 알려주는 책.
- 《도둑맞은 집중력》 요한 하리_ 집중력 부족을 도파민 탓이라고 생각했던 통념을 깨고 사회 시스템의 문제를 인식하도록 안내하는 책.
- 《서재 결혼 시키기》 앤 패디먼 저_ 책과 독서에 대한 열정적이고 지적인 사랑 이야기를 통해 지식에 대한 경이로움과 소통의 깊이를 안내하는 책 .
- 《팩트풀니스》 한스 로슬링 저_ 왜곡된 세계관이나 생각을 데이터로 반박하며 '사실'에 대한 바른 이해를 강조하는 책.
- 《피프티 피플》 정세랑 저_ 병원을 배경으로 51명의 등장인물

의 이야기를 위트있고 따스한 시선으로 풀어낸 소설.

- 《이상한 나라의 앨리스》 루이스 캐럴_ 상상력과 논리의 경계를 허무는 서사, 끊임없는 호기심과 언어유희의 미학을 보여주는 고전.


## 태양 쌍둥이자리 시즌에 쌍둥이자리 에너지를 플레이하기 좋은 리추얼

소만부터 망종을 거쳐 하지 전날까지, 생명력이 가장 왕성하고 지적 에너지가 폭발하는 쌍둥이자리 시즌이다. 이 시기는 마치 봄바람처럼 자유롭게 지식을 탐험하고, 새로운 관계를 만들어가기에 최적의 시간이다. 무르익어가는 봄의 에너지답게 호기심과 지성이 꽃피는 계절이다. 다채로운 관심사를 탐구하고 지적 모험을 즐기기 좋은 때다. 자유롭게 사고하며 새로운 가능성을 발견하는 시기로, 창의적 영감과 소통의 기회를 누려라.

- 생각을 말과 글로 정확하게 표현하고 사유하라.
- SNS로 다양한 사람들과 소통하며 인사이트를 나눠라.
- 새롭고 다양한 경험을 하며 유연함을 길러라.
- 정보의 팩트를 체크하고 맥락에 집중하라.

- 내 내면에 고요히 귀 기울여 여러 목소리를 통합하라.
- 다양한 분야의 사람들과 만나 대화를 나누라.
- 새로운 트렌드와 문화를 탐구하는 커뮤니티에 참여하라.

**#TMI주의보 #드립천재 #떡상가즈아 #텍스트힙 #말년병장스킬
#드립력MAX #급식체좋아 #밈스타그램**

✦

# 게자리
## 다정한 양육자

6월 21일~7월 22일

우리가 두려워하는 것은 대부분 일어나지 않는다.
_마르쿠스 아우렐리우스

태양 별자리가 게자리인 사람이 아름다운 개인주의자가 되기 위한 가이드로 삼으면 좋다. 달 별자리나 동쪽 별자리가 게자리에 있거나, 세 개 이상의 행성이 게자리에 있는 이들에게도 감수성과 보살핌에 관한 통찰을 선사할 것이다. 또한 달의 영향이 두드러진 출생 차트를 타고난 이들이나, 가정과 뿌리의 현장인 4번째 하우스에 세 개 이상의 행성이 들어 있는 이들에게도 빛나는 조언이 될 것이다.

# 게자리
## Cancer
**6월 21일~7월 22일**

---

**원소: 물(−)**
**상태: 활동하는 상태**
**수호행성: 달**
**수호하우스: 4번째 하우스**

가족 앨범을 정성스럽게 정리하고, 조부모님께 손편지를 쓰는 감성적인 가족 애호가. 가족 단체 채팅방에서 추억의 사진과 따뜻한 메시지를 공유하며, 가족 모임을 위해 세심하게 준비하는 '정情의 주인공'. 자신을 드러내는 용기를 발휘하고, 홀로 설 수 있는 힘과 내면의 가족을 발견할 때 인생의 진정한 동반자를 만나게 된다.

# 게자리의
# 숨겨진 에너지 코드

## 눈물과 헌신의 감성 리더십

"후배들이 편하게 뛸 수 있도록 제가 더 많이 뛰어야 해요. 그게 주장의 역할이라고 생각합니다."

손흥민 선수의 경기 스타일과 인터뷰에서 드러나는 성격은 전형적인 게자리의 특성을 보여준다. 특히 2023년 토트넘의 주장이 된후, 그의 섬세한 감성과 팀을 향한 무한한 헌신은 게자리의 본질을 그대로 반영한다. "저는 항상 팀이 이기는 게 가장 중요해요. 제가 골을 넣든 어시스트를 하든, 팀의 승리가 최우선입니다." 이런 손흥민의 말에서 가족과 공동체를 위해 헌신하는 게자리의 이타적 본능을 발견할 수 있다. '울보 손흥민'이라는 별칭이 있을 정도로 손흥민은 풍부한 감성을 지녔다. 월드컵 경기에서 패배 후 보였던 눈물이나, 팀의 중요한 승리 후 흘리는 감격의 눈물은 게자리 특유의 솔직한 감정 표현이다. 어린 선수들을 세심하게 챙기고 보살피는 모습에서 그의 모성적 리더십이 드러난다.

특히 주목할 만한 것은 2023년 발목 부상에도 불구하고 아시안컵에 출전했던 헌신적인 모습이다. "몸이 힘들어도 대한민국을 위해 뛰는 것은 당연한 일입니다." 자신의 고통을 감수하면서도 국가와 팀을 위해 헌신하는 모습은 게자리의 희생정신을 잘 보여준다. 가족에 대한 깊은 애착 역시 게자리의 특성을 반영한다. 자신을 위해 많은 희생을 한 아버지의 은혜를 절대 잊지 않겠다는 그의 말에서 뿌리와 기원을 중요시하는 게자리의 강한 가족애가 드러난다. 손흥민은 게자리의 섬세한 감성과 무한한 헌신을 긍정적으로 승화시켜 세계적인 선수로 성장했다. 그의 눈물과 헌신은 단순한 감정 표현을 넘어, 진정한 감성 리더십의 모범이 되고 있다.

## 바다와 육지를 넘나들다

게는 바다와 육지를 자유롭게 오가며 양쪽에서 살 수 있는 능력을 지닌 만큼, 게자리도 다양한 성격을 복합적으로 가지고 있다. 비교적 말수가 적어 다른 사람 눈에는 내성적이고 소심해 보일 수 있다. 하지만 게의 부드러운 속살처럼 섬세한 감성과 배려심 많은 성격을 지니고 있다. 동시에 단단한 껍질을 연상시키는 강인한 생존력과 자기방어 기제도 발달되어 있다. 게의 겉껍질은 딱딱하고 단단하지만 속은 그 어느 것보다 연한 모습이다. 이는 게자리의 극단적인 방어적 성향과 겉과 속이 다를 수 있는 양면성을 잘 보여준다. 게는 먼저 공격하지 않지만, 일단 집게발로 무언가를 움켜쥐면 절대 놓지 않는 끈기를 보여준다. 특히 자신이나 가족들이 위험에 처했을 때는 놀라울 정도로 방어적 본능과 보호 의지를 발휘한다. 이러한 특성은 게자리의 내면에 자리 잡은 극단적 방어 메커니즘으로 표출되며 때로는 겉과 속이 판이한 이중적 모습으로 나타나기도 한다.

자기보호본능이 과도하게 작용할 때는 세상으로부터 움츠러드는 경향도 있다. 본질적으로 내향적이라 자신을 쉽게 드러내지 않지만, 신뢰와 인정을 받을 때는 점차 마음의 문을 열기 시작한다. 목표를 향해 직접적으로 돌진하기보다는 게가 옆으로 걷듯 우회적 접근법을 선호한다. 관심 있는 대상이나 목표가 생기면 일단 그 주변을 맴돌며 상황을 탐색한다. 양자리처럼 직선적으로 돌진하지는 않지만, 그렇다고 절대로 중간에 포기하지 않는다. 조용하고 점진적인 방식으로 목표를 향해 나아가며 포기하지 않는 지구력을 보여준다. 그래서 게자리의 진정한 내면을 이해하기 위해서는 오랜 시간에 걸쳐 신뢰를 쌓는 것이 필수적이다. 베스트 프렌드가 되어야만 가능하다. 이런 이유로 게자리는 가면의 별자리로 불리는 전갈자리보다도 더 파악하기 어려운 수수께끼 같은 존재라고도 한다.

## 달빛 감성의 수호자

게자리는 겉으로 보이는 방어적 태도 뒤에 놀라울 정도로 섬세하고 여린 감성을 품고 있다. 흔히 '울보의 별자리'로 불리는데, 그만큼 풍부한 감정과 깊은 정서적 반응을 지니고 있기 때문이다. 흥미롭게도 물 별자리의 날에는 실제로 비가 내리는 날이 많기도 하다. 물은 심리학에서 감정과 무의식을 상징한다. 모든 물 별자리(게자리, 전갈자리, 물고기자리)는 인간의 감정과 내면을 잘 이해한다. 특히 게자리는 달을 수호행성으로 두고 있는데, 달은 고대로부터 감정 그 자체와 모성의 원형을 대표해 왔다. 이러한 달의 영향을 받아 게자리는 타인의 감정 상태를 직관적으로 포착한다. 같이 공부하는 게자리 학인은 사람들이 자기와 이야기하다 대부분 우는 통에 난감할 때가 한두 번이 아니었다고 한다. 그만큼 게자리가 다른 사람의 감정을 본능적으로 느끼고 동화하는 능력이 뛰어나다는 말이다.

이로 인해 게자리는 주변 사람들의 감정에 많은 영향을 받는다. 즐거운 사람을 만나면 게자리도 자연스럽게 밝아지지만, 우울한 사람을 만나거나 부정적인 에너지를 가진 사람 곁에 있으면 그 감정을 흡수해 자신도 침울해진다. 특별한 사건이 없는데도 우울함을 느낄 때는 최근 만나고 있는 사람들을 점검해 보라는 조언을 듣기도 한다. 주변 사람들의 정서에 영향을 받았을 가능성이 크다. 이는 게자리가 논리와 이성보다 감성과 직관을 통해 세상과 소통하기 때문이다. 머리로 분석하기보다 가슴으로 느끼고 교감하기를 원하는 이들에게 진정한 연결은 정서적 공명에서 비롯된다. 이러한 감정적 풍요로움은 남다른 공감 능력과 따뜻한 인정으로 이어진다. 게자리는 본능적으로 다른 이들을 보살피고 돌보려는 강한 욕구를 갖고 있다.

타인을 돕는 행위에서 깊은 만족감을 얻는 게자리는 누군가에게 도움의 손길을 내밀 기회가 생기면 주저 없이 나선다. 이런 타고난 보살핌의 본능이 직업적 선택에도 영향을 미쳐, 통계적으로 게자리 중에는 간호사나 돌봄 관련 직종에 종사하는 비율이 상대적으로 높게 나타난다.

## 방어적 껍질 속의 여린 마음

게자리는 타고난 정서적 민감함으로 인해 때로는 외부 자극에 과도하게 반응하기도 한다. 작은 비판이나 주변 분위기의 미세한 변화에도 쉽게 마음이 흔들린다. 동요하는 모습이 다른 이들에게는 변덕스럽게 보일 수 있다. 마음에 상처를 입으면 주로 침묵으로 대응하는데, 이는 단순히 상황을 피하는 것이 아닌 상대방을 향한 조용한 항의의 표현이자 무언의 질책이기도 하다. 게자리의 특징 중 하나는 상처받은 일이나 모욕당한 경험을 오래도록 간직한다는 점이다. 때로는 은밀히 보복의 기회를 엿보기도 한다. 이런 성향 때문에 '추억을 먹고 사는 사람들'이라고 부른다. 그런데 과거의 행복했던 순간들을 반복해서 떠올리며 위안을 얻기도 하지만, 아픈 기억도 끊임없이 되새기는 경향이 있다. 이렇게 과거를 반복해서 돌아보는 패턴에서 벗어나는 것이 게자리의 중요한 성장 과제이다. 감정을 억누르거나 숨기기보다는 솔직하게 표현하는 것이 건강한 해결책이 될 수 있다.

물의 별자리인 게자리는 풍부한 상상력의 소유자다. 하지만 스트레스가 쌓이면 이 상상력이 오히려 불안과 우울함을 키우는 씨앗이 되기도 한다. 특히 힘들어하는 세 가지 상황이 거절당하는 것, 굴욕을 겪는 것, 그리고 면박을 당하는 것이다. 이들에게는 예상치 못한 일을 마주했을 때도 지나친 걱정이나 부정적 생각에 빠지지 않는 심리적 훈련이 필요하다.

수호행성인 달이 28일을 주기로 모양이 바뀌듯, 게자리의 감정 폭은 일반인보다 훨씬 넓고 깊다. 보통 사람들의 감정 스펙트럼이 0에서 100이라면, 게자리는 0에서 1,000까지 경험한다고 표현할 수 있다. 슬픔, 두려움, 불안 같은 감정을 남들보다 훨씬 강렬하게 느낀다. 이런 특성 때문에 게자리에게 "나도 네 마음을 이해해"라는 쉬운 공감의 말은 오히려 상처가 될 수 있다. 일반적인 감정 경험으로는 게자리의 깊고 넓은 감정 세계를 완전히 이해하기 어렵기 때문이다. 게자리를 대할 때는 "많이 힘들어?"나 "도울 일이 있을까?" 같은 단순하지만 진정성 있는 말이 더 마음에 와닿는다. 때로는 말로 위로하려는 노력보다 진심 어린 포옹이 게자리에게 더 큰 위안이 될 수 있다. 이는 게자리가 진정으로 원하는 것은 심장과 심장이 맞닿는 정서적 연결이기 때문이다.

## 생명을 키우는 별,
## 게자리의 모성애

게자리의 계절은 고온다습한 날씨로 논에 심은 모가 자라기에 완벽한 환경을 제공한다. 촉촉한 장맛비가 논의 모를 키워내듯, 게자리는 생명을 키워내는 무한한 모성의 에너지를 품고 있다. 이 시기는 양육의 토대가 마련되는 시기로, 인간의 발달 단계에서 21~28세에 해당하는 에너지와 맞닿아 있다. 가정과 뿌리, 정서적 안정을 상징하는 4번째 하우스를 담당한다. 게자리는 앞선 세 별자리(양자리부터 쌍둥이자리)의 경험을 정서적 기반으로 삼아 보호와 양육의 에너지로 안전한 내면의 성을 구축한다. 이미 형성된 자아를 보호하고 미래를 위한 안정적인 기반을 다지는 중요한 때다. 생명력을 만들어낼 만큼 강력한 양육 에너지가 게자리의 핵심 특성이기에 '양육의 별자리'라고 불린다.

게자리 기호 ♋는 여성의 유방이자 게의 집게발을 상징한다. 이들에게 가장 중요한 존재를 물으면 주저 없이 '어머니'라고 답하는 경우가 많다. 자신의 어머니를 소중히 여기고, 동시에 자신이 누군가를 돌보는 양육자 역할에도 깊은 가치를 부여한다. 게자리는 성별과 관계없이 어린 시절에 어머니와 강한 유대감을 형성한다. 이들의 인격 형성기에 어머니나 가정환경은 지대한 영향을 미친다. 이는 평생 삶의 방향성을 결정짓는 요소가 되기도 한다.

게의 단단한 껍질이 내부의 연약한 살을 보호하듯, 게자리에게도 안전한 보금자리는 필수다. 양육과 보호를 위한 안정된 터전을 갖추는 것이 이들에게는 무엇보다 중요하다. 가정과 가족에 대한 깊은 애착을 보이고 이를 위해 기꺼이 자신을 희생한다. 그래서 어느 별자리보다 '내 집 마련'에 대한 열망도 강하다. 그러나 이 타고난 보호 본능이 지나치면 과잉보호나 감정적 집착으로 변모하여 자신과 타인 모두를 가두는 껍질이 되기도 한다. 게가 무언가를 집게발로 붙잡으면 쉽게 놓지 않듯이, 게자리도 마음을 준 사람이나 관계에 집착하는 경향이 있다. 특히 자녀가 성인이 된 후에도 사소한 부분까지 간섭하고 보호하려는 모습은 가족 간 갈등의 원인이 되기도 한다. 사랑과 배려가 과도하면 오히려 상대방의 독립성과 자립심을 약화시킬 수 있다. 멈춰야 할 때를 알지 못하고 무한정 키우기만 하면, 결국 게자리의 영어 이름인 '캔서Cancer'가 암을 뜻하는 것처럼 건강하지 못한 방향으로 흐를 수 있음을 기억해야 한다.


## 조건 없는 사랑의 힘

게자리들이 성장하려면 사랑에 대해 다시 한 번 깊이 생각해 봐야 한다. 게자리의 기본적인 마인드는 '기브 앤 테이크give and take'이다.

주는 게 있으면 받는 게 있어야 하고, 받는 게 있으면 줘야 한다는 원칙이다. 주고받음의 균형이 명확해야 마음의 안정을 찾는다. 특히 가족들에게는 끊임없이 자신을 내어주고 그 대가로 감사의 말 한마디, 자신의 희생을 알아봐 주기를 간절히 기다린다. 이러한 헌신에도 불구하고 원하는 보답이 돌아오지 않을 때, 게자리는 깊은 상처를 입는다. 이들이 기꺼이 희생하는 이유는 그 뒤에 따를 보상에 대한 기대, 즉 '비전'이 있기 때문이다. 하지만 현실은 언제나 꼭 그렇지 않다. 아무리 베풀어도 돌아오지 않는 경우가 많고, 때로는 전혀 베풀지 않고도 받기만 하는 이들도 있다.

그렇다면 게자리는 어떻게 이러한 불균형을 극복하고 성장할 수 있을까? 게자리 가수 심수봉의 〈백만 송이 장미〉에서 그 해답의 실마리를 찾을 수 있다. "미워하는 마음 없이 아낌없이 사랑을 주기만 할 때, 백만 송이 꽃은 피고 그립고 아름다운 내 별나라로 갈 수 있다네." 심수봉은 한 인터뷰에서 "가장 귀한 사랑이 무엇인가 찾다가 아가페적인 사랑을 찾았다"라고 밝힌 바 있다. 게자리인 그녀는 조건 없이 주기만 하는 사랑을 통해 비로소 자신의 진정한 '별나라', 즉 영혼의 고향으로 돌아갈 수 있음을 깨달은 것이다.

부처님의 가르침에서도 이와 비슷한 지혜를 발견할 수 있다. 작은 공덕이라도 이웃과 나누고, 좋은 결과는 남에게 돌리며, 타인의 잘못까지도 자신이 감당하겠다는 '회향迴向'의 정신이야말로 진정한 자비심, 조건 없는 사랑을 보여준다. 우리가 가진 것은 어쩌면 다른 이들의 희생 위에 세워진 것일 수 있으니, 조건 없이 베풀어야 한다는 깊은 통찰이 담겨 있다. 사랑을 주고 그에 상응하는 보답을 기대하는 것은 엄밀히 말해 사랑이 아닌 거래에 가깝다. 게자리에게 던져지는 중요한 질문은 이것이다. "가족이나 소중한 이들과의 관계에서 거래를 할 것인가, 아니면 조건 없는 순수한 사랑을 베풀 것인가?" 게자리가 진정한 성장을 이루기 위해서는 '줬으니 받아야 한다'라는 거래의 심리를 넘어, 베푸는 그 자체에서 충만함을 느끼는 무조건적 사랑의 경지에 도달해야 한다. 그럴 때 비로소 게자리는 자신의 본질인 풍요로운 양육의 에너지를 온전히 발현할 수 있을 것이다.

쌍둥이자리에서 습득한 다양한 지식과 커뮤니케이션 능력을 바탕으로, 게자리는 그것을 내면화하고 정서적 안정의 토대를 마련하여 보호와 돌봄의 에너지로 변화한다. 그러나 게자리는 때로는 지나친 감정적 의존이나 보호에 머물 수 있다. 그래서 안전지대를 벗어나 자신을 표현하고 창조적 에너지를 외부로 발산하는 사자자리로 넘어가게 된다.

## 게자리 주간별 강점과 약점

### 6월 19일~6월 24일
### 미지의 세계에서 일궈낸 신비로운 변화 '마법의 주간'

**강점:** 애정 깊은, 매혹적인, 객관적인

**약점:** 고립된, 이기적인, 요구가 많은


쌍둥이자리의 지성과 게자리의 감성이 만나 지적 통찰력과 풍부한 감성을 동시에 지녔다. 이들의 강점은 깊이 있는 애정 표현에서 시작된다. 사랑하는 대상을 깊이 이해하고 진정성 있게 돌본다. 이러한 애정은 단순한 감정을 넘어 철학적 깊이를 지니며, 때로는 플라토닉한 사랑으로 승화된다. 지적 대화와 감성적 교감을 자유자재로 오가는 능력은 주변 사람들을 매료시키며, 이성과 감성의 균형은 그들을 특별한 존재로 만든다.

게자리의 직관과 쌍둥이자리의 분석력이 만나 현실적이면서도 창의적인 해결책을 제시한다. 그러나 깊은 내면세계에 빠져 현실과의 연결을 잃기 쉬우며, 이는 그들의 약점이 될 수 있다. 또 자신의 이상적 세계에 몰입하여 타인의 현실적 한계를 간과하기도 한다. 이성과 감성의 조화로운 균형이 필요하다. 풍부한 내면세계를 유지하면서도 현실과의 연결을 잃지 않고, 자신의 독특한 매력을 세상과 나눌 때 비로소 진정한 빛을 발할 수 있을 것이다.


**6월 25일~7월 2일**

**파악하기 힘든 성격이지만 감정이입에 능한 '공감의 주간'**

**강점:** 금전적으로 정확한, 예민한, 기술력이 뛰어난

**약점:** 공격적인, 두려워하는, 궁핍한

복잡한 감정의 스펙트럼과 다양한 기질이 혼재되어 있어 그 성격을 파악하기 어렵다. 때로는 활기찬 외향성을, 다른 순간에는 조용한 내향성을 드러내며 주변 사람들을 혼란스럽게 만든다. 이들의 가장 두드러진 특성은 놀라운 감정이입 능력이다. 예민한 감수성으로 타인의 감정을 마치 스펀지처럼 흡수한다. 때로는 남의 감정을 자신의 것으로 착각하기도 한다. 이들에게 가장 필요한 것은 자신만의 감정과 타인의 감정을 구분하는 경계 설정이다.

금전적 측면에서는 매우 정확하고 예리한 안목을 지녔다. 주식이나 부동산 같은 투자 분야에서 탁월한 감각을 발휘하며, 기술력과 실행력 또한 뛰어나다. 그러나 감정의 문을 닫아걸고 고립 상태로 들어갈 때가 주변인들에게는 가장 힘들다. 내면의 불안과 두려움이 공격성이나 자기 파괴적 행동으로 표출되기도 한다. 성장을 위해서는 내면의 두려움을 직면하고, 과거의 고정관념에서 벗어나는 용기가 필요하다. 자신의 감정도 온전히 껴안을 때, 비로소 예민함은 약점이 아닌 특별한 강점으로 빛날 것이다.

**7월 3일~7월 10일**
**기존의 인습과 관행에 저항하는 '개성의 주간'**
**강점:** 재미있는, 심리를 잘 파악하는, 상상력이 풍부한

**약점:** 자기 파괴적인, 강박적인, 쩔쩔매게 만드는


관습에 얽매이지 않는 자유로운 영혼의 소유자다. 겉으로는 평범해 보여도 내면에는 신비롭고 이색적인 세계를 품고 있으며, 이 비밀스러운 내면은 오직 가까운 이들에게만 열린다. 혼자만의 시간이 주어지면 엉뚱하고 어릿광대 같은 면모를 발산하며, 마음이 맞는 친구를 만나면 이러한 성향이 더욱 강화된다. 여가 시간은 주로 환상적 요소가 담긴 수집, 독서, 영화 감상으로 채우며, 특히 삶의 어두운 면과 극단적 성향의 사람들에게 강한 매력을 느낀다.

이들의 삶을 지배하는 또 다른 코드는 '집착'이다. 욕망을 억제하지 못하고, 특히 이룰 수 없는 사랑에 가장 깊이 몰두하는 경향이 있어 자기 파괴적 결과를 초래하기도 한다. 그러나 풍부한 상상력과 창의성을 생산적인 방향으로 활용할 때 직업적 성공을 거둘 수 있으며, 타인의 내면을 꿰뚫는 통찰력으로 어려움에 부닥친 이들에게 큰 위로가 될 수 있다. 성장을 위해서는 집착에서 벗어나 상상력을 건설적인 방향으로 활용해야 한다. 또한, 사생활을 존중하는 파트너를 찾고, 더 강인한 내면을 길러 지나친 예민함을 조절하는 법을 배워야 한다. 이러한 노력은 개인적인 성숙과 조화를 이루는 데 큰 도움이 될 것이다.


## 7월 11일~7월 18일
## 단호한 추진력으로 자기 존재를 알릴 줄 아는 '설득의 주간'

**강점:** 진취적인, 설득력이 뛰어난, 주의깊은

**약점:** 과도한, 조종하려 하는, 불안정한

      자신의 가치를 알리고 원하는 것을 얻는 방법에 능숙한 설득의 달인이다. 불확실성에 대한 내면의 두려움으로 무모한 도전보다는 자신의 가치를 높이는 일에 집중한다. 추진력과 단호함을 지닌 이들은 은밀한 야망을 품고 있으며, 환경에 민감하게 반응하고 적절한 순간에 행동하는 능력이 뛰어나다. 설득력은 정확한 사실과 결과에 대한 통찰에서 비롯된다.

      열정적인 사람들이다. 불안정함이 이들의 욕망을 추진시키는 동력이라면 자신의 신념에 대한 열정은 그 연료라고 할 수 있다. 비슷한 생각을 가진 이들과 교류하며 자신의 신념을 강화하지만, 감정적 관계에서는 어려움을 겪을 수 있다. 직설적인 태도가 때로는 상대에게 위협적으로 느껴질 수 있어, 사적인 관계보다 동료 관계에서 편안함을 느끼는 경우가 많다. 친구나 가족 관계에서는 주도적으로 상황을 이끌고자 하며, 자신의 권위에 도전하는 이들에게는 공격적인 면모를 보이기도 한다. 성장을 위해서는 "내가 항상 옳다"는 확신을 내려놓는 태도가 필요하다. 타인의 의견과 표현을 존중하며, 동시에 자신의 능력에 대한 건강한 자신감을 가져야 한다. 이를 통해 조화롭고 균형 잡힌 관계를 형성하며 설득력 있는 소통 능력을 더욱 강화할 수 있을 것이다.

# 게자리의
# 인간관계 가이드

## 게자리의 가족 관계

　　게자리는 모성의 별자리답게 따스한 보살핌과 무한한 애정으로 가족들을 위해 자신을 희생한다. 가정을 최우선으로 두고 든든한 보호자로서 가족을 돌본다. 퇴근 후 지친 몸을 이끌고도 "오늘 있었던 일 들려줘"라며 가족의 소소한 일상에 귀 기울이는 게 게자리의 일상이다. 감정적 유대와 상호 이해를 중시하여, 집을 편안하고 안전한 안식처로 만든다. 게자리의 거실은 단순한 공간이 아닌, 가족들의 이야기가 끊이지 않는 소통의 장소다. 특히 저녁 식사 시간은 온 가족이 모여 하루의 크고 작은 이야기들이 오가는 특별한 순간이다. 게자리는 이 시간을 통해 가족 간의 유대를 더욱 견고히 다져간다. "서로를 이해하고 돌보며, 함께 성장하자"라는 게자리 가정의 이상적인 가훈처럼, 각자의 개성을 존중하면서도 서로에게 든든한 버팀목이 되려고 한다. 주말 나들이나 가족여행을 통해 새로운 경험을 공유하며 가족의 화합을 더욱 굳건히 한다.

　　게자리 부모는 자녀의 감정을 읽는 섬세한 안테나를 가졌다. "오늘 표정이 어둡네. 무슨 일 있었니?"라며 미세한 감정 변화도 놓치지 않는다. 자녀에게 안전한 환경을 제공하려고 노력하며 감정 표현을 자유롭게 할 수 있도록 도와준다. 작은 성취에도 진심 어린 축하를 보낸다. 다만 "우산 꼭 쓰고, 버스 내릴 때 조심하고…"라며 때로는 과한 보호로 자녀의 독립성을 저해할 수 있다.

　　게자리 아이들의 특징은 풍부한 감수성이다. 주변 분위기를 예민하게 감지하며, 특히 엄마의 표정 변화에 민감하게 반응한다. "엄마, 오늘 기분이 안 좋아?"라며 엄마의 일거수일투족에 관심이 많다. 어른의 감정 상태를 정확히 짚어내기도 한다. 주변 환경에 민감하게 반응해 두려움이나 외로움을 자주 느껴 불안해할 수 있다. 이때는 "그랬구나, 무서웠겠다"라고 공감해 주고 안아주는 것이 좋다. 눈물이 많아 '울보'라는 놀림을 받기도 하지만, 이런 민감한 감수성은 창의력과 예술성으로 승화될 수 있는 소중한 재능이다. 게자리 아이들이 감정을 자유롭게 표현하고, 타인의 감정도 이해하고 존중할 수 있도록 따뜻한 이해와 포용으로 양육할 때, 이들은 공감 능력이 뛰어난 따뜻한 어른으로 성장할 것이다.

## 게자리의 친구 관계

게자리와의 우정은 마치 오랜 시간 숙성되어야 완성되는 와인과 같다. 불 별자리가 "오늘 처음 만났는데 우리 친구 해요!"라며 열정적으로 다가오고, 공기 별자리가 모임에서 활발하게 네트워킹하는 모습과는 대조적으로, 게자리는 새로운 인연에 조심스럽게 접근한다. "우리 다음 주에 또 만나볼까요?"라고 말하면서도 속으로는 상대방의 진정성을 살피는 게 게자리다. 마치 게가 옆으로 걸어가듯 우회적인 방식으로 관계를 탐색한다. 첫 만남에서 속 깊은 이야기를 나누기보다는 차분히 대화를 이어가며 상대의 성향을 파악하는데 시간을 들인다.

이러한 신중함이 우유부단함을 의미하는 것은 아니다. 게의 강력한 집게발처럼, 한번 마음에 드는 사람이라 판단하면 "다음 주 카페에서 만날 시간 있어요?"라는 소소한 제안부터 시작해 꾸준히 관계를 이어간다. 초등학교 동창회에서 20년 만에 만난 친구와도 어제 헤어진 것처럼 대화를 이어가는 모습은 게자리의 깊은 유대감을 보여준다.

게자리와 친구가 되려면 그들의 감정 변화를 이해하는 것이 중요하다. "요즘 연락이 뜸하네"라고 느낄 때가 있더라도, 이는 달의 위상처럼 자연스러운 게자리의 감정 주기일 뿐이다. 때로는 매일 메시지를 주고받다가도, 문득 자신만의 시간이 필요할 때 잠시 거리를 두기도 한다. 이런 밀물과 썰물 같은 감정의 흐름을 존중해주면, 오히려 "네가 내 공간을 이해해 줘서 고마워"하며 더 깊은 신뢰로 발전한다. 한 달간 연락이 뜸했던 게자리 친구가 어느 날 갑자기 "요즘 힘들었는데, 네가 생각나서"라며 마음을 열 때, 진정한 우정의 깊이를 경험하게 된다. 게자리의 독특한 우정 형성 방식을 이해한다면, 일시적인 거리감도 결국 더 단단한 유대로 이어질 것임을 알 수 있다. 천천히, 그러나 깊이 있게 맺어지는 게자리와의 우정은 평생의 보물이 될 것이다.

## 게자리의 연인과 부부 관계

게자리의 사랑은 달빛이 잔잔한 바다를 비추는 것처럼 서정적이고 낭만적이다. 이들에게 가장 이상적인 데이트는 화려한 레스토랑보다는 자연 속에서의 소박한 힐링이다. 바닷가의 모래사장을 걸으며 파도 소리를 듣거나, 한적한 산책로에서 계절의 변화를 느끼고, 고요한 폭포 앞에서 물소리를 감상하거나, 따뜻한 온천에서 휴식을 취하는 것처럼 사계절의 변화를 함께 감상하는 순간을 소중하게 여긴다.

섬세하고 풍부한 감성의 소유자답게 "비 오는 날 우산 하나로 함께 걷는 게 로맨틱하지 않을까?"처럼 일상의 작은 순간에서도 로맨스를 발견한다. "오늘 목소리가 조금 다른데, 무슨 일 있었어?"라며 상대방의 미세한 감정 변화도 먼저 알아차리는 섬세함은 게자리 특유의 매력이라 할 수 있다. 사랑을 표현할 때도 게자리만의 방식이 있다. "네가 좋아할 것 같아서"라며 건넨 달빛을 닮은 은팔찌, 기념일에 준비한 손글씨 편지, 파트너가 언급했던 좋아하는 작가의 시집 같은 의미 있는 선물로 마음을 전한다. 이런 작은 정성이 쌓여 관계를 더욱 풍요롭게 만든다.

　　게자리의 사랑에서 가장 빛나는 것은 진정성이다. "난 네가 힘들 때나 기쁠 때나 항상 같은 마음이야"라며 변함없는 지지를 보여주는 모습은 어떤 화려한 제스처보다 강력하다. 가식 없이 감정을 표현하고, 파트너의 가치를 진심으로 알아주려 노력하는 태도는 첫사랑의 설렘을 평생 간직한 듯한 순수함을 느끼게 한다. 결혼 생활에서도 게자리는 특유의 따뜻함으로 가정을 채운다. 배우자의 취향을 세심하게 기억하고, 소중한 추억을 간직하는 모습은 일상을 특별하게 만든다. 물론 달의 영향을 받는 게자리는 때로 감정의 기복을 겪기도 한다. "오늘은 혼자 있고 싶어"라고 말하며 잠시 거리를 두기도 한다. 이때 다그치거나 질책하지 않고 기다려 주면 이런 감정의 파도는 오히려 관계를 더욱 깊이 있게 만드는 계기가 된다. 게자리와의 사랑은 처음에는 조심스럽고 느리게 시작되지만, "앞으로의 10년이 더 기대돼"라고 답하는 게자리의 모습처럼, 시간의 시험을 견디며 더욱 풍성해지는 특별한 여정이다.

## 게자리와 잘 지내는 법

　　게자리의 따뜻한 보살핌과 섬세한 감성을 이해하고 존중할 때,

깊이 있는 관계가 된다. 게자리는 천성적으로 주변 사람들을 돌보는 재능을 지녔지만, 동시에 여린 마음을 가지고 있다. 진정한 신뢰가 쌓인 사람에게만 자신의 진짜 모습을 보여준다. 게자리와 깊은 관계를 맺기 위해서는 무엇보다 경청의 자세가 중요하다. 이들이 들려주는 소소한 이야기도 성의껏 들어주고 "요즘 왠지 마음이 울적해"라는 감정 표현에 "무슨 일인지 더 말해줄래?"라며 공감해 주어야 한다. 게자리는 자신의 감정을 이해받고 있다고 느낄 때 마음의 문을 활짝 열기 시작한다. 섬세한 디테일에 관심을 두는 것도 게자리의 마음을 사로잡는 비결이다. 취향을 기억하고 건네는 작은 선물이나, 깜짝 이벤트는 게자리에게 특별한 감동을 선사한다.

　　게자리와의 관계에서 가장 중요한 키워드는 '안정감'이다. "다음 주 만날 때 몇 시에 어디서 만날지 미리 정해놓자"와 같이 예측할 수 있고 일관된 패턴을 유지하는 것이 관계를 지속하는 데 도움이 된다. 갑자기 계획을 변경하거나 예상치 못한 상황은 게자리를 불안하게 만들 수 있으니, 중요한 결정이나 약속은 반드시 사전에 상의하고 조율해야 한다. 게자리의 가정적인 성향을 이해하고 활용하는 것도 관계 유지에 도움이 된다. 함께 저녁을 준비하거나, 좋아하는 영화를 보며 보내는 소소한 시간이 게자리에게는 화려한 외출보다 더 특별하게 다가온다.

　　게자리의 감정 변화에 민감하게 반응해 주는 것도 중요하다. 표정이 좋지 않으면 먼저 다가가 물어봐 주거나 조용히 혼자만의 시간을 원할 때는 존중해 주어야 한다. 주기적으로 껍질에 들어가 충전하는 시간이 필요하다. "힘든 일이 있으면 언제든 기댈 수 있다는 거 알지?"라고 안심시켜 줄 때, 게자리는 더없는 신뢰와 애정으로 화답할 것이다.

# 게자리의 관계 별점

Cancer

· **물고기자리★★★★★**: 감성적이고 예술적인 기질이 잘 맞는다. 정서적 안정감
을 주고받으며 깊은 신뢰 관계를 형성한다.

· **전갈자리★★★★**: 서로의 감수성을 잘 이해하고 따뜻하게 보듬어주는 관계다.
깊이 있는 영적 교감을 나눌 수 있다.

· **양자리★★★**: 활동적이고 에너지 넘치는 양자리 기질이 도전적일 수 있지만, 서
로의 열정을 자극하여 의미 있는 성장을 이끌어 낼 수 있다.

· **황소자리★★★**: 안정을 추구하는 성향이 맞다. 서로의 필요를 이해하고 배려하
는 따뜻한 파트너십이 가능하다.

· **천칭자리★★★**: 조화와 균형을 추구하는 면에서는 공감대가 있지만, 때때로 감
정적 오해가 생길 수 있다.

# 게자리의
# 라이프 밸런스 가이드


## 게자리의 건강과 운동

감성이 풍부한 만큼 몸과 마음의 건강관리에 특별한 주의가 필요하다. 이들의 건강 상태는 마치 달의 영향을 받는 조수처럼 감정의 흐름과 밀접하게 연관되어 있다. 예민한 체질을 가진 게자리의 취약 부위는 위장과 유방이다. 한의학에서는 이러한 신체 부위의 문제가 울체된 감정과 깊은 관련이 있다고 본다. 내면의 근심과 분노가 쌓이면 위장 건강에 직접적인 영향을 미친다. 게자리의 조심스럽고 내성적인 성격은 스트레스에 더욱 취약하게 만들며, 속에 담아둔 감정들은 결국 소화불량이나 위장병으로 이어질 수 있다.

건강관리의 핵심은 감정의 건강한 표현에 있다. 때로는 마음속 이야기를 털어놓는 것만으로도 큰 치유가 될 수 있다. 걱정이 많은 성격이라 특히 '가볍게 생각하기'를 연습할 필요가 있다. 예상치 못한 상황에 직면해도 지나친 걱정은 피하고, 긍정적인 마인드로 전환하는 습관을 들이는 것이 몸과 마음에 도움이 된다.

운동은 게자리의 본질과 조화를 이루는 것이 가장 효과적이다. 물의 기운과 친숙한 게자리에게는 수영이 특히 추천된다. 물속에서의 움직임은 단순한 운동 효과를 넘어 심리적 안정감까지 줄 수 있다. 고요한 흐름 속에서 진행되는 요가 역시 게자리의 심신 안정에 탁월한 효과가 있다. 게자리는 저녁 시간대의 운동이 더 효과적이다. 달빛 아래 산책을 하거나, 해 질 녘 요가를 하는 것은 게자리의 에너지 흐름과 잘 맞아떨어진다. 주말에는 한적한 자연 속에서 휴식을 취하는 것도 좋은 방법이다. 바다나 호수가 있는 곳으로의 여행은 게자리의 심신을 치유하는 특효약이 될 수 있다.

## 게자리의 일과 재능

강한 공감 능력과 섬세한 직관으로 조직의 정서적 안정을 이끄는 포용적 인재다. 뛰어난 기억력과 관찰력으로 복잡한 업무를 체계적으로 관리하며, 안정적인 환경에서 최고의 성과를 발휘한다. 구성원들의 감정을 세심하게 파악하고 보듬는 능력이 탁월하며, 신중한 판단력으로 위기 상황을 미연에 방지할 수 있다. 조직의 전통과 가치를 소중히 여기면서도 창의적인 방식으로 혁신을 추구한다. 탄탄한 실무 능력과 책임감 있는 업무 처리로 팀의 신뢰를 얻으며, 따뜻한 리더십으로 화합을 이끌어 내는 중심축 역할을 한다.

### 의료 종사자, 간호사, 물리치료사

섬세한 관찰력과 공감 능력으로 환자의 작은 신호도 놓치지 않는 섬세한 의료진으로 활약한다. 간호사로서는 환자의 고통을 직감적으로 이해하고 따뜻한 돌봄을 제공한다. 물리치료사로서는 환자의 미세한 신체 변화까지 감지하여 최적의 치료를 제공한다. 특히 소아청소년과나 요양 시설에서 모성적 돌봄 능력이 빛을 발한다.

### 디자이너, 예술가, 작가

풍부한 감수성을 바탕으로 독특한 작품 세계를 구축한다. 사용자의 니즈를 섬세하게 파악하여 감성적인 디자인을 창출할 수 있고 깊은 통찰력으로 인간 내면의 이야기를 담아내는 글을 쓸 수 있다. 특히 아동 도서 작가나 감성적인 브랜드 디자이너로서 탁월한 재능을 보인다.

### 교육자, 컨설턴트

교육 분야에서 학생 개개인의 특성을 이해하고 맞춤형 교육을 제공하는 데 탁월하다. 유아교육이나 특수교육에서 특히 강점을 보이며, 심리상담사나 커리어 코치로서도 뛰어난 역량을 발휘할 수 있다.

## 게자리의 재테크

게자리는 양육에는 실질적인 능력이 필요하다는 것을 본능적으로 알기에 생활력이 강하다. 12별자리 중에서도 재테크와 자산 관리에 탁월한 능력을 보인다. 부동산이나 주식 투자에 관심이 높다. 부동산 청약 현장에 황소자리 어머니와 게자리 어머니가 가장 많다는 우스갯소리가 있을 정도도. 황소자리가 자신의 안정을 위해 부를 축적한다면, 게자리는 가족과 자녀의 미래를 위해 재산을 모은다.

게자리의 재테크 스타일은 마치 어머니가 가족의 생계를 책임지듯 신중하고 안정적이다. 이들의 투자 철학은 '보존'과 '안전'에 중점을 둔다. 한번 손에 넣은 자산은 절대 놓치지 않으려는 강한 의지를 보인다. 투자 포트폴리오 역시 안정성을 최우선으로 한다. 변동성이 큰 투자보다는 부동산, 채권, 예금과 같은 안전자산을 선호한다. 특히 부동산 투자에 대한 관심이 높은데, 이는 '집'이라는 공간에 특별한 애착을 가지는 게자리의 성향과 잘 맞아떨어진다.

게자리의 재테크 능력은 역사적 인물들을 통해서도 확인할 수 있다. 알프레드 노벨은 어머니의 조언을 받아들여 군수 사업을 발전시켜 거대한 부를 일궈냈고, 이를 인류 발전을 위한 노벨상 제정으로 승화시켰다. 미국 최고의 부호였던 존 D. 록펠러 역시 게자리였는데, 그의 성공 비결에는 게자리 특유의 신중함과 직관력이 큰 역할을 했다고 한다. 게자리의 재테크 능력은 '무'에서 '유'를 창조하는 기적과도 같다. 마치 빠듯한 생활비로도 자녀들의 교육비를 마련해 내는 어머니의 마술 같은 재정 관리처럼, 게자리는 제한된 자원으로도 놀라운 자산 증식을 이뤄낼 수 있다.

　　게자리는 뛰어난 지적 능력을 갖추고 있지만, 계획성과 실행력이 부족한 경우가 많다. 이를 보완하려면 리더십과 결단력을 기르는 것이 중요하다. 또한, 게자리는 직관이 예리하고 대담하며 도전적인 성향을 지녀 대규모 투자나 사업에서 두각을 나타낼 수 있는 별자리다. 그러나 이러한 강점에도 불구하고 극복해야 할 과제가 있다. 신중함이 지나쳐 결정을 미루거나 실행이 늦어지는 경향이 나타날 수 있다. 이를 극복하려면 자신의 탁월한 직감을 믿고, 적절한 순간에 과감한 결단을 내릴 수 있는 용기가 필요하다.

# 게자리를 일깨우는
# 해방 가이드

## 게자리의 아킬레스건
## 출렁이는 감정

달빛이 바다를 비추며 밀물과 썰물을 만들어내듯, 게자리의 마음도 끊임없이 감정의 파도가 일렁인다. 게자리의 가장 큰 도전은 바로 이 변화무쌍한 감정의 바다와 맞서는 것이다. 마치 게의 촉수가 주변 환경의 작은 변화도 감지하듯, 게자리는 주변 사람들의 미묘한 감정 변화와 분위기를 놓치지 않고 포착한다. 이러한 특성은 상대방의 기분과 필요를 빠르게 파악하고 공감할 수 있어 따뜻한 지지자가 되어주고 예술적 영감의 원천이 되어 창의적인 활동에 유리하기도 하다. 많은 게자리들이 예술, 문학, 음악 등 감성을 표현하는 분야에서 두각을 나타내는 것도 이 때문이다.

그러나 이 풍부한 감수성은 동시에 게자리의 가장 큰 약점이 되기도 한다. 바다가 때로는 잔잔하다가도 폭풍우에 격렬하게 뒤바뀌듯, 게자리의 감정도 쉽게 흔들리고 변한다. 작은 사건이나 말 한마디에도 크게 기뻐하거나 슬퍼하는 등 감정의 기복이 심한 편이다. 감정의 파도가 높아질 때, 게자리는 종종 객관적 판단력을 잃곤 한다. 현실을 왜곡시키고 올바른 방향 감각을 흐리게 만든다. 특히 대인관계에서 이러한 특성이 두드러진다. 상대방의 무심한 말 한마디, 표정 하나에도 민감하게 반응하며 숨겨진 의미를 찾으려 한다. "혹시 나에게 화가 난 건 아닐까?", "내가 실수라도 한 걸까?" 등의 생각이 머릿속을 맴돌며 불필요한 걱정을 하게 된다. 비판적인 피드백을 받으면, 그것이 아무리 건설적인 것이라 해도 개인적인 거부나 비난으로 받아들이기 쉽다.

이러한 감정적 반응은 때로는 과도하게 방어적인 태도로 이어진다. 자신을 보호하기 위해 딱딱한 껍질을 만들어 감정을 숨기거나, 반대로 상대방을 향해 날카로운 집게발을 들이대듯 공격적으로 변하기도 한다. 어느 쪽이든 건강한 관계 형성에 방해가 되는 것은 마찬가지다. 출렁이는 감정은 종종 깊은 자기연민으로 이어진다. 예민한 감수성이 자신의 불행이나 어려움을 더욱 크게 느끼게 만들기 때문이다. 작은 실수나 실패도 커다란 좌절로 다가오며, 그 감정에 깊이 빠져들곤 한다. 게가 상처받은 곳을 계속 감싸안고 있듯이, 아픔을 놓지 못하고 계속해서 자신을 불쌍히 여기는 것이다.

그렇다면 어떻게 이 감정의 파도를 다스릴 수 있을까? 무엇보다 자신의 감정 패턴을 인식하는 것이 중요하다. 감정 일기를 쓰거나 명상을 통해 자신의 감정 변화를 관찰하며, 어떤 상황에서 어떤 감정이 일어나는지 패턴을 파악하면 된다. 또 감정과 현실을 분리해서 바라보는 훈련이 필요하다. "지금 내가 느끼는 감정이 과연 현실을 정확히 반영하고 있는가?"라고 자문해 볼 필요가 있다. 감정은 단지 감정일 뿐, 반드시 현실을 그대로 반영하는 것은 아니다. 자기연민에 빠져 있다면 자기자비self-compassion로 나아가야 한다. 자기연민이 "나는 불쌍해"라는 생각에 빠져 있다면, 자기자비는 "나도 인간이니 실수할 수 있어. 괜찮아"라며 자신을 이해하고 위로하는 건강한 태도다. 감정의 파도를 억누르려 하기보다는, 그 파도와 함께 춤추는 법을 배우는 것이 중요하다. 달이 바다의 밀물과 썰물을 조절하듯, 게자리도 자신의 감정을 알아차리고 조절할 수 있는 능력을 키워나간다면, 출렁이는 감정은 더 이상 약점이 아닌 특별한 선물이 될 것이다.

## 게자리답게 살기 위해
## 통과해야 할 미션

### 자기를 먼저 배려하기

게자리는 타인의 마음을 헤아리는 데 탁월한 재능을 가졌다. 하지만 다른 이들만 돌보다가 정작 자신의 목표나 꿈은 잃어버리곤 한다. 다른 사람을 배려하되, 자기 삶도 소홀히 하지 말아야 한다. 진정한 게자리의 여정은 타인을 향한 따뜻한 마음을 지키면서도, 자신만의 길을 찾아가는 균형 잡힌 성장에 있다. 마치 조개가 자신만의 진주를 품듯이, 게자리도 내면 깊숙이 간직된 꿈과 열망을 발견해야 한다. 과거의 추억이라는 조개껍질 속에 갇혀 지난날의 상처나 후회를 반복하기보다는, 그 안에서 빛나는 진주와 같은 교훈을 발견하고 앞으로 나아가는 지혜가 필요하다. 부정적인 경험들은 교훈으로 삼되, 그것에 발목 잡히지 않도록 해야 한다.

## 감정적 독립성 키우기

게자리의 섬세한 감수성은 축복이자 동시에 도전이 되곤 한다. 다른 이의 감정에 너무 깊이 공명하다 보면, 자신의 감정이 어디서 시작되고 타인의 감정이 어디서 끝나는지 혼란스러워질 수 있다. 또 게자리는 친밀한 사람들에 대한 감정적 의존도가 높은 편이다. 마치 게가 껍질 속에 안전하게 숨어있듯이, 익숙한 관계에 안주하려 하기 때문이다. 이러한 의존성은 자신이 진정으로 원하는 것과 필요한 것을 파악하는 데 어려움을 겪게 만든다. 스스로를 위로하고 격려할 수 있는 능력을 키우는 것이 중요하다. 명상이나 운동, 예술 활동 같은 자기만의 의식을 통해 감정적 중심을 잡는 법을 훈련할 수 있다. 감정 일기를 써보는 것도 내면의 정원을 가꾸는 데 도움이 된다.

### 방어적인 태도 내려놓기

상처받기를 두려워하는 게자리는 지나치게 방어적인 태도를 보인다. 마치 게가 위험을 감지하면 옆으로 걷듯이 직접적인 대면을 회피하고 우회적인 방법을 선택한다. 그러나 이러한 태도는 솔직한 소통을 방해하고 오해를 키울 수 있다. 모든 변화가 위협이 되는 것은 아니다. 때로는 그 변화가 게자리를 더 넓은 바다로 이끄는 길이 될 수 있다. 조금씩 자신을 열어가며 진정성 있는 관계를 만들어 가는 것, 그것이 게자리가 마주해야 할 가장 아름다운 도전일 것이다.

## 게자리의 영혼을 깨우는 법

테티스와 아킬레스의 이야기는 게자리가 마주하는 가장 보편적 과제, 즉 과보호와 독립의 딜레마를 생생하게 보여준다. 바다의 여신 테티스는 인간 펠레우스 사이에서 아들 아킬레스를 낳았다. 인간인 아버지처럼 아들이 필멸의 운명을 가진 것이 못마땅했던 테티스는 아킬레스를 불멸의 존재로 만들기 위해 죽음의 강 스틱스에 담근다. 그러나 발목을 잡고 있던 부분만 물에 닿지 않아 치명적인 약점이 되었고, 이것이 '아킬레스건'이라는 표현의 기원이 되었다.

테티스는 게자리의 전형적인 모성을 보여준다. 깊은 사랑으로 자녀를 보호하려는 마음이 때로는 과도해져 오히려 약점을 만들어내는 것이다. 현대의 게자리 부모들도 자녀를 특별하게 키우려는 열망으로 지나친 보호를 하다가 아이의 자립심을 약화시키는 경우가 많다. "우리 아이가 다치면 어떡해" 하는 마음에 모든 위험 요소를 제거하거나, "내가 다 해줄게"라며 아이가 스스로 할 기회를 빼앗는 행동은 결국 아이의 자신감과 문제해결 능력 발달을 막는 원인이 된다. 이것이 현대판 '아킬레스건'이다.

아킬레스 역시 게자리의 모습을 보여준다. 뛰어난 능력을 가졌음에도 어머니의 그늘에서 벗어나지 못하는 모습은 많은 게자리들이 겪는 독립에 대한 두려움과 비슷하다. 게자리는 종종 안전한 환경을 떠나기를 주저한다. 익숙한 가족, 친구, 직장 등 편안한 테두리를 벗어나는 것이 두렵기 때문이다. 그러나 진정한 성장은 이러한 보호의 테두리를 벗어날 때 시작된다. 아킬레스에게는 친구 파트로클로스의 죽음이 그 계기였다. 게자리에게도 이러한 결정적 순간이 찾아온다. 이별, 실직, 이사 등 익숙한 환경에서 벗어나게 되는 상황은 비록 고통스럽지만, 독립을 향한 중요한 전환점이 될 수 있다.

게자리의 성장은 하루아침에 이루어지지 않는다. 때로는 뒤로 물러나기도 하고, 옆으로 비켜가기도 하면서 자신만의 속도로 천천히 이루어진다. 중요한 것은 방향성이다. "이번에는 스스로 해볼게", "새로운 사람들을 만나보려고 해" 같은 작은 도전부터 시작해 점차 자신의 영역을 넓혀가는 과정이 필요하다. 게자리의 진정한 성장은 타인과의 건강한 관계를 유지하면서도, 자신만의 독립된 정체성을 확립해 가는 과정에 있다. 이러한 균형을 찾아갈 때, 게자리는 비로소 진정한 자아를 발견하게 될 것이다.

## 게자리에게 추천하는 콘텐츠

### 감정적인 깊이를 탐구하며 보살핌의 가치를 일깨우는 책

- 《마음 가면》브레네 브라운 지음_ 감정적 취약성을 통해 진정한 용기와 연결을 탐구하는 책.
- 《당신이 옳다》정혜신 지음_ 감정적인 치유와 돌봄에 대한 이야기.
- 《질서 너머》조던 피터슨 지음_ 혼돈 속에서 질서를 찾는 방법을 제시.
- 《가재가 노래하는 곳》델리아 오언스 지음_ 예민한 가재를 즐겁게 해줄 멋진 성장 이야기.
- 《밝은 밤》최은영 지음_ 가족 관계와 그 안에서의 섬세한 감정을 다룬 소설로 공감 능력 자극.
- 《내게는 소리를 듣지 못하는 여동생이 있습니다》진 화이트하우스 피터슨 지음_ 가족애와 돌봄의 의미를 되새기게 하는 감동적인 이야기.
- 《도깨비를 빨아버린 우리 엄마》사토 와키코 지음_ 게자리의

돌봄의 가치를 표현한 그림책.


## 태양 게자리 시즌에 게자리 에너지를
## 플레이하기 좋은 리추얼

게자리 시즌은 하지와 소서다. 태양이 가장 높이 떠올라 빛이 충만한 하지, 그리고 뜨거운 열기가 무르익는 소서까지. 이 시기는 여름의 정점으로 생명의 에너지가 최고조에 달하는 때다. 이 시기에는 특히 내면의 감정과 교감하는 시간이 중요하다. 마치 하지의 충만한 빛이 모든 것을 비추듯, 깊은 통찰력으로 자신의 감정을 들여다보는 것이 핵심이다. 소서의 열기처럼 뜨거운 정서를 승화시켜 창조적 에너지로 변화시켜라. 풍부한 상상력과 섬세한 공감력으로 내면의 소리를 들어라.

- 소중한 사람에게 감사의 마음을 전해라.
- 자신만의 편안한 공간에서 충분한 휴식을 누려라.
- 집 안 곳곳에 방치된 물건을 정리해라.
- 가족들과 시간을 보내며 추억을 공유해보자.
- 감정 일기를 적어보고 있는 그대로의 자신을 안아주자.
- 바다나 해변에서 시간을 보내자.
- 내가 집착하고 있는 것을 알아차려 보자.

#감성장인 #공감요정 #케어마스터 #감정이입100% #추억수집가
#힐링메이커 #직감폭발 #보호본능MAX #내적친밀감

# 사자자리
## 위풍당당한 창조자

———————————————————— 7월 22일~8월 23일

때로는 스스로를 축하할 이유를 만들어라.
그것이 삶의 기쁨을 유지하는 법이다.
_세네카

태양 별자리가 사자자리인 사람이 아름다운 개인주의자가 되기 위한 가이드로 삼으면 좋다. 달 별자리나 동쪽 별자리가 사자자리에 있거나, 세 개 이상의 행성이 사자자리에 있는 이들에게도 창조성과 자기표현에 관한 통찰을 선사할 것이다. 또한 태양의 영향이 두드러진 출생 차트를 타고난 이들이나, 창조성과 즐거움의 현장인 5번째 하우스에 세 개 이상의 행성이 들어 있는 이들에게도 빛나는 조언이 될 것이다.

# 사자자리
## Leo
**7월 22일~8월 23일**

---

**원소: 불(+)**
**상태: 고정하는 상태**
**수호행성: 태양**
**수호하우스: 5번째 하우스**

화려한 패션 브랜드 옷을 입고 회의장에 등장해 모든 시선을 사로잡는 카리스마 넘치는 리더. 인스타그램에 자신의 성과와 여행 사진을 업로드하며 팔로워들의 부러움을 사는 화려한 스포트라이트의 주인공. 고고한 독존에서 따뜻한 공존으로, 자만에서 겸손으로 나아갈 때 진정한 왕의 영혼과 개성이 완성된다.

# 사자자리의
# 숨겨진 에너지 코드

## 나는 나다워서 아름다워

대중문화계의 독보적인 아이콘 지드래곤(권지용)은 사자자리의 카리스마와 예술적 열정을 완벽하게 구현하는 인물이다. 그는 2024년 10월 발표한 〈POWER〉에서 "나는 나다워서 아름다워"라는 가사를 통해 흔들림 없는 자신감을 드러냈다. 이 곡의 가사는 단순한 수사를 넘어 사자자리의 타고난 자존감과 왕자 같은 기질을 강렬하게 표현했다. 특히 '힘'이라는 키워드를 다층적으로 해석하며, 권력과 그에 얽힌 복합적인 관계를 섬세하게 포착했다. "Now I got the power, The power power up power power", "King is still poppin"이라는 가사는 사자자리의 강렬한 에너지를 압축적으로 담아내며, 흔들리지 않는 자신감과 타고난 리더십을 강조한다.

빅뱅의 리더로서, 독창적인 솔로 아티스트로서, 그리고 영향력 있는 트렌드세터로서 지드래곤의 모든 행보는 사자자리의 선천적 리더십을 보여준다. 또 하이탑 운동화에서 최근의 보자기 패션에 이르기까지, 전 세계 패션계가 주목하는 그의 미적 감각은 단순한 스타일을 넘어 하나의 문화 현상이 되었다. 팬들이 그의 서른 번째 생일을 기념해 선물한 '사자 입양'은 야생의 왕자 같은 그의 이미지를 상징적으로 보여주기도 했다. 수직적 권위에 대한 저항과 동시에 자신의 영역에서 추구하는 완벽주의, 강인한 자부심과 고집스러운 예술적 신념, 그리고 무대 위에서 발산되는 압도적인 존재감까지 이 모든 것은 사자자리의 본질적 특성을 보여주는 동시에, 자신만의 독창적인 예술 세계를 보여준다.

## 태양처럼 빛나는 존재감

사자자리의 수호행성은 태양이다. 태양계의 중심인 태양이 천체들 중 유일하게 스스로 빛을 내듯, 사자자리도 끊임없이 자신만의 아우라와 열정을 발산한다. 태양의 강인한 생명력처럼, 이들의 에너지는 자연스럽게 흘러나온다. 자연계에서 수사자는 자신보다 네 배나 무거운 물소나 1톤이 넘는 하마까지 사냥하는데, 사자자리 역시 대담무쌍한 도전 정신으로 세상에 자신 있게 자신을 드러낸다.

별자리 관점에서 사자자리는 특별한 의미를 지닌다. 사자자리는 4원소가 한 차례의 순환을 마치고 다시 새롭게 한 주기가 시작되는 시점에 위치한다. 양자리부터 게자리까지가 인간의 원초적 본능과 개인적 정체성을 상징한다면, 사자자리는 인간성이 발전해 나가는 도약점에 서 있다. 가장 혈기가 왕성한 나이, 28세에서 35세의 에너지를 담은 사자자리는 자신의 강력한 내면의 힘을 인식하고, 사회 속에서 당당히 자신의 자리를 만들어가는 여정을 시작한다. 이 시기는 인간의 생에서도 중요한 삶의 전환기를 맞는다. 이 나이가 되면 부모님의 품을 떠나 독립하거나 결혼을 해서 새로운 가정을 꾸리기도 한다. 직장이나 전문 분야에서는 경력을 인정받아 중요한 역할을 맡아 팀을 이끌게 된다. 어느 위치에 있든, 사자자리는 당당하게 자신의 창조성을 마음껏 뽐낸다. 창조적 표현과 즐거움, 낭만을 담당하는 5번째 하우스의 인생 영역을 담당하는 사자자리는 양자리에서 게자리까지 네 별자리를 거치며 배운 자신감을 화려하게 표현하고, 자신만의 독특한 빛으로 세상의 중심에서 삶의 무대를 밝게 비춘다.

## 거울을 사랑하는 화려한 사람들

따뜻한 불의 기운을 타고난 사자자리가 있는 곳은 언제나 활기와 온기로 가득하다. 마치 캠프파이어를 둘러싼 사람들이 자연스레 춤추고 노래하며 하나가 되듯, 사자자리는 주변을 밝히고 따스하게 만드는 특별한 재능이 있다. 이들의 존재 자체가 황량한 밤을 밝히는 모닥불과도 같다. 사자자리가 있는 곳에 우울함은 찾아보기 어렵다.

태양의 기운을 닮아 사자자리는 대개 외향적이고 화려하다. 자기표현도 적극적이고 당당하다. 이들의 취향도 남다르다. 큰 차를 선호하고 자신의 영역인 집을 웅장하게 꾸미길 즐긴다. 거울 속 자신의 모습에 각별한 관심을 기울이는 것도 사자자리의 특징이다. 자신이 어떻게 보이는지가 중요하기 때문에 '거울 공주', '거울 왕자'들이 많다. 또 흥이 오르면 골든벨을 울리며 분위기를 한껏 달구는 것도 사자자리의 모습이다.

하지만 모든 빛나는 것이 그림자를 갖듯, 사자자리에게도 어두운 면이 있다. 겉으로 드러나는 화려함에 지나치게 집착하다 보면 사치와 낭비라는 함정에 빠질 수 있다. 과장되고 과도한 모습은 이들이 경계해야 할 가장 큰 약점이다. 모닥불이 제대로 조절되지 않으면 주변을 태워버릴 수 있듯, 사자자리의 화려함도 적절하게 균형을 맞춰야 진정한 빛을 발할 수 있다.

## 왕관을 쓴 고귀한 아우라

태양이 모든 생명체에게 아낌없이 생명의 기운을 전하듯, 사자자리는 타고난 매력으로 사람들을 자연스럽게 끌어들이는 힘을 지녔다.

이들의 따스한 애정과 넘치는 다정함은 주변 사람들을 자발적으로 모여들게 만든다. 특히 자신의 영역인 집을 개방해 사람들을 초대하고 베푸는 것을 즐기는데, 이는 마치 태양이 만물에게 빛을 나누어주는 것과도 같다. 수사자가 자신의 무리를 보호하고 책임지듯, 사자자리는 강인한 힘과 용맹을 지닌 관대한 통치자의 면모를 보인다. 승부욕이 강하면서도 경쟁을 멀리하는 것은 흥미로운 사자자리의 모순이다. 이들의 생각은 명확하다. 왕은 백성과 경쟁하지 않는다.

사자자리의 으뜸별 레굴루스는 라틴어로 '작은 왕'이라는 의미를 담고 있다. 고대 페르시아 시대에는 하늘의 수호자로 불린 네 개의 황제별 중에서도 우두머리였다. 동쪽의 알데바란(황소자리), 서쪽의 안타레스(전갈자리), 북쪽의 포말하우트(물고기자리)와 함께 남쪽을 수호했던 레굴루스는 그중에서도 '왕의 별'로 여겨졌다. 서양의 점성가들은 이 별 아래에서 태어난 사람은 명예와 부, 권력을 모두 가지게 된다고 믿었다. 고대 이집트의 스핑크스가 사자의 몸에 파라오의 머리를 한 모습으로 표현된 것도 우연이 아니다. 왕들은 사자의 위엄을 빌려 자신들의 권위를 백성들에게 드러내고자 했다. 이처럼 사자자리는 예로부터 왕의 기품과 위엄을 상징해 왔다.

그런데 역사를 돌아보면 많은 왕이 충신보다 간신의 말에 더 귀를 기울였다. 그들은 달콤한 아첨을 택했고, 쓴 약과도 같은 진심 어린 조언을 외면했다. 사자자리도 이와 다르지 않다. 이들의 관대함에도 분명한 한계는 있어서, 자신에게 적대적인 태도를 보이거나 자존심을 건드리는 이에게는 가차 없이 즉각적인 응징을 내린다. 그러나 듣기 좋은 말에만 귀를 기울이고, 긍정적인 인정만을 추구하다 보면 언젠가 삶은 분명한 경고 신호를 보낸다. 결국 피할 수 없는 멈춤의 순간이 찾아오게 마련이다. 바로 이 지점에서 성군과 폭군의 운명이 갈라지게 된다. 조선의 성군 세종대왕은 새로운 법령을 제정할 때마다 백성들의 의견을 귀담아들었다. 과반수의 지지를 얻은 후에야 비로소 법을 시행했고, 시행 이후에도 끊임없이 백성들의 불편함을 살폈다. 이처럼 사자자리도 타인의 충고나 조언에 기꺼이 마주하고, 무수한 실패를 온몸으로 견뎌내며 성숙해 갈 때 진정한 리더십의 빛을 발할 수 있다.

## 황금빛 갈기의 위엄

황금빛 갈기를 휘날리며 초원을 달리는 수사자의 모습은 장엄하기 그지없다. 사자자리의 상징 ♌은 바로 이 수사자의 위엄 있는 갈기를 형상화한 것이다. 수사자만이 가진 특권인 갈기는 어린 시절엔 없다가 성장하면서 발달한다. 갈기는 과거엔 단순히 왕권의 상징으로만 여겨졌지만, 동물학자들은 이것이 목을 보호하거나 몸집을 더 커 보이게 하는 위협 효과를 위해 진화했을 것으로 분석한다.

품위와 격식을 중시하는 대표적 별자리인 사자자리에게 헤어스타일은 단순한 외모가 아닌 정체성의 표현이다. 수사자의 갈기가 그렇듯 이들에게 머리 스타일은 왕관과도 같다. 특히 태양이나 동쪽 별자리가 사자자리인 사람들은 헤어스타일에 각별한 공을 들인다. 모자도 잘 쓰지 않는다. 이러한 이유로 사자자리의 머리를 함부로 만지는 것은 큰 실례가 된다. 사자자리인 지드래곤은 수시로 헤어스타일에 변화를 준다. 과거 미인대회 참가자들 사이에서 유행했던 '사자머리 파마' 역시 사자의 갈기를 연상시키는 화려함으로, 여왕의 위엄을 표현하고자 했던 것으로 보인다.

사자자리는 내면의 불안이나 취약점을 좀처럼 드러내지 않는다. 그래서 사자자리와 깊은 관계를 맺기 위해서는 섬세한 관찰이 필요한데, 이들의 헤어스타일 변화는 내면의 상태를 가늠할 수 있는 중요한 단서가 될 수 있다. 만약 주변에 수시로 염색이나 파마를 하는, 한마디로 헤어스타일을 자주 바꾸는 이가 있다면, 그 사람은 사자자리일 확률이 매우 높다. 내 경험도 이를 뒷받침한다. 동쪽 별자리가 사자자리인 나는 지방에서 서울 본사로 발령받았을 때의 위축된 심리를 극복하고자 사자머리 스타일을 고수했다. 사자자리 특유의 당당함 뒤에 숨겨진 불안을 채우려 했던 것이다.

## 중심을 향한 인정 욕구

우리 은하의 중심인 태양처럼, 사자자리는 본능적으로 중심에

서고자 하는 욕망을 품고 있다. 백수의 왕 수사자가 당당히 무리를 이끄는 것처럼, 이들은 집단 속에서 리더의 위치에 있는 것이 가장 자연스럽다. 타고난 왕의 기질 때문에 지시나 간섭을 받는 것을 극도로 꺼린다. 대신 명령을 내리는 위치에 있을 때 탁월한 능력을 발휘한다. 그러나 이 당당한 제왕의 면모 뒤에는 섬세한 내면이 숨어있다. 겉으로는 늠름해 보이지만, 실은 주변의 시선과 평가에 민감하다. 이는 자신이 중요한 존재라는 것을 끊임없이 확인받고 싶어 하는 사자자리의 본질적 욕망에서 비롯된다. 화려한 외모를 꾸미고, 넓은 저택을 소유하며, 관대한 리더십을 발휘하는 것도 모두 이러한 인정 욕구의 표현이다.

특히 주목할 점은, 사자자리가 누구보다도 '아버지'의 인정을 간절히 바란다는 사실이다. 마치 왕조 시대의 왕자가 세자 책봉을 통해 정통성을 인정받아야 했던 것처럼, 사자자리에게 아버지의 인정은 절대적인 의미를 지닌다. 여기서 말하는 '아버지'는 반드시 혈연관계의 부친을 의미하지는 않는다. 스승이 될 수도 있고, 배우자가 될 수도 있다. 다만 그 존재가 누구이든, 사자자리는 아버지의 인정 없이는 완전한 만족을 느끼지 못한다. 사자자리는 전 세계 인구의 98%에게 인정받더라도, 아버지와 같은 존재로부터 받지 못한 2%의 불인정이 마치 98%처럼 크게 느껴진다. 역사적으로도 왕으로부터 인정을 받지 못한 왕족은 일반인보다 더 불안한 삶을 살았다. 이처럼 '아버지'와의 관계가 원활할 때 사자자리는 비로소 자신의 진정한 빛을 발할 수 있다.

## 내면의 힘을 깨닫는 찬란한 여정

애니메이션 〈라이온 킹〉은 사자자리의 성장 서사를 완벽하게 담아낸 이야기다. 어린 심바가 화려한 갈기의 진정한 왕으로 성장하는 과정은 사자자리의 영혼이 걷는 길과 놀랍도록 닮아있다. 모든 생명체의 목소리에 귀 기울이는 아버지 무파사의 현명한 리더십, 그리고 왕위에 대한 삼촌 스카의 어둡고 왜곡된 야망은 사자자리가 마주하는 두 가지 서로 다른 길을 보여준다. 아버지의 죽음에 대한 자책과 도피 속에서도, 심바의 내면에는 진정한 왕의 DNA가 잠들어 있다. 소꿉친구 암사자 날라와의 재회는 심바에게 잊고 있던 자신의 정체성과 책임을 일깨운다. "아버지를 보라"는 말과 함께 별빛 속에서 무파사의 모습을 마주한 심바처럼, 사자자리는 스스로 자신감을 만들어낼 때 자신의 내면에 잠들어 있던 왕의 기품과 힘을 재발견한다.

왕위를 찬탈한 스카와의 최후의 대결에서 승리한 심바가 자랑스럽게 프라이드 락 정상에 올라 포효하는 순간, 그는 더 이상 도망치는 아기 사자가 아닌 진정한 왕으로 거듭난다. 이처럼 성숙한 사자자리는 자신의 내면에 숨겨진 힘을 깨달을 때 본연의 빛나는 모습을 세상에 드러낸다. 스스로 빛을 내는 태양처럼 자신이 진정으로 원하는 삶을 창조해 나갈 때 사자자리는 내면의 불확실성을 극복하고 자신을 온전히 믿는 법을 배운다. 그리고 마침내, 그 누구보다 강렬하게 빛나는 왕의 자리에 당당히 올라, 자신의 운명적 소명을 완성한다. "기억하라, 너는 누구인지를." 이 말은 사자자리의 여정을 완벽하게 요약한다. 자신의 내면의 태양을 기억하고 받아들일 때, 사자자리는 비로소 가장 찬란한 빛을 발하게 될 것이다.

게자리에서 받은 조건 없는 사랑을 통해 자존감과 자신감을 얻은 사자자리는, 내면의 힘을 깨닫고 열정과 창의성을 당당하게 발휘하게 된다. 그러나 사자자리의 창의적인 비전은 때로는 현실적인 세밀함과 분석이 부족할 수 있다. 그래서 세밀한 분석과 현실적인 접근을 통해 비전을 구체화하고 실행에 옮기는 처녀자리로 넘어가게 된다.

## 사자자리 주간별 강점과 약점

**7월 19일~7월 25일**
**불확실함 속의 균형을 위해 두 성향 사이를 오가는**
**'진동의 주간'**
**강점:** 도덕적으로 용감한, 흥미진진한, 담대한
**약점:** 조울증적인, 중독되는, 감정적으로 벽을 쌓는

이들의 내면에는 사자자리의 태양과 게자리의 달이 공존한다. 정열적인 불의 기운과 포용력 있는 물의 성질이 절묘한 균형을 이루고

있다. 남성적 강인함과 여성적 섬세함이 조화를 이룰 때 뛰어난 창의성이 발현된다. 그러나 이 두 극단이 균형을 잃으면 감정의 진폭이 커지면서 조울증적 성향으로 이어질 수 있다.

대담한 도전 정신은 이들의 가장 큰 매력이자 위험 요소다. 스릴을 추구하는 성향은 익스트림 스포츠나 게임 같은 가상의 모험을 통해 해소되기도 한다. 그러나 이러한 도전 의식이 통제를 벗어나면 자신을 위험한 상황에 부닥치게 할 수 있어 주의가 필요하다. 내면의 벽을 쌓고 감정을 차단하려는 경향 또한 이들의 도전 과제다. 과대망상이나 자기 파괴적 충동에서 벗어나려면 현재에 집중하는 자기 절제가 필요하다. 과거의 상처나 미래에 대한 과도한 기대에서 벗어나 현재에 충실할 때 진정한 자신감과 안정감을 되찾을 수 있다.

## 7월 26일~8월 2일
## 자기만의 스타일과 세상으로부터의 인정을 지향하는
## '권위의 주간'
**강점:** 진실을 사랑하는, 충실한, 열정적인
**약점:** 좌절하는, 요구가 많은, 이기적인

진실을 사랑하는 정직함과 목표를 향한 열정적인 태도가 이들의 강점이다. 자신만의 독보적인 스타일과 세상의 인정을 갈망한다. 개인의 성장과 발전을 우선시하며 강한 자기주장을 드러낸다. 이들의 에너지는 주로 내면을 향해 있으며, 자기 잠재력을 극대화하는 데 집중된다. 경쟁에서 최고가 되기 위해 전력을 다하지만, 세속적 성공만을 좇지는 않는다. 존경하지 않는 권위자와는 거리를 두며 진정한 리더십을 추구한다.

충실한 동료 관계를 중시하지만, 지나치게 많은 요구를 하기도 한다. 자신에 대한 높은 기준으로 인해 주변인들에게도 같은 수준의 헌신을 기대한다. 신뢰할 수 있는 친밀한 사람들의 조언은 수용하지만, 외부의 도움을 거절하는 이기적인 면도 있다. 타인을 위한 결정에서 놀라운 통찰력을 보이지만, 자신과 관련된 일에서는 부주의한 판단을 내리기도 한다. 기대에 미치지 못하는 현실 앞에서 쉽게 좌절하는 경향이 있다. 긴장을 풀고 삶을 즐기는 법을 배워야 한다.

### 8월 3일~8월 10일
### 효율성을 위한 이상과 현실 사이의 평정 '균형의 주간'
**강점:** 헌신적인, 신뢰할 만한, 육체적인
**약점:** 자기학대적인, 의기소침한, 죄를 저지르는

균형 감각과 평정을 바탕으로, 다양한 사회적 역할에서 탁월한 능력을 발휘한다. 육체적인 강인함과 헌신적인 태도로 효율성을 추구하면서 이상과 현실 사이의 균형점을 찾아낸다. 단호함과 명예, 존엄성과 신의를 중시하며, 고난과 시련 앞에서 더 큰 잠재력을 발휘한다. 그러나

이런 미덕이 자기학대적인 성향으로 이어져 불행한 관계나 상황을 지속하는 경향이 있다. 거대한 내면의 에너지를 통제하지 못하면 자신을 파괴할 수도 있다.

불의에 맞서 싸우지만, 의기소침하거나 도덕적 죄를 저지를 수 있다. 위선과 거짓말, 부정직 앞에서는 격렬한 분노를 표출해 정신적 균형을 잃을 수 있다. 부정적 감정에 빠졌을 때는 혼자만의 시간이 필요하며, 외부의 자극이나 압박은 역효과를 낳을 수 있다. 헌신적인 태도는 큰 미덕이지만, 자신을 혹독하게 다루는 약점도 있다. 타인에게 기대하는 수준으로 자신을 대하고, 타협과 절충을 받아들일 때 진정한 성장이 가능하다.

### 8월 11일~8월 18일
### 경험과 열정과 지식이 합체된 책임감 '리더십의 주간'

**강점:** 지휘하는, 용맹스러운, 창의적인
**약점:** 독재적인, 이기적인, 둔감한

탁월한 지휘력과 용맹한 기질을 지닌 이들은 책임감의 화신이다. 자연스러운 지도력과 창의적 통찰력으로 가정과 사회를 이끌며 효과적인 전략을 수립한다. 자신이 원하는 바를 명확히 알고 이를 체계화하는 능력이 뛰어나지만, 타인의 필요에는 둔감할 수 있다. 이는 때로 상대방에게 적대감을 초래하기도 한다.

지휘하는 자리나 위기 상황에서 진가를 발휘한다. 강렬한 에너지와 집중력으로 상황을 반전시킨다. 사적 관계에서는 이기적이지만, 전문 영역에서는 뛰어난 성과를 낸다. 특별한 한 사람의 애정과 인정을 갈망하며, 이들에게는 깊은 애정을 표현한다. 지휘력이 있어도 독재자가 될 필요는 없다. 과도한 요구와 명령조의 언어를 자제하고, 내면의 동기를 성찰해야 한다. 창의적 문제 해결 능력을 발휘할 때 진정한 리더로 거듭난다. 약점을 인정하는 용기도 필요하다.

# 사자자리의
# 인간관계 가이드

## 사자자리의 가족 관계

사자자리는 가정에서도 이들만의 독특한 존재감으로 빛난다. 백수의 왕 사자처럼 가족의 중심에서 리더십을 발휘하려 한다. 강렬한 에너지는 가정의 분위기를 역동적으로 만든다. "당당하게 행동하고, 서로를 존중하자"라는 가훈이 이들의 가치관을 잘 대변하는데, 가족 구성원 각자의 개성을 인정하면서도 조화로운 관계를 추구하는 모습을 보여준다.

사자자리 부모는 자녀들이 강한 자존감과 책임감을 가지고 성장하는데 특별한 관심을 기울인다. 창의성과 열정이 충분히 발현될 수 있는 환경을 조성하기 위해 노력한다. 때로는 자녀에 대한 과도한 애정과 보호로 인해 객관성을 잃을 수 있어 자녀가 버릇없다는 소리를 들을 수도 있다. 그러나 이는 자녀의 잠재력을 최대한 끌어올리고자 하는 순수한 열망에서 비롯된 것이다.

사자자리 아이들은 태양처럼 밝고 눈부신 존재감을 자랑한다. 본능적으로 관심의 중심이 되기를 원하며, 뛰어난 자기 표현력과 넘치는 에너지로 주변을 사로잡는다. 이들에게 가장 중요한 것은 부모로부터의 인정과 칭찬이다. 부모는 작은 성취라도 진심으로 기뻐하고 격려해야 한다. 형제간 비교는 절대적으로 피해야 한다. 아이의 자존감에 큰 상처를 남길 수 있다. 잘못을 지적할 때도 먼저 긍정적인 면을 충분히 인정한 후 조심스럽게 조언하는 것이 효과적이다. 그러나 사자자리 아이의 강한 개성은 친구 관계에서 어려움을 초래할 수 있다. 지나친 주도권 행사나 경쟁심은 갈등을 유발할 수 있다. 따라서 부모는 자녀에게 감정을 조절하는 방법과 타인과 조화롭게 관계를 맺는 중요성을 가르쳐야 한다. 진정한 리더십은 양보하고 경청하는 데서 비롯된다는 사실을 깨닫게 해주는 것이 필요하다.

특히 주목할 만한 점은 사자자리의 독립성에 대한 욕구다. 이들은 가족과 함께하는 시간만큼이나 홀로 있는 시간도 필요로 한다. 고고한 사자처럼, 때로는 자신만의 영역과 시간을 가지고 싶어 한다. 지나친 관심과 기대는 오히려 부담이 될 수 있다. 사자자리는 가족 안에서도 자신만의 빛나는 개성을 잃지 않으려 하기 때문이다. 사자자리가 가정을 이끌어가는 데 타고난 재능을 보이지만, 사실 이들의 진정한 열망은 더 넓은 세상을 향해 있을 수 있다.

## 사자자리의 친구 관계

사자자리는 타고난 카리스마와 따뜻한 에너지로 주변을 매료시키는 독특한 매력을 지녔다. 활기차게 지내면서도, 동시에 깊은 신뢰와 책임감을 바탕으로 우정을 형성한다. 새로운 도전은 사자자리 친구 관계에서 중요한 요소다. 스릴 넘치는 여행, 짜릿한 익스트림 스포츠, 창의적인 프로젝트 등 함께 활동적인 도전을 할 때 더욱 특별해진다. 이런 모험과 도전의 공유 경험은 서로를 더 깊이 이해하고 신뢰하는 계기가 된다.

처음에는 다소 거리감이 느껴질 수 있으나, 시간이 흐를수록 더욱 견고해지는 관계를 만들어가는 것이 사자자리의 우정이다. 사자자리는 그룹 내에서 자연스럽게 중심이 되어 방향을 제시하고 분위기를 이끌어간다. 수사자가 자신의 무리를 보호하듯 헌신적인 리더십을 보여준다. 약속과 신뢰를 최우선으로 여기며, 책임감 있는 태도로 친구들의 두터운 신뢰를 얻는다. 그러면서도 친구들의 개성과 자유를 존중하며 조화로운 관계를 유지한다. 솔직하고 투명한 소통으로 쌓아 올린 신뢰는 평생의 우정으로 발전한다.

사자자리는 겉으로는 강인해 보이지만, 친밀한 관계에서는 놀라울 정도로 섬세한 감수성을 보인다. 깊이 있는 대화를 나누며 친구들의 내면을 이해하려 노력하고, 그들의 성장을 진심으로 기뻐하며 응원한다. 사자자리는 친구들과 함께할 때 가장 빛난다.

## 사자자리의 연인과 부부 관계

사자자리에게 사랑은 삶의 가장 화려한 무대이자 자아실현의 중요한 통로다. 사랑받기를 열망하는 사자자리는 로맨스를 좋아하고, 뜨겁고 강렬하게 사랑한다. 타고난 낭만주의자인 사자자리는 매우 창의적이고 대담하게 사랑을 표현한다. 마치 예술 작품처럼 아름답고 인상적인 로맨틱한 제스처를 드러내놓고 한다. 연인을 위해 준비하는 선물은 럭셔리하고 눈부신 것들을 선호한다. 이들의 데이트 스타일 역시 독특하고 화려하다. 유명 레스토랑에서의 고급스러운 만찬, 전시회나 콘서트 관람, 이국적인 여행지에서의 로맨틱한 시간 등 모든 순간이 영화의 한 장면처럼 로맨틱하다. 짝이 없는 수사자가 없듯이 사자자리에게는 평생의 동반자를 찾아 안정된 가정을 이루고자 하는 강한 열망이 있다. 결혼 생활은 마치 왕궁과도 같이 웅장하고 화려하다.

사랑에 있어 사자자리는 열정과 충성을 보여준다. 그러나 동시에 거만하고 호전적인 태도 때문에 애정 관계에서 어려움을 겪을 수 있다. 자존심 강한 성격 탓에 상처를 받으면 도망가 버리기도 한다. 특히 연애에서 거절을 경험할 때는 단순한 실패 이상의 깊은 상처를 받는다. 자신의 가치가 부정당했다고 느끼고 세상의 조롱거리가 된 것처럼 자존감에 큰 타격을 입는다. 그러나 이러한 시련의 순간은 오히려 사자자리에게 중요한 성장의 기회가 될 수 있다. 상처와 실패를 통해 자신을 더 깊이 이해하고, 진정한 사랑의 의미를 깨달으면 더욱 성숙한 관계를 만들어갈 수 있게 된다.

자신의 강한 개성만큼 상대방의 매력도 인정하고 존중하는 법을 배워야 한다. 자신의 고집스러운 면모를 인정하고, 상대방의 필요와 감정에 더 귀 기울이려 노력할 때 깊은 유대감을 형성할 수 있다. 사자자리의 사랑은 자기 자신을 사랑하는 것에서 시작하여, 상대방을 향한 무한한 관용과 배려로 발전해 갈 때 시간이 흐를수록 더욱 깊어지고 성숙해지는 아름다운 여정이 될 것이다.

## 사자자리와 잘 지내는 법

사자자리의 존재감을 인정하는 것은 단순한 칭찬이 아니다. 사자자리는 관심과 인정을 받으면 생명력이 더 강해지고 충성심은 깊어진다. 왕 같은 기품을 지닌 사자자리는 관계에서 고결함과 충직함을 최고의 가치로 여긴다. 그들에게 우정과 사랑은 일시적 감정이 아닌 영원한 서약으로 생각한다. 한번 자신의 사람으로 인정하면, 끝까지 지키려는 의지를 보여준다. 이들과의 관계는 단순한 친밀감을 넘어, 서로의 빛나는 개성을 존중할 때 더욱 깊어진다. 그러나 사자자리는 타인의 감정에 둔감할 수 있다. 자신의 견해가 옳다는 강한 믿음은 타인의 말을 듣는 능력을 약화시키기도 한다. 이는 관계의 균형을 무너뜨릴 수 있다.

사자자리는 일상의 작은 일에는 큰 관심을 두지 않는다. 다른 사람이 자신에게 불만을 느낀다는 것조차 둔감할 때도 많다. 또 쓰레기 처리나 가격 흥정, 직원 해고 같은 일은 품위를 손상시키는 것으로 여겨 다른 사람에게 맡기려 한다. 잔소리는 금물이다. 세세한 비판은 그들에게 자존심에 상처를 줄 뿐, 변화를 끌어내지 못한다. 대신 그들의 리더십과 카리스마를 인정하면서 부드럽게 조언하는 것이 좋다.

# 사자자리의 관계 별점

Leo

- **사수자리** ★★★★: 서로의 독립성을 존중하면서도 창의적 에너지를 이해하고 존중하는 환상의 궁합이다.

- **물병자리** ★★★★: 독창성과 개성을 서로 존중하면서도 자유로운 관계를 유지하는 소울메이트다.

- **양자리** ★★★: 서로의 야망을 지지하고 격려하며 함께 성장할 수 있는 관계다.

- **쌍둥이자리** ★★★: 창의적인 아이디어가 끊임없이 오가며 즐겁고 활기찬 시간을 보낼 수 있다.

- **천칭자리** ★★★: 서로의 품위와 매력을 높이 평가하는 세련된 파트너십이 가능하다.

# 사자자리의
# 라이프 밸런스 가이드

## 사자자리의 건강과 운동

태양의 기운을 받은 만큼 12별자리 중 가장 건강하고 활기차다. 튼튼한 심장과 꼿꼿한 척추를 자랑한다. 잘 발달한 심장과 순환기 계통의 탄력성 덕분에 넘치는 활력을 가지고 있다. 그러나 지칠 줄 모르는 체력을 지닌 사자자리는 자신의 능력을 과대평가하기 쉽다. 젊은 사자가 자신의 힘에 도취하듯, 에너지의 과잉을 조심해야 한다. 과도한 업무로 인해 건강관리를 소홀히 하기 쉽다. 자신의 한계를 인정하고 때로는 도움을 청하는 지혜가 필요하다. 자존심과 자만심을 잘 구분하여 균형 잡힌 삶을 유지하는 것이 중요하다.

특히 심장과 척추 건강에 특별한 관심을 기울여야 한다. 허리를 똑바로 펴지 못하거나 심장 질환이 나타난다면, 이는 내면의 힘이 약화되었다는 신호다. 바른 자세를 유지하는 습관과 함께, 때로는 단식으로 몸을 정화하는 것도 도움이 된다. 과도한 스트레스로 인한 우울증이나 불안증도 주의해야 한다. 정기적인 건강 검진과 예방적 관리가 필수다.

에너지가 충만할 때는 크로스핏이나 킥복싱 같은 고강도 운동이 사자자리의 본능을 가장 잘 충족시킨다. 강인한 정신력과 체력을 요구하는 이런 운동들은 사자자리의 뜨거운 열정을 완벽하게 발산시킬 수 있다. 팀 스포츠에서는 타고난 리더십을 발휘하며, 동료들과 함께 목표를 달성하는 과정에서 큰 만족감을 느낀다. 댄스나 퍼포먼스 기반 운동은 사자자리의 예술적 감각과 화려한 개성을 드러내기에 더없이 좋다. 요가나 필라테스는 균형 잡힌 신체 발달을 도와준다. 어떤 운동이든 화려한 의상이나 아이템 착용은 운동 효과를 배가시킨다.

운동 부족이나 차가운 기운에 노출될 경우 심장 건강을 위협할 수 있으니, 주의가 필요하다. 에너지가 저조할 때는 격렬한 스포츠보다 따뜻한 물에서의 목욕이나 수영이 더 효과적이다. 태양의 수호를 받는 사자자리는 오전 시간대에 가장 강력한 생명력을 발산하는데, 특히 오전 8시부터 12시 사이가 운동 효과를 극대화할 수 있는 황금시간대다. 이 시간에 운동은 자연의 리듬과 완벽한 조화를 이루어 놀라운 성과를 가져다줄 것이다.

## 사자자리의 일과 재능

카리스마 넘치는 리더십과 창조적 비전으로 조직을 이끄는 선도적 인재다. 주목받는 위치에서 자신의 능력을 최대한 발휘하며 주변 사람들을 이끄는 능력이 뛰어나다. 뛰어난 기획력과 화려한 표현력으로 프로젝트에 생명력을 불어넣으며, 도전적인 목표 설정으로 팀원들의 성장을 촉진한다. 낙관적 에너지로 주변에 긍정적 영향을 전파하고, 대담한 전략으로 혁신적 성과를 창출한다. 강한 자신감과 통찰력으로 조직의 방향성을 제시하며, 화합과 경쟁의 균형을 맞추는 탁월한 조율 능력을 보유했다. 넓은 안목과 통합적 사고로 조직의 발전을 이끄는 핵심 동력이다.

### 미디어, 광고 기획자

타고난 창의성과 카리스마로 주목을 끌며, 미디어와 광고 분야에서 뛰어난 성과를 거둘 수 있다. 신선한 아이디어와 독창적인 시각을 통해 사람들의 관심을 끌 수 있다. 광고 캠페인이나 브랜드 전략에서 대담한 능력으로 뛰어난 결과물을 만들어간다.

### 연예인, 공연예술가

사자자리의 화려한 매력과 무대에서의 자신감은 연예인이나 공연예술가로서 빛을 발하게 한다. 배우, 가수, 무용가와 같은 공연예술 분야에서 존재감과 표현력으로 관중의 마음을 사로잡는 능력이 뛰어나다. 스포트라이트를 받는 무대 위에서 자신의 개성과 재능을 최고의 에너지로 변환해 마음껏 발휘한다.

### 패션 관련 CEO

패션 브랜드나 디자인 스튜디오의 CEO로서 사자자리의 독창성과 창의성을 발휘할 수 있다. 강한 리더십과 결단력으로 비전을 제시하고 조직을 이끈다. 중요한 순간에 집중적인 결정을 내리는 용기로 급변하는 환경 속에서도 자기만의 스타일을 만들어 나갈 수 있다. 조직을 대표하는 당당함으로 직원들에게 신뢰를 얻을 수 있고 도전적인 비즈니스 환경에서도 빛을 발한다. 팀원들에게 동기부여를 제공하며 목표를 책임지고 달성한다.

## 사자자리의 재테크

사자자리의 투자 철학은 본성만큼이나 대담하고 강렬하다. 타고난 자신감과 결단력을 바탕으로 평범한 수익률에 만족하지 않는다. 위험을 감수하면서도 고수익을 노리는 투자를 선호한다. 하이 리스크-하이 리턴 상품에 관심이 많다. 주식 시장의 역동적인 흐름, 선물옵션의 복잡한 게임, 외환 매매의 글로벌한 전장에서 본능적인 사업가 기질을 발휘한다. 그러나 현명한 군주처럼 자산의 반은 부동산과 고금리 예금이라는 안전 자산에, 나머지 반은 주식과 금 같은 전략적 자산에 분산투자 한다. 이런 포트폴리오 다각화 전략은 장기적 비전과 단기적인 수익 기회를 동시에 노리는 전략이다.

평범함을 거부하는 사자자리는 투자에서도 독창성을 추구한다. 스타트업의 가능성을 알아보는 선구안, 신기술의 잠재력을 감지하는 예리한 촉, 시장 트렌드를 읽어내는 통찰력은 사자자리의 타고난 재능이다. 그들은 정글의 새로운 영토를 개척하듯 혁신적인 투자 기회를 향해 과감히 전진한다. 그러나 과도한 자신감은 객관적 판단을 흐리게 할 수 있다. 특히 새로운 기술이나 상품에 투자할 때는 경제 뉴스, 투자 관련 서적, 전문가 의견 등을 활용해 신중하게 결정해야 한다. 진정한 부의 왕좌는 화려한 포효만으로 얻어지지 않는다. 사자자리가 자신의 담대함에 신중함의 갑옷을 입힐 때, 재테크에서도 원하는 성과를 거둘 수 있다. 자신감과 신중함 사이에서 균형을 찾는 것이야말로, 진정한 투자자로서 성공을 이루는 핵심이다.

# 사자자리를 일깨우는
# 해방 가이드

## 사자자리의 아킬레스건
## 지나친 자신감

카리스마로 빛나는 사자자리의 가장 큰 아킬레스건은 역설적으로 그들의 강점인 자신감이다. 정글의 왕처럼 품위와 자부심을 소중히 여기는 사자자리에게 강렬한 자긍심은 양날의 검과 같다. 그들을 특별하게 만들지만, 동시에 성장의 장벽이 되기도 한다. 자신감이 지나치면 독선적인 자만으로 변질될 위험이 크기 때문이다. 마치 상처 입은 사자가 약점을 숨기려 홀로 고통받듯, 사자자리는 실수를 인정하거나 도움을 청하는 것을 극도로 꺼린다. "내가 틀렸다고? 절대 그럴 리 없어", "실수를 인정한다고? 그건 내 품격을 떨어뜨리는 일이야"라는 생각은 협력의 가치를 간과하게 만들고 더 큰 어려움을 초래하게 한다.

혼자서 모든 것을 해결하려는 독존적 성향으로 값진 배움의 기회를 놓치기도 한다. 작은 지적에도 민감하게 반응하여 건설적인 피드백조차 개인적 공격으로 받아들이기 때문이다. 이런 방어적 태도는 주변 사람들이 솔직한 의견을 전하기 어렵게 만들어 결국 진정한 교감과 깊은 관계 형성을 가로막는 장벽이 된다. 자신의 왕국을 지키려는 본능이 오히려 고립을 불러오는 것이다. 스포트라이트를 독차지하며 누리는 왕좌는 외로움의 다른 이름일 뿐이다. 사자자리의 진정한 강함은 자신의 약점을 인정할 수 있는 용기에서 시작된다. 이는 겸손의 미덕을 배우려는 자세에서 비롯된다. 왕관이 무겁거나 버겁다고 느껴질 때, 잠시 내려놓고 타인의 시선으로 세상을 바라보는 자세가 필요하다. 사자자리의 자존심은 화려한 갈기와 같다. 적절히 다듬어질 때 더욱 빛나지만, 너무 길어지면 시야를 가리게 된다.

현대의 대표적인 겸손 리더십의 예로 버락 오바마 전 미국 대통령과 방송인 유재석을 들 수 있다. 두 사람은 모두 겸손의 미덕으로 독보적인 위치에 올랐다. 오바마는 대통령이라는 최고 권력자의 자리에 있으면서도, 연설 직전까지 더 나은 방안이 있는지 보좌관들의 의견을 끊임없이 경청한 것으로 유명하다. 유재석은 TV 토크쇼 〈유 퀴즈 온 더 블럭〉에서 매주 3~4명의 게스트의 이야기에 귀를 기울인다. 긴장한 출연자들이 그의 따뜻한 겸손 덕에 편안함을 찾는 모습은 프로그램의 트레이드 마크가 되었다. 전례 없는 10년 연속 브랜드 파워 1위라는 기록은 이러한 그의 겸손한 자세가 만들어낸 결실이다. 사자자리인 유재석은 인생철학으로 "진정으로 하고 싶은 한 가지를 이루기 위해서는 하기 싫은 아홉 가지를 해내야 한다"라고 말한다. 이는 행복한 삶을 위해 아홉 배의 겸손과 노력이 필수적임을 깨닫게 하는 깊은 통찰을 담고 있다.

진정한 왕은 자신의 욕망을 절제하고 타인의 목소리에 귀 기울일 줄 아는 존재다. 사자자리가 겸손이라는 지혜를 깨달을 때, 그들의 타고난 카리스마는 진정한 왕의 리더십으로 성숙될 수 있다. 지혜로운 왕좌의 가치는 홀로 군림하는 것이 아닌, 함께 나누는 데 있음을 기억하자.


## 사자자리답게 살기 위해
## 통과해야 할 미션

### 허영의 함정에서 벗어나기

화려함에 매료된 사자자리는 때로 자신의 실제 능력 이상으로 허영심에 빠지는 경향이 있다. 자존심이 부추기는 이런 과시적 소비 패턴은 결국 재정적 부담과 심리적 스트레스라는 대가로 돌아온다. 겉모습에 투자하느라 정작 내실을 다지지 못하는 경우가 많기 때문이다. 자신의 진정한 가치는 명품 가방이나 최신 전자기기가 아닌, 내면의 단단함에서 비롯된다. 자존심과 자존감은 다르다. 때로는 자존심을 내려놓는 용기가 더 큰 존엄을 가져다준다. 원하는 것과 필요한 것을 구분하는 지혜를 길러야 한다. 내면의 빛이 외면의 화려함보다 오래 빛난다는 것을 명심하자.

## 타인의 목소리에 귀 기울이기

카리스마 넘치는 사자자리는 자신의 목소리에만 집중하는 경향이 있다. 그러나 지나친 자기확신은 능력의 과대평가로 이어지거나, 주변 의견을 간과하는 원인이 될 수 있다. 진정한 리더는 다양한 관점을 경청하고 균형 있는 결정을 내린다. 건설적인 비판은 성장의 밑거름이 되며, 팀원들의 작은 제안 하나가 프로젝트를 완성하는 마지막 퍼즐 조각이 될 수도 있다. 실수를 두려워하지 말자. 실수하지 않는 사람은 존재하지 않는다. 성숙한 사람은 완벽을 추구하기보다, 실수를 통해 배우며 더 나은 방향으로 나아간다. 타인의 목소리에 귀 기울이고 유연하게 대처할 때, 사자자리의 카리스마는 더욱 빛을 발할 것이다.

## 감정의 불꽃 다스리기

사자자리의 감정은 오랜 시간 쌓였다가 화산처럼 폭발한다. 감정을 속으로만 쌓아두는데, 결국은 예상치 못한 상황에서 화산처럼 격렬하게 터져버린다. 감정이 격해질 때는 즉각적으로 반응하기보다는 잠시 멈추고 생각할 시간을 가져야 한다. 명상이나 호흡은 불꽃 같은 감정을 다스리는 좋은 도구가 된다. 감정을 다스리는 법을 배우고 충동적인 반응을 조절하는 연습이 필요하다. 또 새로운 프로젝트에 열정적으로 뛰어들지만 쉽게 흥미를 잃는다면, 초기의 열정을 지속적으로 유지하는 법을 배워야 한다. 작은 목표를 설정하고 차근차근 달성해 나가는 습관을 들이면 좋다. 화려한 출발선보다 꾸준히 완주하는 사람이 진정한 승자다. 사자 같은 카리스마와 열정은 우주의 위대한 선물이다. 자신의 열정을 지속 가능한 에너지로 지혜롭게 다룰 때 진정한 왕의 품격을 갖추게 될 것이다.


## 사자자리의 영혼을 깨우는 법


중세 유럽의 파르지팔 전설은 사자자리가 진정한 왕으로 성장하는 여정을 상징적으로 보여준다. 홀어머니 밑에서 자란 소년 파르지팔이 기사가 되어 성배를 찾아 떠나는 여정은, 사자자리가 자신의 내면에 잠든 왕의 힘을 일깨우는 과정과 닮았다.

열여섯 파르지팔은 화려한 기사들의 위풍당당한 모습에 매료되어, 불타오르는 이상을 품고 집을 떠난다. 나뭇가지와 나뭇잎으로 만든 초라한 갑옷은 아직 미숙한 그의 상태를 그대로 보여준다. 불의 기운을 타고난 사자자리처럼 파르지팔도 자신의 이상을 향해 거침없이 나아가지만, 그것이 진정한 자기신념이 아니라 남을 모방하는 단계에서는 그 힘이 온전히 발휘되지 않는다.

어부왕의 궁전에서 맞이한 첫 시련은 사자자리의 미성숙한 모습을 여실히 보여준다. 성배를 든 신비로운 여인 앞에서 파르지팔은 어머니의 가르침에 얽매여 결정적인 질문을 하지 못한다. "성배는 누구를 위해 존재하는가?"라는 간단한 질문 하나로 어부왕의 상처를 치유하고 황폐해진 왕국을 살릴 수 있었지만, 그는 기존의 관습과 교육에 너무 충실한 나머지 자기 내면의 소리를 듣지 못한다. 이는 젊은 사자자리가 흔히 겪는 딜레마다. 타고난 왕의 기질을 지녔으면서도, 부모나 사회의 관습에 얽매여 자신의 진정한 힘을 발휘하지 못하는 것이다. 더구나 타인의 고통에 무감각한 것은 사자자리의 지나친 자기중심성이 보여주는 그림자적 모습이다. 진정한 왕은 백성의 고통에 귀 기울일 줄 알아야 하지만, 미성숙한 단계에서는 이러한 깨달음에 이르지 못한다.

20년간의 방랑 끝에 다시 찾은 어부왕의 궁전에서 파르지팔은 마침내 진정한 관심과 연민으로 질문을 던진다. 이는 사자자리가 자기 내면의 힘을 온전히 깨닫고, 그 힘으로 타인의 고통에 응답할 수 있게 된 성숙의 순간을 상징한다. 이때 성배는 곧 내면의 힘을 의미하며, 이는 사자자리가 오랜 시간 찾아 헤매던 자신의 진정한 정체성이기도 하다.

파르지팔의 여정이 보여주듯 사자자리의 성장은 단순히 외적인 권위나 힘을 얻는 데 있지 않다. 그것은 내면의 소리를 경청하는 여성성과 외부를 향해 과감히 나아가는 남성성이 조화를 이루는 과정이며, 결국 "나는 누구이며, 무엇을 위해 존재하는가?"라는 근원적 질문의 답을 찾아가는 여정이다. 진정한 왕의 길은 자기의 본질을 깨닫고, 그 힘을 통해 타인을 이해하며 보듬을 수 있을 때 비로소 완성된다.

## 사자자리에게 추천하는 콘텐츠

### 자신감과 리더십을 키우며 창조적 열정을 발휘하도록 이끄는 책

- 《해리 포터 시리즈》조앤 K. 롤링 지음_ 모험심과 용기를 자극하는 책.
- 《당신은 결국 무엇이든 해내는 사람》김상현 지음_ 자기계발을 통해 자기 신뢰를 높이고 목표를 달성하는 법을 다룬 책.
- 《비커밍 Becoming》미셸 오바마 지음_ 강한 자아와 목표 달성에 대한 열정에 영감을 주는 책.
- 《몰입의 즐거움》미하이 칙센트미하이 지음_ 몰입을 통해 창의성을 키우는 데 도움을 주는 책.
- 《데미안》헤르만 헤세 지음_ 자아 발견과 정신적 성장을 다루며 내면의 힘을 일깨우는 책
- 《사자와 마녀와 옷장》C.S. 루이스 지음_ 용기와 리더십, 모험을 통해 진정한 왕의 자질을 보여주는 판타지 소설.
- 《마술 연필》앤서니 브라운 지음_ 창의력과 자기표현의 즐거움을 일깨워주는 그림책.

## 태양 사자자리 시즌에 사자자리 에너지를
## 플레이하기 좋은 리추얼

사자자리 시즌은 대서와 입추다. 태양의 기운이 절정에 달한 대서, 그리고 가을의 문턱에 들어서는 입추까지. 이 시기는 자연이 가장 화려하고 당당한 때다. 이 시기에는 특히 자신의 존재감을 드러내는 표현이 중요하다. 마치 대서의 강렬한 태양처럼, 카리스마 넘치는 리더십으로 자신의 재능과 능력을 최대한 발휘하는 것이 핵심이다. 입추의 전환기처럼 새로운 도약을 준비할 때다. 창조적 영감과 대담한 실행력으로 자신만의 영역을 구축하라.

- 매일 한 번, 거울 속 자신에게 찬사를 보내보자.
- 아침 햇살, 저녁노을, 밤하늘의 별빛을 쐬어 에너지를 충전하자.
- 자기만의 무대를 만들어 자유롭게 춤추고 노래해 보자.
- 문화생활을 하며 순수한 즐거움에 몸을 맡겨 보자.
- 새로운 헤어스타일과 밝은 색상 의상으로 변화를 시도해 보자.
- 소중한 이들과 작은 파티를 열어 일상에 특별함을 선물해 보자.
- 자존감을 높이는 긍정의 문장을 만들어 매일 읽어보자.

#불꽃카리스마 #핵인싸력 #자신감MAX #화려한인생
#군기반장스웩 #드립장인 #텐션폭발 #인싸그램

# 처녀자리
## 사려 깊은 완벽주의자

———————————————— 8월 23일~9월 23일

삶의 우선순위를 정해놓지 않는다면,
다른 사람이 내 삶의 우선순위를 정할 것이다.
_그렉 맥커운

태양 별자리가 처녀자리인 사람이 아름다운 개인주의자가 되기 위한 가이드로 삼으면 좋다. 달 별자리나 동쪽 별자리가 처녀자리에 있거나, 세 개 이상의 행성이 처녀자리에 있는 이들에게도 이타심과 비판적 사고에 대한 통찰과 조언이 도움이 될 것이다. 또한 수성의 영향이 두드러진 출생 차트를 타고난 이들이나, 일과 건강의 현장인 6번째 하우스에 세 개 이상의 행성이 들어 있는 이들에게도 빛나는 조언이 될 것이다.

# 처녀자리

## Virgo

**8월 23일~9월 23일**

---

**원소: 흙(-)**
**상태: 변화하는 상태**
**수호행성: 수성**
**수호하우스: 6번째 하우스**

아침 6시 정각 일어나 건강 트래킹 앱으로 영양소와 운동량을 꼼꼼히 기록하고, 책상 위에는 정리된 업무 노트와 컬러 코딩된 플래너. 틈틈이 온라인 강의로 전문 자격증을 준비하는 끊임없이 쓸모를 증명하는 실무가. 디테일에서 빅피처로, 집착에서 확장으로, 비판에서 포용으로 나아갈 때 영혼의 진화가 시작된다.

# 처녀자리의
# 숨겨진 에너지 코드

## 까칠함 뒤에 숨은 이타심

"저는 당신의 두 번째 자아가 아니에요. 만약 그렇다면 그건 제가 아니에요. 저는 독립된 한 사람으로서 당신과 함께하길 원합니다." 내 곁에서 두 번째 자아가 되어 달라는 로체스터의 구혼에 제인 에어가 답한 문장이다. 처녀자리 사람들은 샬롯 브론테의 고전소설 《제인 에어》처럼 어떤 계층에 속하더라도 자기 신념이 분명하며 함부로 할 수 없는 품위를 지닌 사람들이다. 소설 속 제인 에어는 시니컬한 유머를 구사하며 자신에게도, 사랑하는 상대이자 고용주인 로체스터에게도 가차 없이 비판적이다. 로체스터가 자신의 전 연인들이 미인이었다는 말에 "그래서 지금 그들 모두가 당신 곁에 있나요? 아, 그렇지 않군요"라고 응수하거나 "내 재산을 당신과 나누고 싶소"라고 말하는 로체스터에게

"당신의 재산이요? 전 그게 있는지도 몰랐네요. 제가 보이는 건 오만함뿐인데요"라고 답한다. 이런 태도들은 처녀자리를 까칠하고 냉정한 사람처럼 보이게 하지만 어떤 별자리보다 이타적이며 타인을 돕는데 주저함이 없다. 제인 에어가 결혼 전날, 로체스터가 이미 아내가 있다는 걸 알고 뒤도 돌아보지 않고 떠났지만, 후일 유산을 상속받아 부유해져 눈 멀고 다리를 저는 혼자 남은 로체스터와 결혼하는 것처럼 말이다. 처녀자리 사람들은 독립적이고 현실적이며 때때로 재치 있게 상대를 조롱하지만 그들이 어려움과 고통에 처해있다면 달려가 돕는 이들이다.

## 가을을 준비하는 성실한 별자리

깨끗한 하얀 양말을 발목에 곱게 접어 신은 여학생이 연상되는 처녀자리는 여름의 끝자락에서 가을의 청량함을 통과하는 별자리이다. 보리 다발을 든 처녀의 모습을 나타내는 ♍를 상징기호로 하는 처녀자리는 잘 여문 알곡과 쭉정이를 구분하여 골라내듯 분별력과 판단력을 상징하는 별자리다. 자기 규율이 완성되는 시기의 35세와 42세 사이의 에너지 나이로, 일과 건강, 일상의 의무를 담당하는 6번째 하우스의 인생 영역을 담당한다. 처녀자리는 양자리부터 사자자리까지 다섯 별자리를 통과하며 쌓아온 경험을 체계화하고, 세밀한 분석력으로 일상을 완벽하게 정돈하며 지속적인 발전을 추구한다. 대개 흙 별자리들이 그렇듯 처녀자리 역시 매우 성실한데, 돈과 물질의 안정을 추구하는 황소, 권력과 세속적 성취를 지향하는 염소의 목적이 분명한 성실과 다르게 처녀자리는 일 그 자체를 사랑한다.

처녀자리는 변화하는 상태의 흙 에너지로 고정형이나 활동형의 흙 에너지보다 유연하고 적응력이 뛰어나 조직에서 환영받는다. 자기 몸을 아끼지 않고 일하며 자신이 속한 조직, 집단의 이익을 위해 헌신한다. 설령 조직에 대한 비판적 회로가 돌아가더라도 그것은 더 나은 방향으로 조직을 유지하고 개선하기 위함이다. 궂은일도 마다하지 않고 열심히 일하는 처녀자리는 조직이 어려울 때 의지할만한 든든한 보험 증서 같은 사람이다.


## 완벽을 향한 디테일

처녀자리는 분주히 몸을 움직여 익은 과실과 곡물을 거두는 부지런한 농부의 DNA가 흐르는 이들이다. 자기의 일을 완벽하게 해낼 때 가장 큰 만족감을 얻지만, 완벽주의자 처녀자리에게 결코 자주 있는 일은 아니다. 남들이 볼 때는 완벽주의자 워커홀릭이지만 스스로는 늘 부족하다고 느낀다. 이미 충분히 제 역할을 해내며 자기가치를 증명하고 있음에도 더, 더, 더, 노력해야 한다고 여기는 처녀자리들은 삶과 일, 관계의 기준점이 다른 별자리보다 상향 조정되어 있다. 자신에게 엄격한 처녀자리는 타인 역시 결함 없이 완벽하길 강요할 때가 있다. 자신에 겐 엄격하고 타인에게 관대하라는 관용구는 적어도 처녀자리에겐 해당 되지 않는다. 세상에서 가장 완전무결한 사람을 데려온다 해도 처녀자 리는 그 자리에서 단점을 찾아낼 수 있다. 어느 누구도 처녀자리의 엄격 하고 높은 기준과 세밀한 현미경을 피할 수 없다. 그리고 당연히 그 대 상에는 처녀자리 자신도 포함된다. 처녀자리가 추구하는 것은 완벽함이 다. 완벽함에 대한 처녀자리의 그야말로 완벽한 추구는 성장을 돕기도 하지만 자주 발목을 잡는다. 처녀자리의 완벽주의와 지극히 세밀한 시 선은 전체를 보지 못하게 만들어 소탐대실하는 원인이 된다.


## 수성의 지성이 빛나는 분석가

처녀자리의 수호행성은 수성이다. 모임에서 그림처럼 조용히 앉아 있는 처녀자리가 수동적이고 자기의견이 없다고 생각한다면 착각 이다. 수성은 태양 가장 가까이 있는 행성으로 말과 글로 세상에 자신을 드러낸다. 천문해석학인 별자리에서 태양과 달은 의식과 무의식을 의미 한다. 수성은 태양과 달, 의식과 무의식, 영과 혼을 언어화하며 세상에 표현한다. 이런 수성을 수호행성으로 두는 처녀자리는 사회의 다양한 이슈를 날카롭게 분석하고 비평하는 이들이다. 조근조근 조용한 목소리 로 모두를 반박하는 처녀자리는 매우 지적이다. 겉모습은 얌전하지만 재치 있는 유머를 구사하며 자기 주관이 뚜렷하고 독립적이며 박학다식하다.

수성을 같이 수호행성으로 두는 쌍둥이자리가 지적 호기심이 강하고 의사소통 능력이 뛰어난 반면, 흙 별자리 처녀자리의 수성은 실용적이고 분석적이어서 실제 상황에 효과적으로 적용한다. 처녀자리 수성은 논리적이며 질서정연한 방식으로 일을 처리하며 수성의 비판의식과 분석적인 사고를 통해 현실의 복잡한 문제들을 체계적으로 해결해 나간다. 공기 별자리답게 경쾌하고 발랄한 쌍둥이자리의 수성이 사교적인 외향형이라면, 흙 별자리 처녀자리 수성은 긴장과 불안도가 높고 내면의 성찰에 더 무게가 가있는 내향형에 가깝다.

한국의 영화감독에서 세계적인 거장이 된 박찬욱도 태양 별자리가 처녀자리다. 지금은 세계가 그의 신작을 기다리지만, 박찬욱의 초기 영화는 세 편 연속 흥행에 실패했다. 긴 시간 영화를 만들지 못하던 그는 여러 매체에 영화에 대한 에세이와 비평을 쓰며 그 시간을 보냈다. 수성의 별자리 처녀자리답게 글로 영화에 대한 애정과 갈증을 풀며 영화 비평집을 내기도 했는데, 그가 유명한 감독이 되자 다시 발간되었다. 박찬욱의 비평은 신랄하지만 따뜻하고 영화에 대한 애정이 가득하다. 글솜씨도 뛰어난 그가 계속 영화를 만들지 못했으면 영화 비평가로도 사랑받았을 것이다. 박찬욱의 영화는 미술과 음악 모두 서사와 치밀하고 정교하게 연결되며 영화 속 캐릭터의 심리와 정서를 종합적으로 보여준다. 그의 영화는 아름답고 체계적이며 논리적이다. 미학적으로 완벽한 이미지를 구현하는 박찬욱의 영화는 항상 도덕적 딜레마를 다루며 처녀자리의 자기윤리성을 보여준다.


## 신뢰할 수 있는 동반자

만약 이사를 도와 줄 친구를 구한다면 처녀자리에게 부탁해 보라. 흔쾌히 시간에 맞춰 당신을 도우러 올 것이다. 정리와 수납의 달인인 처녀자리들은 혼란스러운 이삿짐의 알맞은 자리를 찾아 정리정돈하며 청소까지 마치고 떠난다. 당신의 직장 사무실, 정돈이 가장 잘 된 깨끗한 책상의 주인공도 처녀자리일 것이다. 손을 가장 잘, 하루에 빈번히 씻는 이들 중엔 처녀자리가 분명 제일 많다. 편집자이자 출판사 대표인 한 처녀자리 지인은 한겨울에도 사무실 안에서 반팔을 입고 있다. 그 이유를 물어보니 손을 자주 씻는 탓에 옷소매가 젖는 경우가 많은데 그럴 때마다 옷을 갈아입어야 해서 찾은 해결책이라고 했다.

깔끔하고 깐깐한 처녀자리는 냉정한 비판과 잔소리로 유명한 별자리이기도 하다. 그러나 그들의 비판과 잔소리에 마음 상하거나 상처받지 않아도 된다. 처녀자리의 비판은 타인보다 자신에게 향할 때가 더 많으며 도우려는 마음, 이타적인 마음의 발로일 때가 훨씬 더 많다. 처녀자리는 항상 누군가에게 도움이 되고 싶어 한다. 처녀자리의 많은 행동은 이 동기로 이루어진다. 요청받기 전에 먼저 도움을 주고 다른 사람이 도움을 요청하면 즐겁게 도와준다. 처녀자리는 누군가를 현실적으로 도와줄 때 행복한 사람들이다. 그렇다고 누군가를 위해 희생한다는 말은 아니다. 또 스스로 우월하다고 느껴서도 아니다. 처녀자리는 그들과 자신이 같다고 생각한다. 처녀자리는 현실적인 도움을 주는 존재가 되어 공동체와 세상에 공헌하겠다는 마음으로 자신이 속한 조직을 위해 아낌없이 일하는 성실한 사람들이다. 그러니 친구와 동료로 처녀자리가 곁에 있다면 당신은 행운아다. 처녀자리는 누구보다 성실하게 일하며, 객관적으로 상황을 판단하고 옳고 그른 것을 분별해 내는 신뢰할 수 있는 별자리이다.

## 자기질서와 자기윤리의 완성자

12별자리 중 여섯 번째 위치한 처녀자리는 개인 별자리를 완성하는 마지막 별자리다. 양자리에서 시작해서 황소자리와 쌍둥이자리, 게자리와 사자자리까지 다섯 별자리를 모두 통합하는 처녀자리는 자기 내면의 질서를 만들고 자기윤리를 세우는 별자리다. 오롯한 한 존재를 위해, 개인의 완성을 위해서 혼자 서는 별자리 처녀자리들은 누군가에게 의존하지 않는다. 누구에게도 도움받지 않고 아무리 힘든 일도 혼자 해내려고 한다. 혼자서 해내려는 욕망은 처녀자리의 본질이자 정신이다. 냉철하고 치밀하게 계획을 세우고 계획에 따라 정확하고 조용하게 자신의 일을 한다. 처녀자리는 스스로를 돕는 사람으로 고된 노동의 시간을 거쳐서 자기만의 질서와 윤리를 만들고 완성한다.

불 별자리 사자자리와 공기 별자리 천칭자리 사이의 흙 별자리 처녀자리는 뜨거운 불의 열정과 창조성, 차가운 공기의 균형과 조화 사이에서 흙의 분석력으로 두 별자리를 연결하고 잇는다. 사자자리의 창조성으로 빛나는 자신감과 세상에 자신을 드러내려는 에너지를 이어받아 처녀자리의 분별과 판단으로 단정하게 가다듬고, 사회와 공동체에 도움이 되는 질서로 만들어, 조화와 중재의 별자리 천칭자리로 이어준다.

## 처녀자리 주간별 강점과 약점

**8월 19일~8월 25일**
**내면에 감춰둔 자기 정체성의 자연스러운 표출**
**'드러냄의 주간'**
**강점:** 자립적, 관찰력이 뛰어난, 화려한
**약점:** 자기애적, 비밀주의적, 마음을 털어놓지 못하는

사자자리와 처녀자리의 경계에 태어난 이들은 사자자리와 처녀자리의 특성을 함께 지닌다. 마치 외향형과 내향형이 한 몸에 있는 것

처럼 뜨거운 불 별자리 사자의 열정을 침착한 흙 별자리 처녀자리의 내면에 숨긴다. 가장 큰 특징은 자신을 천천히 드러낸다는 점이다. 사회적, 직업적으로 안정된 위치에 오르기 전까지는 자신의 속내를 숨기는 경향이 있다. 뛰어난 관찰력과 통찰력으로 정보를 수집해서 자신의 도구로 활용하고 사람의 성격을 꿰뚫어 보는 능력으로 조언하며 신뢰를 얻는다. 감정 표현에 서툴지만, 자신이 신뢰하는 사람들에게는 충실하고 믿음직한 친구다. 진정한 이해와 신뢰는 이들에게 무엇보다 중요하며, 자신의 긍정과 부정적인 것 모두가 드러낸 후에도 변함없이 사랑해주는 사람들과 평생 인연을 지속한다.

드러냄의 주간들은 형식적인 감사, 피상적인 칭찬, 속 보이는 아첨보다 진실 된 이해를 원하는 특별한 영혼들이다. 그러나 진실한 곁을 얻기 위해서는 스스로에게는 물론 타인에게도 투명하게 자신을 드러내야 하는 것을 잊지 말아야 한다.

**8월 26일~9월 2일**
**사회적 이상 실현을 위한 합리적·실리적 태도**
**'시스템의 주간'**
**장점:** 체계적, 신뢰할 수 있음, 서비스 지향적
**약점:** 경직성, 감정적 무지, 자기파괴적

시스템의 주간에게 질서는 삶의 근간이다. 세계는 하나의 정교

한 시스템이며, 안전하고 효율적인 일상 환경을 만드는 것이 가장 큰 목표다. 규칙과 구조를 사랑하며 복잡한 결정에는 어려움을 겪지만, 명확한 가이드라인 안에서는 놀랍도록 효율적이다. 그러나 이런 특성은 양날의 검과 같아서 지나친 통제욕과 경직된 사고방식은 이들을 정서적으로 취약하게 만들 수 있다. 감정적 압박에 매우 민감하며, 혼란스러운 상황에서 심리적·정신적 어려움을 겪는다. 시스템의 주간은 다른 사람의 필요를 정확히 읽어내는 돌봄의 능력을 가지고 있다. 그러나 주변에 의존적이고 궁핍한 이들을 끌어들이는 결과를 자주 초래하며, 친구와 연인 관계에 있어 재난에 가까운 선택을 하기 쉽다.

시스템의 주간은 타인의 요구에서 벗어나 자신의 창의성과 감정을 발견하고 스스로의 요구를 잘 알아차려야 한다. 경직된 사고와 태도를 벗어나 긴장을 풀고 편안하게 느슨해질 줄 알아야 한다. 이들은 관계에 있어 좀 더 이기적이어도 괜찮다. 건강한 관계를 위해 오히려, 자신의 이익을 발견하고 주장하는 법을 배워야 한다.


**9월 3일~9월 10일**
**자신의 알 수 없는 면을 재규정하려는 '수수께끼의 주간'**
**장점:** 세련된, 실용적인, 사려 깊은
**약점:** 방어적인, 지나치게 꼼꼼한, 무관심한


수수께끼의 주간은 복잡하고 신비로운 성격을 가진 사람들이다. 이들은 감정 표현에 서툴고 자신을 숨기는 데 능숙하다. 자신을 분석하는 듯한 태도나 시도에 강한 거부감을 보이는데 이는 음흉하거나 다른 의도가 있어서라기보다, 자기 일로 주변을 귀찮게 할 필요가 없다고 생각하기 때문이다. 이들의 방어적인 태도는 타인에 대한 존중과 윤리의식에서 나온다.

수수께끼의 주간은 독립적이고 강인한 내면을 가진 이들로, 외부의 도움 없이 스스로 문제를 해결한다. 사적인 이야기를 하는 것을 어려워하는데, 말솜씨가 없다기보다 내면의 어려움을 혼자서 이겨내려고 해서다. 그러나 친절하고 사려 깊고 유머 감각과 소통 능력도 갖추고 있는 매력적인 사람들이다.

수수께끼의 주간은 까다롭고 높은 기준, 세심한 성격으로 사회적 관계가 협소할 수 있지만 진심으로 신뢰하는 사람을 만난다면 자신의 깊은 내면을 조금씩 열어 보일 수 있다. 이들에게 진정한 성장은 일상적인 상호작용을 통해 타인을 이해하고 수용하는 법을 배우는 것이다. 그러기 위해서 먼저 자신의 연약함을 드러내는 것을 두려워하지 않아야 한다.


**9월 11일~9월 18일**
**고집 세고 불합리를 싫어하는 '원칙의 주간'**
**강점:** 침착한, 잘 돌봐주는, 유능한
**약점:** 선정적인, 함부로 판단하는, 무자비한

원칙의 주간은 놀라운 정신력과 끈기를 가졌다. 이들에게 목표란 반드시 달성해야 하는 것이며 실패란 존재하지 않는 개념이다. 원칙의 주간이라는 이름에 걸맞게 비합리적인 일에 당황하고 심지어 분노하지만, 감정을 잘 절제해 바로 표현하지는 않는다. 아주 친밀한 연인이나 배우자에게만 감정을 드러낼 뿐 감정의 사사로운 표현을 자기과시, 절제력 결여로 여긴다. 위선과 거짓을 싫어하는 사실주의자로 모든 종류의 차별, 편애, 불공정을 용납하지 않는 단호한 이들이다.

관계에 있어 까다롭고 높은 기준을 가지지만 친구나 배우자, 연인이 문제가 많아도 놀라운 끈기로 붙들고 있다. 이는 곤경에 빠져 고통받는 이들을 잘 돌봐주는 모성적 기질이 발휘되기 때문으로, 결과가 없다고 판단되면 과감하게 떠난다.

원칙의 주간은 세상 사람들이 자신처럼 강고한 의지력의 소유자가 아니라는 것을 알고 타인의 감정에 공감하도록 좀 더 노력해야 한다.

# 처녀자리의
# 인간관계 가이드

## 처녀자리의 가족 관계

가족 중 처녀자리가 있다면 그 가족은 탁월한 집사, 뛰어난 비서를 둔 것과 같다. 세심하고 꼼꼼해서 가족의 생일과 각종 기념일을 잘 기억하고 챙긴다. 떨어져 사는 가족에게 전화를 돌리고 일정을 조정하며 함께 할 날을 잡아서 식당을 예약하는 이들은 처녀자리들이다. 수성의 별자리답게 가족과 가족을 연결하며 이어주는 것을 자신의 소명으로 여긴다. 가족 중 처녀자리가 있다면 처녀자리의 노고와 애씀에 반드시 감사를 표현하라. 정작 처녀자리 자신은 칭찬에 인색해도 진심 어린 다정한 표현을 좋아한다. 처녀자리 자신의 수고를 잘 기억한다.

특히 처녀자리 아이를 양육하는 부모라면 칭찬에 인색하면 안 된다. 처녀자리 아이는 말썽 피우지 않고, 부모 손을 타지 않는 알아서 잘하는 아이들로 어리광을 피우거나 조르지 않고 수줍음이 많다. 그리고 작고 어린 완벽주의자 처녀자리 아이에게 실수해도 괜찮다고 자주 말해줘야 한다. 물론 단둘만 있을 때 말해야 하는데, 처녀자리 어린이는 자존심이 강하기 때문이다. 반면 처녀자리 부모라면 어떤 부모보다 성실하고 책임감 있는 부모일 테지만, 감정적인 표현을 충분히 하며 너그러움을 가지고 아이를 대해야 한다. 처녀자리의 잔소리와 비판은 아이를 위축되게 할 수 있다는 것을 잊지 말아야 하고, 지나친 엄격함으로 아이의 창의력과 상상력을 제한하지 않도록 해야 한다.

　　변화하는 흙 에너지 처녀자리에게 가족은 흙처럼 견고한 토대이며 자신을 구성하는 시스템이자 질서이다. 처녀자리는 가정생활도 성실한 직장인처럼 책임을 다해 가족의 포지션에 맞는 역할을 해낸다. 이타적이며 봉사하는 별자리답게 가족에게도 봉사 정신을 발휘하는데, 감정적·정서적인 소통보단 실무 책임자 같을 때가 있다. 서로의 경계를 침범하지 않는 것은 훌륭한 태도지만, 가족처럼 친밀한 관계에서는 감정적·정서적 표현을 자주 해도 괜찮다. 당장의 문제를 해결하는 것도 좋지만 긍정적이든 부정적이든 소소한 감정을 좀 더 표현한다면 처녀자리의 가족 관계는 한층 부드러워지고 서로를 더 깊이 이해하게 될 것이다.

# 처녀자리의 친구 관계

처녀자리는 우르르 무리 지어 몰려다니거나 여기저기 사교 모임을 찾아다니는 별자리는 아니다. 말쑥하고 새침한 이들은 굳이 친구를 사귀려고 노력하진 않지만, 사람을 싫어하는 것은 아니다. 사실은 진심으로 이해받고 싶은 마음을 깊이 숨기고 있다. 처녀자리에게 친구는 일생 서너 명이면 충분하다. 물론 진실된 서너 명이어야 한다.

처녀자리는 대부분 기억력이 좋은데 이들에게 앞뒤가 다른 말을 하는 것은 신뢰를 잃는 행위이다. 거짓 없이 진실한 마음과 태도를 보일 때 처녀자리는 마음을 연다. 단, 단계적으로 천천히 마음을 여는데, 처녀자리는 황소자리와 더불어 기다려줘야 하는 별자리이다. 처녀자리가 마음을 열었다면 당신은 진실한 친구이자 조력자를 얻은 것이다. 처녀자리는 친구라서 듣기 좋은 소리만 하지 않는다. 오히려 좋아하기 때문에 바른 소리를 아끼지 않는다. 객관적인 평가가 필요하다면 처녀자리 친구를 찾아가라. 이들은 정직하게 자신이 느끼고 생각한 바를 이야기 해줄 것이다. 이럴 때 처녀자리에게 감정이 상하면 안 된다. 처녀자리의 조언과 평가는 진실된 마음의 발로라는 것을 잊지 말아야 한다.

처녀자리는 친구 사이라도 그저 그런 농담이나 하며 시간을 보내는 것을 낭비라고 생각한다. 이들은 수성의 별자리답게 실무에 도움이 되는 정보, 디테일을 높이는 대화를 좋아하며 사회 이슈에 대해서도 심도 있는 대화가 가능하다. 처녀자리들은 흙 별자리답게 친구 관계에서도 생산적인 것을 좋아한다.

## 처녀자리의 연인과 부부 관계

신중한 처녀자리들은 쉽게 사랑에 빠지는 별자리는 아니다. '처녀'라는 별자리 명칭이 봉건적이고 전근대적인 분위기를 풍기지만 처녀자리는 개인 별자리의 마지막 별자리로 독립적인 개인주의자들이다. 사랑과 관계의 기준이 높고 자신이 만든 규율과 체계 속에서 편안함을 느끼는 처녀자리는 독신생활에 최적화된 이들로 나 혼자 잘 사는 별자리이다. 그러나 변화하는 흙 별자리답게 조직과 시스템 안에서 유연하게 적응해, 처녀자리가 결혼이라는 제도를 선택한다면 결혼 생활 그 자체를 꽤 성실하게 해낸다.

처녀자리들이 달달한 감정 표현을 어려워하고 어색해해서 얼핏 연애에 서툰 것처럼 보이지만 인기 없는 별자리는 아니다. 사실 처녀자리가 맘만 먹는다면 사랑에 있어서도 치밀한 분석력과 체계적인 계획으로 호감 가는 상대를 연인으로 만들 수 있다. 깔끔하고 스마트해서 의외로 인기가 많고 흙 별자리의 감각적인 관능을 애정관계에서만큼은 잘 발휘한다. 처녀자리는 정력적인 염소, 관능적인 황소와 더불어 스킨십을 좋아하는 섬세한 감각의 흙 별자리이다. 성에 대해서도 스스로의 긴장만 푼다면 충분히 낭만적이고 관능적인 파트너가 된다.

처녀자리는 자신의 예민함을 이해하고 헌신과 세심함의 진가를 알아봐 줄 수 있는 별자리와 궁합이 좋다. 느긋하고 안정적인 황소자리는 처녀자리의 까칠함을 귀여워하고, 풍부한 감성의 속 깊은 물고기자리는 감정을 드러내는 것에 어려움을 겪는 처녀자리에게 사랑의 감정을 일깨워주는 파트너가 된다.

처녀자리는 사랑에 빠지더라도 한쪽 눈은 뜨고 있는 이들이다. 사랑한다고 연인이나 배우자의 결함이나 단점을 보지 못하는 처녀자리는 없다. 그러나 사랑의 표현은 아껴두지만 파트너를 위해 쾌적한 분위기를 만들고 건강한 식단과 기념일을 챙기며 현실과 일상의 계획이 차질 없이 돌아가도록 최선을 다한다. 잔소리는 여전하지만, 연인이나 배우자와의 신뢰를 깨는 일은 좀처럼 없는 처녀자리는 사랑과 결혼에서도 성실하며 헌신적인 사람들이다.


## 처녀자리와 잘 지내는 방법

처녀자리의 뇌관을 건드리는 것은 공개적인 자리에서 실수를 지적하는 일이다. 감정을 잘 드러내지 않는 처녀자리도 분명 화를 낼 것이다. 완벽주의자 처녀자리에게 실수나 오류를 지적할 때는 조용한 둘만의 공간에서 해야 한다. 처녀자리는 시시비비를 정확하게 가리며 좋고 싫음이 분명하고 게으름을 싫어하지만 어쨌든 친절한 사람들로 이들과 잘 지내는 것은 생각보다 어렵지 않다. 유치원에서 배운 기본적인 예의와 매너만 지킨다면 처녀자리와 평화롭게 지낼 수 있다.

수성을 수호행성으로 두는 처녀자리는 텍스트에 민감해서 문자메시지를 보낼 때는 오타 확인을 반드시 해야 한다. 대화할 때도 감정을 과장하거나 두루뭉술하게 말하기보다 명확하게 의사소통하는 것을 선호한다. 깔끔한 처녀자리는 위생에 신경 쓰는 별자리로, 만날 때 굳이 멋지게 차려입을 필요는 없지만 단정하고 말끔한 매무새가 좋은 인상을 남긴다. 밥상머리 예절 또한 중요하다. 입속에 음식을 가득 넣고 수다스럽게 말한다면 그 다음부터 처녀자리와 연락이 끊어질 것이다. 그러나 무엇보다 약속을 잘 지켜야 한다. 처녀자리에게 약속은 단순한 약속이 아니라 서로를 존중하는 태도이다. 원칙적이고 독립적이지만 타인의 어려움을 외면하지 않는 처녀자리에게 도움을 요청하면 조용하고 현실적인 도움을 줄 것이다.

반면 자신의 어려움이나 감정에 대해서 잘 표현하지 않는 처녀자리는 신세 지기를 싫어하고 누구의 도움도 받으려고 하지 않는다. 당신이 처녀자리를 도울 드문 기회가 생긴다면 처녀자리처럼 조용하게 돕도록 하라.

# 처녀자리의 관계 별점

Virgo

- **황소자리★★★★★**: 안정적이며 장기적인 관계를 유지하며 연인이나 파트너로 좋은 궁합이다.

- **물고기자리★★★★**: 서로 마주 보는 두 별자리인 처녀와 물고기는 봉사와 나눔에 대한 서로 다른 관점을 공유하며 좋은 관계를 갖는다.

- **양자리★★★**: 양자리의 열정과 추진력이 처녀자리의 꼼꼼함과 분석적인 성향과 좋은 시너지를 보일 수 있다. 두 별자리 모두 성숙해진다면 영혼의 짝이 될 수 있다.

- **쌍둥이자리★★★**: 쌍둥이의 경쾌하고 발랄한 재치의 수성과 처녀의 분석적이고 치밀한 수성의 성향은 쌍둥이와 처녀가 함께 할 때 그 완성도를 더욱 높일 수 있다.

- **염소자리★★★**: 성장을 위한 목표를 함께 하기 좋다. 특히 비즈니스 파트너로서의 합이 훌륭하다.

---

# 처녀자리의
# 라이프 밸런스 가이드

## 처녀자리의 건강과 운동

　　일을 삶의 중심에 놓는 처녀자리는 열심히 일하느라 자신을 돌보지 못할 때가 많은 동시에, 건강 염려증도 함께 가지고 있다. 각종 영양제를 제시간에 맞춰 먹느라 오히려 스트레스를 받는데 처녀자리에게 영양제보다 더 중요한 것은 일을 잠시 손에서 놓고 긴장을 푸는 것이다. 평소 긴장과 불안도가 높은 처녀자리는 스트레스 관리가 건강관리이다.

　　처녀자리는 신체의 소화기관, 특히 장을 상징한다. 위장과 소장, 대장은 우리 몸에 들어 온 음식을 소화하며 흡수, 배출하는 기관이다. 각종 영양소들을 분별하고 판단하여 각기 제 역할을 해내도록 하고 찌꺼기를 몸 밖으로 배출한다. 그래서 처녀자리는 긴장하고 스트레스를 받으면 소화기관에 탈이 나기 쉬운데, 규칙적인 식습관과 건강한 재료로 만든 정갈한 음식이 건강을 지키는 기본이다. 처녀자리의 예민한 기질과 완벽주의는 몸에도 영향을 미치니 평소 명상과 호흡법, 요가 등을 통해 마음의 안정과 정서적인 균형을 유지하는 것이 좋다. 자연 속을 거니는 걷기와 등산 등 유산소 운동도 흙 별자리 처녀자리에겐 어울리는 운동이다.

## 처녀자리의 일과 재능

타고난 워커홀릭 처녀자리는 무슨 직업을 가지든 성실하고 동료들의 신뢰를 얻는 직업인이 된다. 가장 큰 장점은 세심함과 분석력, 그리고 봉사 정신이다. 이러한 성향을 직업에서 잘 발휘하면 발군의 실력을 보일 수 있다. 특히 건강과 위생에 관련한 일과 작은 오류를 놓치지 않는 꼼꼼함으로 정보수집과 데이터를 다루는 분야에서 타고난 재능을 발휘한다.

### 의사, 간호사, 영양사

환자를 세심하게 돌보는 봉사 정신과 책임감이 필요한 간호사는 처녀자리에게 맞춤한 직업이다. 의사 역시 꼼꼼한 진단 능력과 환자에 대한 케어가 요구되는 잘 맞는 직업인데, 특히 내과나 가정의학과처럼 종합적인 진단이 필요한 과가 적합하다. 또 건강에 대한 관심을 바탕으로 영양과 식단을 연구하고 관리하는 영양사와 식이요법사도 어울리는 직업이 된다.

### 출판 편집자, 사서

수성을 수호행성으로 두는 처녀자리는 글을 다루는 직업과 잘 어울린다. 타인의 글을 비판적으로 섬세하게 분석하며 핸들링하고 꼼꼼하게 교정하는 출판 편집자는 잘 맞는 직업이다. 사서 역시 체계적인 자료 정리와 보관, 그리고 이용자들을 돕는 서비스 정신이 조화를 이루는 직업으로 처녀자리에게 잘 맞는다.

### 각종 데이터 분석가, 연구원

처녀자리의 세밀한 분석력과 논리적 사고방식은 복잡한 데이터를 다루는데 큰 강점이 된다. 학문적 호기심과 체계적인 연구 능력을 살려 의학, 생명과학, 환경 등 다양한 분야의 연구직이 잘 맞다. 특히 의료 데이터 분석이나 연구 데이터 분석 분야가 적합하다.

### 처녀자리의 재테크

낭비와는 거리가 먼 처녀자리는 절약하는 습관이 몸에 배어 있어 수익과 지출을 잘 관리하는 별자리이다. 가계부를 성실하게 작성하고, 돈과 자산에 관련해서도 섬세한 분석력을 발휘한다. 완벽주의자답게 재테크에서도 꼼꼼하게 데이터를 모으고 분석하여 투자 포트폴리오를 만드는데, 과감한 투자와 배팅보다는 위험부담이 적고 예측 가능한 금융상품이 좋다. 주식보다는 채권이나 예금, 펀드 등 안정적인 투자가 좋으며 적더라도 일정한 수익이 있는 것을 선호한다. 자기 일을 사랑하는 처녀자리는 무슨 일을 하던 그 분야의 전문가가 되는데, 직업적 역량을 살리고 확장해서 부수입의 경로를 만들 수도 있다. 수성을 수호행성으로 두는 만큼 어떤 직업이든 자기 직업과 관련하여 강의를 하거나 책을 쓸 수도 있다. 처녀자리가 엄청난 부를 갑자기 얻는 경우는 없지만 그렇다고 경제적으로 궁핍하게 지내지도 않는다. 이는 사치를 싫어하고 열심히 일하는 성실함 덕분이다.

# 처녀자리를 일깨우는
# 해방 가이드

## 처녀자리의 아킬레스건
## 지나친 완벽 추구

처녀자리의 섬세한 관찰력과 통찰력은 축복이지만 동시에 저주이기도 하다. 세세한 것을 놓치지 않으려는 처녀자리의 예민함은 자주 완벽을 추구하는 강박으로 이어지고 삶의 자연스러운 흐름을 방해한다. 세상을 너무 자세히 들여다봐 전체의 아름다움을 놓치며 순간의 기쁨에 온전히 머물지 못한다.

삶의 매 순간을 분석하고 정리하려는 처녀자리는 불완전함을 견디지 못하고 스스로를 자기검열의 감옥에 가둔다. 이는 완벽함을 추구하려다가 자연스러움과 개성을 잃는 결과를 낳는다. 처녀자리의 질서와 체계를 지키려는 마음이 융통성 없는 경직성으로, 섬세한 분석력은 끝없는 걱정으로 이어져 비판과 잔소리를 부른다. 나무에 집중하느라 숲을 보지 못하는 것처럼, 디테일에 대한 집착으로 더 큰 그림을 놓친다. 눈에 현미경을 장착하고 한 치의 오차도 허용하지 않고 작은 오류에 민감하다. 늘 긴장한 채 일상과 관계에서 그리고 자신의 감정조차 끊임없이 분석하고 정제하며 정돈한다. 스스로를 너무 몰아붙이고, 작은 실수에도 지나치게 자책하는 경향이 있다. 또 강한 책임감으로 인해 심적으로 피곤하고 정신적 에너지가 자주 방전된다. 타인의 기대에 부응하려 노력하면서 정작 자신의 감정은 뒤로 미뤄두는 경우가 많아 겉으로는 완벽해 보일지 몰라도, 내면에 깊은 피로와 외로움을 쌓는다.

타인을 돕고 봉사하는 것은 처녀자리의 본질이지만, 때로 지나쳐 타인의 요구를 채워주느라 정작 자신의 감정과 욕망을 간과할 때가 많다. 자신의 컵이 빈 줄 모르고 계속해서 타인의 잔을 채워주느라 여념이 없다. 처녀자리는 타인에게 초점을 맞추기보다 자신의 내면, 감정의 요구를 먼저 알아야 한다. 감정을 솔직하게 드러내면 자신의 취약함이 노출될까 두려워하는데, 이런 내면의 갈등은 오히려 친밀한 관계 형성을 방해한다.

처녀자리에게 가장 필요한 것은 자신의 감정을 있는 그대로 받아들이고, 불완전함을 인정하는 용기다. 모든 것이 완벽할 필요는 없다는 것, 때로는 실수해도 괜찮다는 것을 스스로에게 허용할 때 긴장과 불안을 벗어나 평화를 얻을 수 있다. 불완전함을 허용하는 것이야말로 처녀자리가 성장에 이르는 열쇠가 된다는 것을 명심하라.

## 처녀자리답게 살기 위해
## 통과해야 할 미션

### 완벽함이 아닌 온전함에 집중하기

처녀자리들은 실수 없는 완벽한 삶을 꿈꾸지만, 그것은 날개 없이 하늘을 날려는 것과 같다. 아름다움은 존재의 불완전함 속에서 피어난다. 처녀자리의 섬세한 눈길로 발견하는 작은 결함들은 나와 타인을 인간답고 매력적으로 만드는 독특한 개성이 된다는 것을 기억하라. 완벽함을 좇느라 지친 자신에게 이제는 '충분히 좋다'고 속삭이라. 완벽하지 않아도 충분히 가치 있고 의미 있는 순간들이 삶에는 가득하다.

### 비판을 줄이고 나와 타인에게 너그러워지기

끊임없는 비판은 처녀자리의 오래된 습관이다. 하지만 자신을 너무 몰아붙이면 정작 중요한 성장의 기회를 놓칠 수 있다. 처녀자리 내면의 가혹한 비판의 목소리는 칼날처럼 자신도 타인도 베어왔다. 처녀자리들은 스스로에게 좀 더 친절하고, 타인의 불완전함도 너그럽게 바라볼 수 있어야 한다. 모든 사람은 각자의 방식으로 성장하고 있는 중이란 걸 기억해야 한다.

### 소탐대실과 잔소리 줄이기

작은 것에 매달려 큰 것을 놓치는 것은 발아래 반짝이는 조약

돌에 눈이 팔려 아름다운 일몰을 놓치는 것과 같다. 흐트러진 책상 위에서도 위대한 작품이 탄생하고, 정돈되지 않은 산만한 대화에서도 때론 영감을 얻을 수 있다. 작은 실수, 사소한 결함에 가시 돋친 말들이 입 밖으로 나오려 할 때, 잠시 숨을 고르고 처녀자리는 스스로에게 물어야 한다. '이 순간, 정말 중요한 것은 무엇일까?'라고 말이다. 작은 것을 놓아주는 연습을 하다 보면, 오히려 더 풍요로운 관계와 더 넓은 시야를 가질 수 있다.

## 처녀자리의 영혼을 깨우는 법

처녀자리의 신화는 혼돈과 무질서를 경험하고 재탄생하는 지하 세계의 여왕, 페르세포네의 이야기이다. 페르세포네는 대지의 여신 데메테르의 사랑스러운 딸로 애초부터 지하 세계의 여왕은 아니었다. 지하 세계의 왕 하데스는 꽃밭에서 놀던 페르세포네를 납치해 아내로 삼는다. 졸지에 딸을 잃은 데메테르는 딸을 찾아 헤매다 찾을 수 없자 상심과 슬픔에 빠져 땅은 황폐해지고 들판의 곡식은 자라지 않았다. 내내 봄날이던 대지에 황량한 겨울이 계속되자 제우스는 하데스를 설득해 페르세포네를 어머니인 데메테르에게 돌려보내도록 중재한다. 지하 세계를 떠날 때 하데스는 페르세포네에게 석류를 몇 알 주었는데 지하의 음식을 먹은 페르세포네는 일 년 중 삼분의 일은 지하 세계에서 살아야

만 했다. 지하의 음식을 맛본 경험은 한번 마주한 내면의 어둠을 상징한다. 어둠을 마주한 그 경험은 결코 지워지지 않으며, 그것을 포용할 때 비로소 온전한 존재가 된다는 것을 알려준다.

페르세포네 신화는 처녀자리에게 지하 세계로 상징되는 자신의 어둠과 혼돈을 대면해야 하는 것을 알려준다. 말끔한 분별력, 깔끔한 질서를 사랑하는 처녀자리에게 혼돈과 어둠의 무의식을 경험하고 살아내는 것은 영혼의 레벨 업을 위해 거쳐야 하는 필수 과정이다. 더 이상 안전하게 보호받는 순진한 딸이 아닌, 한 존재로의 독립과 성장은 내내 봄날이기만 한 데메테르의 땅을 떠날 때 시작된다. 엄마와 아이가 둘 모두의 성장과 관계의 성숙을 위해 분리의 과정을 거치듯이 말이다. 이 과정은 아픔과 상실을 동반하며 하데스처럼 깊고 광폭한 자신의 어둠 속에 풍덩 빠질 것을 역설한다. 처녀자리는 삶의 특정 시기마다 카오스를 경험하며 혼돈의 경험 없는 질서란 힘이 없다는 것을 배운다. 완벽하게 정돈된 세계만이 아닌, 어둠과 빛이 공존하는 삶의 진실을 받아들이는 것. 그리고 그 속에서 자신만의 균형과 지혜를 발견하는 것이야말로 처녀자리가 궁극적으로 도달해야 할 존재의 완성이다.

# 처녀자리에게 추천하는 콘텐츠

## 윤리와 도덕의 가치와 더불어 건강한 삶을 성찰하는 책

- 《제인 에어》 샬롯 브론테 지음_ 주인공 제인 에어를 통해 한 존재의 의지와 독립적 삶을 보여주는 책.
- 《그리고 아무도 없었다》 애거서 크리스티 지음_ 인간의 어두운 본성과 도덕에 대한 통찰을 담은 고전 추리소설.
- 《이반 일리치 강의》 이희경 지음_ 사상가 이반 일리치를 통해 전염병과 기후위기의 시대, 건강한 삶을 성찰하는 책.
- 《랩 걸》 호프 자런 지음_ 식물학자인 호프 자런의 과학자로서의 깊은 통찰을 섬세한 문체로 풀어낸 에세이.
- 《저속 노화 식사법》 정희원 지음_ 밥상에서 실천하는 건강한 삶을 위한 유용한 안내서.
- 《심플하게 산다》 도미니크 로로 지음_ 몸과 마음의 건강을 위한 삶의 태도와 방식에 대해 알려주는 에세이.
- 《점》 피터 H. 레이놀즈 지음_ 완벽주의 성향을 가진 한 아이가 예술의 자유로움에 눈 뜨는 그림책.

## 태양 처녀자리 시즌에 처녀자리 에너지를
## 플레이하기 좋은 리추얼

처녀자리 시즌은 처서와 백로로 여름과 가을 사이의 계절이다. 성장에서 결실로 넘어가는 시기로 처녀자리의 분별력으로 한 해를 갈무리하는 추수를 준비하는 때이다. 일이 많고 분주한 시기로 처녀자리들은 스트레스를 관리하며 다음의 리추얼을 루틴으로 가져 보자.

- 쓸모없는 것은 버리고 집을 깨끗하게 청소해 보자.
- 한 달의 식사 일지를 꼼꼼하게 기록해 보자.
- 작은 동물 친구와 교감해 보자.
- 효율적으로 일할 수 있는 툴을 활용해 생산력을 높여라.
- 작은 실수를 너그럽게 수용하며 친절하라.
- 독립적 자립심을 키우는 루틴이나 리추얼을 개발하라.
- 삶의 충만한 순간을 발견하고 감사하라.

#완벽스타그램 #꼼꼼라이프 #정리의달인 #체크리스트필수
#갓생살이 #퍼펙트라이프

# 천칭자리
## 정의로운 중재자
### 9월 23일~10월 23일

모든 사람을 기쁘게 하려고 노력하지 말아라.
모두를 만족시키려다 보면 결국 너 자신만 잃게 된다.
_레프 톨스토이

태양 별자리가 천칭자리인 사람이 아름다운 개인주의자가 되기 위한 가이드로 삼으면 좋다. 달 별자리나 동쪽 별자리가 천칭자리에 있거나, 세 개 이상의 행성이 천칭자리에 있는 이들에게도 균형과 파트너십에 관한 통찰을 선사할 것이다. 또한 금성의 영향이 두드러진 출생 차트를 가진 이들이나, 관계와 협력의 현장인 7번째 하우스에 세 개 이상의 행성이 들어 있는 이들에게도 빛나는 조언이 될 것이다.

# 천칭자리
## Libra
**9월 23일~10월 23일**

원소: 공기(+)
상태: 활동하는 상태
수호행성: 금성
수호하우스: 7번째 하우스

미술관 전시회를 찾아다니며 예술 작품의 균형과 조화를 섬세하게 감상하고, 옆에 있는 사람의 감정을 세심하게 배려하는 외교관. 친구가 힘들 때는 차분하게 이야기를 들어주고 적절한 조언으로 균형을 잡아주며, 사회적 약자를 위한 공정한 목소리를 내는 정의로운 영혼. 끝없는 모색에서 과감한 전진으로, 안락한 중립에서 담대한 도전으로 나아갈 때 진정한 중도자로 진화를 이룬다.

# 천칭자리의
# 숨겨진 에너지 코드

## 행복의 균형점

"세상에서 가장 신기한 것은 사람들이 겪는 고통이란다. 비참함만큼 놀라운 것은 없어."

심부름꾼이 되어준 제비에게 왕자가 건넨 말이다. 오스카 와일드의 동화 《행복한 왕자》는 자기희생과 이타주의를 그려낸 작품으로, 천칭자리의 본질을 상징적으로 보여준다. 도시의 비참한 모습에 눈물을 흘리는 왕자와, 그의 부탁을 들어주기 위해 따뜻한 남쪽으로의 여정을 포기한 제비의 이야기는 천칭자리가 추구하는 조화와 균형에 대한 갈망, 그리고 타인을 위한 희생정신에 대해 다시금 생각하게 한다. 이 작품은 태양 별자리가 천칭자리인 오스카 와일드의 세계관이 고스란히 반영된 작품이기도 하다. 천칭자리 사람들은 관계에서 조화를 이루기 위해 자신의 욕구를 뒤로하고 타인의 필요를 우선시하는 경향이 있다. 제비가 자신의 생존을 위협하면서까지 왕자의 요청을 들어주고 끝내 동사하는 모습은, 천칭자리가 직면할 수 있는 가장 큰 딜레마를 여실히 보여준다. 타인을 위한 배려가 지나쳐 자기존재의 경계를 잃고 자기희생의 늪에 빠질 수 있는 위험이다.

몸에서 금과 보석을 하나씩 떼어주며 볼품없어진 왕자의 동상이 결국 철거되고, 제비의 사체가 쓰레기통에 버려지는 결말은 역설적이다. 세상은 그들의 희생을 알아보지 못하지만, 천사가 가져온 납으로 변한 심장과 죽은 제비는 진정한 가치가 외적 화려함이 아닌 내면의 선함에 있음을 시사한다. 천칭자리 사람들에게 이 이야기는 경고이자 위로가 된다. 타인을 위한 배려가 자기부정으로 이어질 때의 위험성을 보여주면서도, 진정한 조화는 자신과 타인 사이의 균형에서 비롯됨을 일깨운다. 제비처럼 자기희생의 극단에 이르지 않으면서도, 왕자처럼 타인의 아픔에 공감하고 자신이 가진 것을 나눌 수 있는 균형점을 찾는 것이 천칭자리의 진정한 과제이다. 그 균형점을 찾을 때 천칭자리는 마침내 진정한 행복을 발견하게 된다.


## 나에서 우리로의 성장

별자리는 인생의 발달 단계에 따라 두 그룹으로 나눌 수 있다.

첫 번째 그룹인 '개인의 별자리'는 양자리부터 처녀자리까지 여섯 별자리로, 0세부터 42세까지의 시기를 나타낸다. 이 시기는 자신의 정체성을 형성하고 발전시키는 단계다. 양자리는 자신의 존재를 강력하게 세상에 알리고, 황소자리는 소유를 통해 자신의 가치를 확립한다. 쌍둥이자리는 호기심을 통해 다양한 관점을 탐색하며, 게자리는 내면의 안정을 찾으며 삶의 토대를 마련한다. 사자자리는 자신감 있게 창의성을 표현하고, 처녀자리는 자신의 원칙과 질서를 세워 사회에 기여한다. 이처럼 이 단계에서는 '나'를 중심으로 개인의 성장과 발전이 이루어진다.

두 번째 그룹인 '사회적 별자리'는 천칭자리부터 물고기자리까지 여섯 별자리로, 42세부터 84세까지의 시기를 나타낸다. 이 단계에서는 개인에서 사회로 관심이 확장된다. 그 첫 번째 사회적 별자리가 바로 인생 나이 42세부터 49세에 해당하는 천칭자리이다. 천칭자리는 균형과 정의를 통해 상호 관계를 발전시키고, 전갈자리는 깊은 심리적 통찰로 변환의 힘을 다루며, 사수자리는 철학적 지혜를 통해 더 넓은 세계를 탐험한다. 염소자리는 책임감과 인내를 통해 사회적 구조를 확립하고, 물병자리는 혁신적인 아이디어로 미래 지향적 변화를 촉진하며, 물고기자리는 경계를 초월한 연민과 우주적 연결성을 체험한다.

이처럼 인생의 전반부가 '나'에 초점이 맞춰져 있다면, 후반부는 '우리'에 중점을 둔다. 개인적 성장에서 사회적 성숙으로 발전하며, 타인과의 관계가 더욱 중요해지고 시야가 넓어진다. 이 여정을 통해 우리는 서로 연결된 존재임을 깨닫고 더 넓은 세계의 일부로서 자신의 역할을 발견하게 된다. 그 시작인 천칭자리는 관계와 파트너십, 계약을 담당하는 7번째 하우스의 인생 영역을 담당하는 별자리로 양자리에서 처녀자리까지 여섯 별자리를 거치며 배운 개인의 역량을 타인과의 조화로운 관계로 승화시키고, 공정과 균형의 원칙으로 이상적인 협력을 이끌어 낸다.


## 저울을 든 정의의 수호자

천칭자리 기호 ♎는 저울을 나타내며, 12별자리 중 유일하게 무생물을 상징으로 삼고 있다. 나머지 열 하나의 별자리는 모두 사람이나 동물과 같은 생명체를 상징한다는 점에서 대조적이다. 생명체에는 심장이 있어 따스한 온기가 느껴지지만, 천칭자리의 저울은 무생물이기에 그러한 온기가 부재한다. 이러한 독특한 특성으로 인해 천칭자리는 감정을 다루는 방식에서 다른 별자리들과 구별된다. 이는 때로는 약점으로 작용할 수도 있으나, 반면에 객관적이고 공정한 판단을 내릴 수 있는 강점이 되기도 한다. 특히 이러한 특징은 법률과 정의를 집행하는 영역에서 매우 중요한 자질로 인정받는다.

우리나라 대법원을 포함한 세계 여러 나라의 법원 앞에는 정의의 여신상이 있다. 나라마다 조금씩 다른 모습이지만, 대부분 여신은 한 손에 천칭 저울을 들고 있다. 천칭 저울은 중심을 기준으로 양쪽에 동일한 저울판이 있어 한쪽에는 물건을, 다른 쪽에는 추를 놓아 무게를 측정한다. 이때 가장 중요한 것은 좌우의 균형이다. 정확한 양을 맞추지 못하면 균형이 깨져 저울이 한쪽으로 기울게 된다. 법을 집행할 때도 마찬가지다. 법 집행자는 감정이나 개인적인 이야기에 영향을 받아서는 안 된다. 최대한 감정을 배제하고 법률에 따라 판결해야 공정성을 유지할 수 있다. 천칭자리의 이상은 바로 이 공정성이다. 이들은 복잡한 상황에서도 인정에 좌우되거나 주변의 압력에 휘둘리지 않고 객관적으로 판단할 수 있다. 그래서 천칭자리는 '판사와 중재자의 별자리'라고 불린다.

## 조화와 균형의 마에스트로

천칭자리는 저울처럼 여러 가능성을 비교하고 판단하는 능력이 뛰어나다. 이들에게 가장 중요한 가치는 조화와 균형이다. 나와 파트너, 일과 휴식, 이성과 감정 같은 서로 다른 요소들 사이의 균형을 맞추려고 노력한다. 결혼이나 동업 관계 같은 파트너십도 이질적인 것을 통합해 조화를 만들어내는 한 형태라고 할 수 있다.

천칭자리는 삶의 모든 영역에서 조화를 이루기 위해 애를 쓴다. 그들에게 완벽한 균형은 아름다움이자 정의를 의미하기 때문이다. 하지만 저울을 상징으로 한다고 해서 항상 완벽한 균형 상태를 유지하는 것은 아니다. 실제로는 균형을 맞추기 위해 끊임없이 노력하는 과정에 있다고 할 수 있다. 저울이 균형을 찾기 위해 이쪽저쪽으로 수없이 기울듯이, 천칭자리도 한쪽으로 치우친 상태에서 균형점을 찾아간다. 모든 사람은 자신이 선호하는 쪽으로 기울어지기 마련이고, 천칭자리도 예외는 아니다.

천칭자리는 자신이 기울어진 것을 잘 알고 있다. 불균형을 인식하고 있기 때문에 균형을 맞추기 위해 때로는 상반된 행동을 보이기도 한다. 기분이 좋았다가 갑자기 나빠지기도 하고, 며칠 동안 밤을 새우면서 일에 몰두했다가 그다음에는 내리 며칠을 자기도 한다. 이상적인 균형에 도달하기까지 계속 무게를 재고 조정하는 과정은 쉽지만은 않다. 균형을 잡는 과정은 고단하고 지난하다. 천칭자리는 결정을 내리기 전에 오랫동안 고민한다. 그러나 일단 결정을 내리면 쉽게 번복하지 않는다. 결정 과정이 어려웠기 때문에, 다시 처음부터 고민하는 것을 피하려고 하기 때문이다. 그래서 자신의 결정에 대해 다른 사람이 동의하지 않거나 비판하면 힘들어하기도 한다. 이렇게 끊임없이 균형을 추구하다 보면, 천칭자리는 때로 완벽한 균형을 경험하는 순간을 맞는다. 그때 비로소 천칭자리는 자신이 추구하는 진정한 아름다움과 정의를 실현하게 된다.

# 외교의 달인

같은 공기 원소를 가진 쌍둥이자리가 변덕스러운 바람처럼 변화무쌍하다면, 천칭자리는 쾌적하게 조절된 실내 공기와 같다. 이들은 안정되고 정제된 성격으로 주변 환경을 잘 조율하는 재능이 있다. 모든 공기 별자리가 그렇듯 천칭자리도 지적 능력이 뛰어나다. 하지만 이들의 진짜 강점은 논리와 공감 능력의 완벽한 조화에 있다. 천칭자리는 단순한 논리적 사고만이 아니라 상대방의 감정을 잘 읽어내는 타고난 직관력으로 이성과 감성 사이에서 균형을 유지한다. 복잡한 상황을 정확하게 분석하면서도 누구도 상처받지 않게 해결책을 제시한다.

세련된 달변가인 천칭자리의 소통 능력은 정말 특별하다. 이들은 여러 언어를 자유자재로 구사할 뿐만 아니라, 서로 다른 문화와 관점 사이에서 다리 역할을 한다. 심오한 지적 대화를 즐기면서도 우아한 매너를 잃지 않고, 새로운 지식을 흡수해 균형 잡힌 판단을 내린다. 균형 잡힌 시각으로 갈등을 중재하고 상대방을 설득하는 능력이 반드시 필요한 분야가 외교인데, 국제 협상 테이블에서 천칭자리는 그 진가를 발휘한다. 치열한 이해관계가 충돌하는 상황에서도 냉철한 판단력과 따뜻한 카리스마를 보여준다. '공평한 심판관'이라는 별명처럼, 이들의 중재는 단순한 중립이 아니다. 각 당사자의 입장을 깊이 이해하고 상황을 개선시키는 능력이다. 정중한 태도와 차분한 목소리로 극과 극의 의견도 하나로 엮어낸다. 세계무대에서 활약하는 외교관 중 천칭자리가 유독 많은 것은 우연이 아니다. 그들의 타고난 균형 감각과 소통 능력이 복잡한 국제 관계에서 빛을 발하기 때문이다. 다른 사람의 신발을 신고 걸어 볼 줄 아는 천칭자리를 '외교의 별자리'라고 부르는 이유가 바로 여기에 있다.


## 아름다움의 연금술사

동이 트기 전 빛나는 샛별은 동양에서는 금성, 서양에서는 미의 여신 비너스를 상징한다. 금성을 수호행성으로 하는 천칭자리는 12 별자리 중에서 가장 우아하고 아름다운 기질을 지녔다. 금성이 태양계에서 가장 완벽한 원형 궤도를 그리듯, 천칭자리는 삶의 모든 영역에서 균형과 조화를 중요시한다. 이러한 조화로운 균형은 곧 아름다움으로 이어진다. 천칭자리의 외모는 보통 보조개가 있는 얼굴, 맑은 목소리, 하얀 피부, 균형 잡힌 몸매를 가진 경우가 많다. 천칭자리 여성들은 시폰이나 레이스가 있는 옷을 좋아하고, 천칭자리 남성들은 지적이고 우아한 파트너를 좋아한다. 이런 선호 역시 천칭자리의 미적 취향을 보여준다. 하지만 천칭자리의 아름다움은 단지 외면에만 국한되지 않는다. 이는 다른 사람을 배려하는 공정한 태도와 부드러운 카리스마로 나타나는 내면의 아름다움도 포함한다. 이러한 내면의 아름다움은 사람들과의 관계를 더욱 깊고 조화롭게 만들어, 자연스럽게 매력적인 존재로 자리

잡게 한다.

금성의 예술적 감각은 천칭자리의 일상생활에 깊이 반영된다. 패션과 인테리어에서 뛰어난 미적 감각을 보여주며, 이들의 삶 자체가 하나의 예술 작품 같다. 특히 사랑을 예술처럼 표현하는 능력이 뛰어나 '사랑의 연금술사'라고도 불린다. 연애와 결혼에서 타고난 로맨티시스트의 모습을 유감없이 보여준다.

천칭자리에게 아름다움은 단순한 외적 요소가 아니라, 삶을 가꾸고 완성하는 본질적인 목표다. 현실의 어려움과 사람들에 대한 실망 속에서도, 이들은 계속해서 조화와 균형을 찾는다. 대인관계에서도 천칭자리는 타고난 친화력으로 평화로운 관계를 만들며, 팀워크와 협력을 통해 함께 아름다움을 만들어가려고 노력한다. 이처럼 천칭자리는 자신과 타인이 함께 누리는 행복을 가장 아름다운 것으로 여기는 '삶의 예술가'라고 할 수 있다. 그들의 존재 자체가 삶이라는 광활한 캔버스에 균형과 세련된 아름다움을 더하는 요소로 작용한다.


## 사랑에 빠진 게 죄는 아니잖아!

천칭자리의 영어 이름 리브라<sup>Libra</sup>는 사랑을 뜻하는 러브<sup>love</sup>에서 유래했다. 사랑과 미의 여신 금성(비너스)을 수호행성으로 둔 천칭자리는 본질적으로 열정적인 로맨티시스트다. 그만큼 사랑과 연애를 중요시한다. 사자자리와 마찬가지로 독신으로 사는 경우가 드물며, 심지어 운동도 탁구나 테니스처럼 파트너가 필요한 것을 선호한다. 그러나 이들의 미와 사랑 추구는 때로 지나쳐 불쾌하거나 부정적인 것을 기피하고, 우울하고 어두운 면을 외면하기도 한다. 힘든 일을 싫어해 게으름을 피울 때도 있다. 때로는 복잡한 연애 문제에 휘말리기도 한다.

　　드라마 〈부부의 세계〉의 이태오 캐릭터는 천칭자리의 특성을 다방면에서 잘 드러낸다. 균형 잡힌 신체 비율 덕분에 어떤 스타일도 자연스럽게 소화하며, 부드러운 목소리와 세련된 매너로 우아한 분위기를 자아낸다. 여기에 엔터테인먼트 사장이라는 직업이 더해져, 예술적 감성과 낭만을 겸비한 천칭자리다운 면모를 더욱 극대화한다. 그런데 이태오의 세계관은 좀 복잡하다. 여러 관계에서 각각 다른 모습을 보이며 자신만의 균형을 추구한다. 가정에서는 좋은 남편과 아버지로, 연인과는 열정적인 파트너로, 친구들과는 의리 있는 동료로 살아간다. 그는 두 여성을 동시에 사랑한다고 주장하지만, 이런 이중적 균형은 결국 모든 관계를 파괴한다.

　　이태오가 새 가정을 이룬 후에도 전 부인에게 마음이 흔들리는 모습은 감정 조절의 한계를 보여준다. 이는 천칭자리가 주의해야 할 전형적인 문제다. 자신이 맞추려는 균형이 다른 사람에게는 고통이 될 수 있다는 점을 기억해야 한다. 개인의 감정에 충실한 것이 항상 올바른 선택은 아니다. 천칭자리의 로맨틱한 성향이 잘못된 방향으로 흐르면 파괴적인 결과를 가져올 수 있다. 그래서 "사랑에 빠진 게 죄는 아니잖아"

라는 그의 항변은 공허한 외침일 수밖에 없다. 진정한 균형은 자신만의 기준이 아니라, 모든 사람의 행복을 고려한 조화로운 상태여야 한다.

## 밀당과 어장 관리는 그만!

천칭자리는 우유부단하게 선택을 미루고 결정을 지연하는 경향이 있다. 짜장면과 짬뽕 사이에서 결정을 못 하는 천칭자리를 위해 짬짜면이 나왔다는 말이 있을 정도다. 이런 우유부단한 태도는 연애에서 밀당하는 것처럼 보이거나, 여러 사람과 관계를 유지하는 '어장 관리'로 오해받기 쉽다. 이는 여러 의견을 고려하고 타인의 생각을 지나치게 의식하기 때문이다. 그러나 이러한 우유부단함은 결정을 미루게 만들고, 긴박한 순간에 신속한 대응을 어렵게 하여 중요한 기회를 놓치게 한다. 타인을 배려하다 보니 정작 자신이 진짜 원하는 것을 놓치기도 한다. 타인의 의견에 영향을 많이 받다 보니 자신의 목표와 가치를 혼란스러워할 수 있고, 이는 자신감 부족과 정체성 혼란으로 이어진다. 결국, 정신적 혼란과 신체적 피로가 누적되면서 내면의 불만이 점차 깊어지고, 삶의 균형까지 흐트러뜨릴 수 있다.

천칭자리에게는 인간관계에서도 미니멀리즘이 필요하다. 미니멀리즘은 불필요한 요소를 줄이고 꼭 필요한 것만 남기는 삶의 방식이며, 관계 역시 마찬가지다. 모든 사람을 만족시키려 하기보다는 진정으로 가치 있는 관계에 집중하는 것이 더 중요하다. 이를 위해 지나치게 얽힌 관계에서 자신을 지킬 수 있도록 명확한 경계를 설정해야 한다. 예를 들어, 퇴근 후 업무 연락을 받지 않거나, 주말에는 온전히 자신만의 시간을 갖는 등 스스로를 위한 규칙을 정할 수 있다. 또한, 도움이 되지 않는 관계는 과감하게 정리하고, 더 깊고 의미 있는 유대에 집중하는 것이 바람직하다.

천칭자리에게 삶은 조화와 균형 속에서 빛난다. 그러나 그 중심에는 반드시 자신이 있어야 한다. 타인의 시선과 평가에 지나치게 신경 쓰는 태도는 자존감을 흔들고 내면의 균형을 깨뜨릴 수 있다. 모든 관계를 조율하려는 부담에서 벗어나, 진정으로 자신에게 의미 있는 가치와 필요에 집중할 때 비로소 더욱 만족스럽고 조화로운 삶을 만들어 갈 수 있다.


처녀자리의 분석력과 실용성을 바탕으로 천칭자리는 타인과의 관계와 협력의 중요성을 배우며 공정함과 조화의 추구로 확장된다. 천칭자리는 조화와 아름다움을 추구하지만, 때로는 결정을 내리는 데 어려움을 겪거나 갈등을 회피하려는 경향이 있을 수 있다. 그래서 더 깊은 감정적 연결과 자신과 타인의 진실한 본질을 탐구하는 전갈자리로 넘어가게 된다.

## 천칭자리 주간별 강점과 약점

**9월 19일~9월 24일**

**아름다움에 매혹되는 숙명적 이상주의자 '아름다움의 주간'**

**강점:** 심미적인, 감각적인, 주위와 조화를 이루는

**약점:** 속물인, 잘 중독되는, 불안정한


예술, 자연, 인간의 아름다움에 깊이 매료되는 미적 감수성이 뛰어난 이상주의자다. 감각적인 것들을 접할 때 영감을 받고 창조적 에너지가 솟아나지만, 높은 감각적 민감성으로 인해 불편한 환경에서는 쉽게 동요된다. 자신만의 미적 기준으로 공간을 꾸미는 것이 내적 안정에 큰 도움이 된다. 관습에 얽매이지 않는 자유로운 상상력으로 모임에 활기를 불어넣지만, 내면의 어두운 면도 지니고 있다. 스트레스나 정서적 혼란이 찾아올 때 불안정해질 수 있다. 이때 특정 대상에 대한 중독적 성향이 드러날 수 있어 주의가 필요하다. 이 주간의 핵심은 균형이다. 뛰어난 미적 감각으로 아름다움을 추구하되, 물질주의나 외적 치장에 지나치게 빠지지 않도록 경계해야 한다. 자신의 감각적 성향을 이해하고 지지해 줄 수 있는 믿음직한 동반자의 존재가 매우 중요하다. 그들의 조언과 지지는 내면과 외면의 조화로운 균형을 이루는 데 결정적인 도움이 될 것이다.

**9월 25일~10월 2일**

**완벽한 관리와 유지를 통한 문제의 개선 '완벽의 주간'**

**강점:** 매력적인, 엄격한, 침착한

**약점:** 우유부단한, 가혹한, 감정을 억제하는

완벽한 질서와 체계를 추구하며 일상의 모든 영역에서 결점을 발견하고 개선하려는 강한 의지를 가진 완벽주의자다. 문제 해결을 위한 폭넓은 지식과 기술을 보유하고 있으며, 이를 바탕으로 최적의 해결책을 제시한다. 예리한 관찰력과 개선 의지는 탁월한 성과를 이끌어 내는 원동력이 되지만, 동시에 지나친 완벽주의의 덫에 빠질 수 있다. 높은 기준과 엄격함은 때로 자신과 타인에게 과도한 압박을 주며, 자신의 방식만이 최선이라는 고집으로 협업에 어려움을 겪을 수 있다. 특히 이 주간은 고독한 작업에 몰입하려는 성향이 강해져 타인과의 교류가 줄어들 수 있다. 우유부단한 성향으로 중요한 결정을 미루거나 내면의 감정을 억제하여 진정한 소통의 기회를 놓치기도 한다. 핵심 과제는 가까운 이들과 솔직한 감정을 나누고, 균형 잡힌 시각과 적절한 타협의 미덕을 배우는 것이다.

**10월 3일~10월 10일**

**유대를 중시하는 사교주의자의 고독 '사회성의 주간'**

**강점:** 최신 정보에 밝은, 공정한, 깊은 통찰력

**약점:** 자기만족, 엄한, 자기기만

타고난 사교성으로 주변 사람들의 신뢰를 얻는 이들은 마치 자석처럼 타인의 비밀과 고민을 끌어당긴다. 예리한 통찰력과 공정함으로 훌륭한 조언자 역할을 하지만, 화려한 사회성 이면에는 깊은 고독이 자리한다. 높은 안목과 발달한 감각으로 많은 이들이 도움을 청하기에 자신만의 시간 확보가 어려울 수 있다. 이들의 가장 큰 영적 과제는 내면의 정서적 불안정을 다스리는 것이다. 질투심, 짜증, 소유욕 같은 부정적 감정이 빛나는 대인관계를 흐리게 만들 수 있어 영성 수행이나 육체적 단련이 필수적이다.

날카로운 통찰력은 때로 의도치 않게 주위 사람들에게 상처를 줄 수 있다. 자기기만의 경향성으로 현실에 안주하거나 우유부단함에 빠질 수 있다. 이들에게 주어진 운명적 과제는 내면의 진실한 소리에 귀 기울이고, 타인을 위한 희생보다 때로는 냉철한 판단으로 자신의 길을 선택하되, 순수한 꿈과 비전을 잃지 않는 것이다.

### 10월 11일~10월 18일
### 인생의 무대에 선 자신만만한 행동가 '무대의 주간'
**강점:** 이해타산에 밝은, 정력적인, 아는 것이 많은
**약점:** 부주의한, 남을 비난하는, 지나친 자신감

인생을 하나의 장대한 드라마처럼 연출하는 특별한 재능을 지 녔다. 자신의 이미지를 중요시하여 최고의 모습을 보여주기 위해 끊임 없이 자기계발에 힘쓴다. 냉정해 보이는 외양은 사실 혹독한 연구와 훈 련의 결과로, 그들은 마치 별이 무대를 비추듯 자신의 존재감을 빛나게 한다. 타고난 리더십으로 사교계나 비즈니스 영역에서 중심적 위치를 차지하지만, 이면에는 그림자가 존재한다. 과도한 자신감과 비판적 성 향이 가정이나 사회적 관계에서 갈등을 일으킬 수 있다. 겉으로는 강해 보이나 감정적 영역에서는 예상치 못한 취약성을 드러낸다.

이들에게 가장 큰 도전 과제는 사랑과 애정 영역이다. 완벽주 의와 일중독 성향으로 고독을 선호하기도 하지만, 진정한 성장을 위해 서는 신뢰할 수 있는 이들과의 정서적 교감이 필수적이다. 천칭자리의 상징인 저울처럼, 자신의 야망과 타인에 대한 배려 사이에서 균형을 찾 을 때 진정한 행복을 경험할 수 있다.

# 천칭자리의
# 인간관계 가이드

## 천칭자리의 가족 관계

가정에서도 평등하고 민주적인 관계를 추구한다. 가족 구성원 모두의 의견을 동등하게 중요시한다. 예를 들어, 가족여행을 계획할 때 천칭자리 부모는 모든 가족 구성원의 의견을 물어보고 가능한 모두가 만족할 수 있는 방향으로 결정을 내린다. 천칭자리 부모는 자녀의 예술적 재능을 일찍 발견하고 키워주는 데 관심이 많다. 아이가 음악에 관심을 보이면 악기를 배울 기회를 제공하거나, 그림 그리기를 좋아한다면 미술 교실에 등록시키는 식이다. 그러나 때로는 우유부단한 성향 때문에 단호한 훈육이 필요할 때 어려움을 겪기도 한다. 예를 들어, 아이가 스마트폰 사용 시간제한을 어겼을 때 명확한 제재를 가하지 못하고 타협점을 찾으려다 일관성 없는 양육으로 이어질 수 있다.

천칭자리 아이들은 명랑하면서도 차분한 성향을 지닌다. 어린 나이에도 뛰어난 공감 능력을 발휘하며, 가족 간 갈등이 생길 때 자연스럽게 중재자의 역할을 한다. 형제자매 간 장난감을 두고 다툼이 벌어지면, "번갈아 가며 사용하자"와 같은 타협안을 제시하며 조화로운 해결책을 찾아가는 모습을 보인다. 부모의 마음을 이해하려 노력하지만, 이런 조화에 대한 강한 욕구가 때로는 자신의 진짜 원하는 것을 표현하지 못하게 만들기도 한다. 그래서 천칭자리 아이들은 결정을 내리는 데 특별한 지도가 필요하다. 작은 선택부터 시작해 점점 더 큰 결정을 내리는 연습이 중요하다. 예를 들어 "오늘 입을 티셔츠 골라 보자. 빨간 티셔츠와 파란 티셔츠 중 어떤 것이 좋을까?"와 같은 간단한 선택부터 시작하여 점차 "방학 때 수영과 축구 중 어떤 활동을 배우고 싶니?"와 같이 더 중요한 결정으로 확장해 나가는 것이 도움이 된다.

천칭자리 아이의 예술적 감각은 특별한 관심이 필요하다. 음악, 미술, 무용 같은 예술 활동은 단순한 취미를 넘어 자기표현의 중요한 방법이 되기 때문이다. 천칭자리 아이는 학교에서 겪은 갈등이나 스트레스를 직접 말하기보다 그림이나 음악으로 표현하는 경우가 많다. 또한, 뛰어난 사교성과 배려심 덕분에 그룹 프로젝트나 팀 스포츠에서 자연스럽게 조화를 이루며 협력의 중심이 된다. 이러한 경험을 통해 타인의 감정을 이해하고 존중하는 법을 익혀가며, 관계 속에서 더욱 성숙해진다.

## 천칭자리의 친구 관계

천칭자리는 타인과의 관계를 무엇보다 소중히 여기는 별자리다. 그들에게 우정은 단순한 사교 활동이 아니라 삶의 핵심 요소이며, 특히 깊은 유대감을 가진 단짝 친구와의 관계는 인생 전반에 큰 영향을 미친다. 좋은 친구를 만난 천칭자리 학생은 더욱 즐겁고 안정적인 학교생활을 하며, 함께 공부하고 협력하면서 성적 향상에도 긍정적인 영향을 받는다. 직장에서도 마찬가지다. 신뢰할 수 있는 동료와 함께할 때 업무 성과가 높아지고 직장 만족도 역시 크게 향상된다. 이는 천칭자리가 항상 관계 속에서 존재하고자 하는 성향과 맞닿아 있다. 또한, 조화를 중시하는 성격 덕분에 주변 사람들에게 세심한 관심과 배려를 아끼지 않는다. 친구의 생일을 챙기는 것은 물론, 어려움에 처한 친구에게 먼저 손을 내미는 모습도 자주 보인다. 예를 들어, 새 직장에 적응하는 친구를 돕기 위해 점심시간을 함께 보내며 조언을 건네는 행동은 천칭자리다운 따뜻한 배려의 대표적인 사례라 할 수 있다.

천칭자리의 가장 두드러진 특징 중 하나는 탁월한 중재 능력이다. 성격이 전혀 다른 두 친구 사이에 갈등이 생겼을 때, 천칭자리는 양쪽의 입장을 세심하게 이해하고 서로 화해할 수 있는 지점을 찾아낸다. 대학 동아리나 회사 팀 프로젝트에서도 의견 충돌이 발생하면 천칭자리가 중간에서 조율하는 역할을 맡게 되는 경우가 많다. 또한, 천칭자리는 친구와 깊이 있는 대화를 나누는 것을 진정으로 즐긴다. 카페에 앉아 몇 시간이고 이야기를 나누며 교감을 형성하는 순간이 천칭자리에게는 큰 행복이다. 하지만 반대로, 친구가 연락을 무시하거나 대화를 거부하면 깊은 상처를 받는다. 관계의 균형이 흔들리는 것을 힘들어하기 때문이다.

그러나 이런 관계 중심적 성향이 항상 긍정적인 것만은 아니다. 때로는 친구에게 지나치게 의존하거나 자신의 진짜 감정을 숨길 수 있다. "네가 괜찮다면 나도 괜찮아"라는 식으로 자신의 의견을 지나치게 양보하다 보면, 시간이 흐를수록 관계의 균형이 무너질 수 있다. 항상 친구가 선택한 식당에서 식사하고, 보고 싶은 영화만 감상하는 상황이 반복되면, 천칭자리는 겉으로는 기꺼이 동의하지만 내면에는 서서히 불만이 쌓이게 된다.

## 천칭자리의 연인과 부부 관계

천칭자리는 대체로 조화롭고 균형 잡힌 외모를 지닌다. 이목구비가 강렬하게 돋보이기보다는 전체적인 조화와 균형감이 있다. 이러한 특유의 우아한 분위기로 인해 연예계에서도 두각을 나타내는 경우가 많다. 수호행성인 금성의 영향으로 자신을 아름답게 표현하고 사랑받는 방법을 본능적으로 터득하고 있다. 성별에 따른 특성도 독특하다. 천칭자리 남성들은 타고난 여성성으로 여성의 심리를 섬세하게 이해하며,

부드럽고 자상하다. 반면 천칭자리 여성들은 남성의 세계를 잘 이해하고 사회생활에 능통하여 내면의 남성성을 조화롭게 발현한다. 천칭자리 여성은 보이시한 중성의 매력이 있다.

천칭자리는 어린 시절부터 이성에 관한 관심이 남다르게 발달한다. 조화와 아름다움을 추구하는 본능적 성향으로 일찍부터 연애 감각이 깨어나며, 타인과의 관계 형성에 특별한 재능을 보인다. 우주의 별들이 서로 끌어당기듯, 이들은 자연스럽게 이성에게 끌린다. 관계지향적인 천칭자리에게 파트너는 저울의 양쪽 추처럼 필수적인 존재다. 혼자보다는 함께하는 삶을 지향한다. 12별자리 중 1:1 관계 형성에 가장 뛰어난 것으로 알려진 천칭자리는 "짝이 없는 천칭자리는 없다"라는 말이 있을 정도로 언제나 사랑의 기운 속에 존재한다. 연애 중이거나, 관계를 정리하는 과정에 있거나, 새로운 인연을 찾을 준비를 하는 등 늘 누군가와의 관계 속에서 움직이는 경우가 많다. 다만 관계 중심적인 성향이 강한 탓에, 때로는 '가는 사람 못 잡고 오는 사람 못 막는' 우유부단함을 보이기도 한다.

천칭자리의 로맨스는 하나의 예술 작품과도 같다. 뛰어난 미적 감각을 지닌 이들은 박물관이나 전시회 같은 문화공간에서 데이트를 즐기며, 소소한 로맨틱한 순간을 공유하는 것을 선호한다. 깜짝 선물이나 특별한 이벤트를 준비하는 등 창의적인 애정 표현에도 탁월한 재능을 보인다. 천칭자리의 연애와 결혼 생활에서 가장 중요한 것은 감정의 균형이다. 저울이 균형점을 찾아가듯, 파트너와의 관계에서도 서로 양보하고 배려하는 소통을 통해 건강한 관계를 유지한다. 의견 충돌이 있을 때도 상대방의 처지를 이해하며 공정한 해결책을 모색하는 것이 이들의 특징이다. 다만 때로는 예측할 수 없는 감정의 흔들림에 취약할 수 있는 데, 이는 마치 저울이 미세한 바람에도 반응하듯 섬세한 천칭자리의 감수성을 보여주는 또 다른 측면이다.

소설가이자 배우인 차인표는 그의 배우자인 신애라와 천칭자리의 모범적인 파트너십을 보여준다. 이 부부는 30년 동안 조화로운 결혼 생활을 유지하며 서로의 성장을 지원해 왔다. 2024년 차인표의 소설 《언젠가 우리가 같은 별을 바라본다면》이 영국 옥스퍼드대학의 필수 도서로 선정되었을 때, 그는 아내의 따뜻한 응원과 변함없는 지지가 없었다면 이 소설을 완성할 수 없었을 것이라며 깊은 감사를 전했다. 한편, 신애라는 결혼 후에도 학업을 이어가기 위해 미국으로 유학을 떠나며 새로운 도전에 나서기도 했다. 이 부부는 함께 아동 학대 예방 홍보대사로 활동하며, 컴패션을 통해 수천 명의 빈곤 아동들과 결연을 맺고 후원하는 등 사회적 균형과 조화를 실천하고 있다.


## 천칭자리와 잘 지내는 방법

균형 잡기의 달인! 천칭자리는 모든 일에서 완벽한 조화를 추구한다. 결정을 내리기 전에 모든 가능성을 신중하게 저울질하는 성향이 있어, 그들과 좋은 관계를 유지하려면 이러한 균형 감각을 존중해야 한다. 저녁 식사 장소를 정할 때 "지금 당장 결정해!"라고 재촉하기보다는 "여러 선택지를 생각해 보고 천천히 결정해도 괜찮아"라고 말해주는 것이 좋다. 쇼핑을 할 때도 천칭자리는 여러 제품의 리뷰와 가격을 꼼꼼히 비교하므로, 그들의 신중함을 조급하게 여기지 않는 태도가 중요하다.

천칭자리는 공정함을 중요시하는 정의의 수호자이다. 불공정한 상황을 참지 못하고 바로잡으려고 한다. 예를 들어, 노약자석에 젊은 사람이 앉아 있을 때 "이 자리는 노약자석인데요"라고 조용히 말하거나, 팀 프로젝트에서 한 사람의 기여가 인정받지 못할 때 "○○씨가 이 부분을 많이 준비했는데 그 점도 고려해 줬으면 해요"라고 말하는 모습을 보인다. 이러한 정의로운 행동을 인정해 주고 "네가 그런 말을 해서 상황이 더 공정해졌어"라고 지지해 주면 천칭자리와 더 가까워질 수 있다.

천칭자리에게 싸움은 NO! 이들은 타고난 평화주의자로 갈등 상황을 싫어한다. 천칭자리가 추구하는 평화는 주변인들과의 조화로운 관계를 향한 본질적 욕구에서 비롯된다. 친구들 사이에 의견 충돌이 생기면 "양측 모두 나름의 타당성이 있으니, 절충안을 찾아보자"라며 자연스럽게 중재자 역할을 하고, 가족 여행을 갈 때도 "형은 바다를 가고 싶고 동생은 산을 가고 싶으니, 이번에는 바다로 가고 다음에는 산으로 가는 건 어때?"처럼 모두가 만족할 수 있는 해결책을 제시한다. 이런 천칭자리의 중재 능력을 인정하며 "네가 있어 우리는 더 나은 결정을 내릴 수 있었어"라고 말해 주면, 그들은 깊은 보람을 느끼고 관계는 더욱 단단해질 수 있다.

아름다움에 대한 뛰어난 안목을 가진 천칭자리와 특별한 유대를 쌓고 싶다면, 인테리어가 멋진 카페나 분위기 좋은 레스토랑을 함께 방문하는 것이 좋다. 미술 전시회에 함께 가거나, 꽃과 식물이 있는 공원을 산책하면서 대화를 나누는 것도 천칭자리가 즐거워하는 활동이다. 그들의 미적 취향에 대해 인정해 주면 더 빨리 가까워질 수 있다.

# 천칭자리의 관계 별점

Libra

- **양자리★★★**: 천칭자리의 균형감이 양자리의 추진력을 완화시켜주며, 서로 보완하는 시너지를 만든다.

- **황소자리★★★**: 다른 접근 방식으로 처음엔 불편하겠지만, 이를 통해 서로 성장할 수 있는 관계다.

- **쌍둥이자리★★★**: 예술과 문화에 대한 지적 교감이 뛰어나지만, 우유부단한 성향으로 결정에 어려움을 겪을 수 있다.

- **사자자리★★★**: 사자자리의 카리스마와 천칭자리의 외교술이 만나 성공적인 파트너십을 이룬다.

- **물병자리★★★**: 진보적 가치관과 사회정의에 대한 공통된 관심으로 영혼의 동반자가 된다.

# 천칭자리의
# 라이프 밸런스 가이드

## 천칭자리의 건강과 운동

천칭자리는 삶의 균형을 중시하는 만큼, 대체로 건강한 체질을 유지하는 경우가 많다. 신장 기능이 원활하고 신진대사가 활발해 맑은 안색과 균형 잡힌 체형을 갖추는 경우가 흔하다. 또한, 과식이나 공복 상태를 피하며 규칙적인 식습관을 실천해 건강을 자연스럽게 관리한다. 식단에서도 균형을 중시하며, 단백질·채소·탄수화물을 고르게 섭취해 영양 불균형으로 인한 건강 문제를 최소화한다. 그러나 다양한 가능성을 신중히 검토하고 최상의 결정을 내리려는 성향 때문에 사고 활동이 많아, 비교적 이른 나이에 흰머리가 생기는 경우가 있다. 또한, 밤 늦게까지 고민하거나 결정을 미루면서 스트레스를 받는 일이 많아, 충분한 숙면이 필수적이다. 직장에서 중요한 프로젝트 진행 중에는 일과 휴식의 균형을 위해 점심시간에 짧은 산책을 하거나, 주말에는 자연 속에서 시간을 보내는 등 의식적인 휴식 시간을 가지는 것이 도움이 된다.

천칭자리는 특히 신장 건강에 주의해야 한다. 신장은 체내 수분 균형을 조절하는 중요한 기관으로, 신장이 약해지면 얼굴에 열이 나고 탈모가 심해지며 뼈와 눈 건강까지 영향을 줄 수 있다. 하루에 6~8잔의 물을 마시고, 과도한 카페인과 알코올 섭취를 줄이는 것이 신장 건강에 도움이 된다. 또 지나치게 생각에 몰두하는 습관을 줄이고 명상이나 자연 속 산책과 같이 마음을 편안하게 하는 활동을 통해 정신적 균형을 유지하는 것이 중요하다.

천칭자리는 관계를 중시하기 때문에 혼자 하는 운동보다는 파트너와 함께하는 운동이 적합하다. 탁구, 테니스, 배드민턴과 같은 파트너 운동은 상대와의 유대감을 강화하며 심리적 안정감을 준다. 이런 운동은 공을 주고받는 과정에서 균형 감각을 활용하기 때문에 천칭자리의 성향과도 잘 맞는다. 정기적으로 친구나 동료와 약속을 잡고 함께 운동하면 사교적 욕구도 충족할 수 있다. 또 우아함과 아름다움을 추구하는 천칭자리에게는 발레나 요가 같은 섬세한 움직임이 있는 운동도 적합하다. 요가 수업에서 균형 자세를 유지하거나 발레에서 우아한 동작을 연습하는 과정은 미적 감각을 만족시키면서 동시에 신체의 균형과 유연성을 향상시킨다. 사교댄스나 현대무용과 같은 춤은 파트너와 호흡을 맞추며 감정을 표현할 수 있고 사회적 교류도 동시에 할 수 있다.

## 천칭자리의 일과 재능

공정하고 논리적인 사고방식, 뛰어난 조화 능력, 사교적인 매너로 사람들과의 관계에서 빛을 발한다. 균형 잡힌 판단력과 세련된 협상 능력으로 조직의 조화를 이끄는 조정자형 인재다. 특히 예술적 감각이 뛰어나 미적 감각과 공정성을 요구하는 직업에서 능력을 발휘할 수 있다. 뛰어난 소통 능력으로 상황을 훌륭하게 중재하는 데 능숙해 상담 관련 직업에도 적합하다. 학교 상담사로 일하는 천칭자리는 학생과 교사 사이의 갈등을 해결할 때 양측의 입장을 모두 이해하고 합리적인 해결책을 제시하는 능력을 보여준다.

### 갈등 조정 전문가

부드럽고 친화적인 성향은 중재자 역할에서 탁월한 능력을 발휘한다. 천칭자리의 뛰어난 균형 감각과 공정성, 그리고 냉철한 판단력이 분쟁 해결에 매우 적합하다. 갈등 상황에서도 중립적인 태도를 유지하며 양측의 입장을 객관적으로 이해하고 조율하며 합리적인 타협점을 제시한다. 이혼 중재사나 국제 분쟁 해결사와 같은 역할에서 감정적으로 격해진 양측을 차분하게 만들고, "이 부분에서는 A씨의 주장이 타당하고, 저 부분에서는 B씨의 입장을 고려해야 합니다"라며 균형 잡힌 시각으로 문제를 해결한다.

## 패션 디자이너, 스타일리스트

타고난 미적 감각으로 두각을 나타낸다. 색상의 조화와 균형을 자연스럽게 파악하고 다양한 소재와 패턴을 조화롭게 매치하는 센스가 뛰어나다. 클래식한 요소와 현대적인 트렌드를 절묘하게 결합하여 대중적이면서도 예술성 높은 컬렉션을 선보일 수 있다. 클라이언트의 요구사항을 정확히 파악하고 실용성과 심미성을 조화롭게 구현할 수 있다.

## 커플매니저

사교적이고 공정한 성향이 커플매니저로서 큰 장점이 된다. 사람들을 이해하고 연결하는 능력이 뛰어나며, 균형 잡힌 시각으로 커플의 관계를 중재하고 조언할 수 있다. 결혼정보회사에서 일하는 천칭자리는 상대방의 성향과 필요를 고려해 커플을 이어 주는데 능숙하다. 고객의 성격, 취향, 가치관을 정확히 파악하고 "이분은 안정을 중시하시고, 저분은 모험을 좋아하시는데, 이 둘의 차이가 오히려 서로를 보완해 줄 수 있을 것 같습니다"라며 최적의 매칭을 이루어낸다.

## 예술 큐레이터

예술적 감각과 공정성을 요구하는 직업으로 천칭자리의 특성과 잘 맞다. 다양한 예술 작품을 선정하고 전시를 기획하는 능력이 탁월하며 관람객에게 깊은 감동을 줄 수 있는 능력을 발휘할 수 있다. 미적 감각과 조화로운 구성 능력으로 전시 공간을 아름답게 꾸미고, 예술가와 관람객 사이의 소통을 원활하게 할 수 있다.

## 천칭자리의 재테크

천칭자리는 리스크를 피하려는 경향이 있지만, 안전한 투자 방법을 통해 꾸준한 수익을 창출할 수 있는 능력을 갖추고 있다. 재무 관리에 관심도 많고 재능도 있어서, 계획적인 노력을 통해 안정적인 경제 상태를 유지할 수 있다. 30대 천칭자리 직장인이 매달 수입의 일정 부분을 저축과 투자에 배분하고, 지출 내역을 꼼꼼히 기록하며 재정 균형을 유지하는 모습을 흔히 볼 수 있다.

천칭자리는 위험을 최소화하기 위해 다양한 투자 상품에 분산 투자하는 전략을 선호한다. 안정성과 수익성을 동시에 추구하는 스타일이다. 예를 들어 주식 60%, 채권 30%, 현금성 자산 10%와 같이 균형 잡힌 포트폴리오를 구성하는 경향이 있다. 단기적으로는 삼성전자나 애플과 같은 안정적인 대형주와 함께 성장 가능성이 있는 중소형 주식에도 투자하면서, 장기적으로는 오피스텔이나 상가와 같은 안정적인 부동산에 투자하여 전체 자산 구성의 균형을 맞추려고 노력한다. 외향적이고 사교적인 성격의 천칭자리는 다양한 사람들과의 네트워크를 통해 유용한 투자 정보를 얻는다. 다른 사람들과 협력하는 투자에도 관심이 있어서, 친구 3~4명과 함께 소액으로 부동산 공동 투자를 하거나 스타트업에 엔젤 투자를 하는 사례도 있다. 투자 세미나나 재테크 독서 모임에 참석해 다른 투자자들과의 교류를 통해 새로운 기회를 발견하기도 한다.

시장이 급변할 때 천칭자리는 지나치게 감정적으로 반응하지 말고 자신의 투자 원칙을 지키며 차분하게 대응하는 것이 중요하다. 천칭자리인 나의 지인은 2022년 주식시장 대폭락 속에서도 패닉 매도에 휩쓸리지 않았다. 그는 저울처럼 냉정한 판단력으로 오히려 저평가된 우량주를 추가 매수했고, 결국 시장이 회복되자 상당한 수익을 거두었다. 이는 천칭자리 특유의 균형 감각과 신중한 결단력이 빛을 발한 순간이라 할 수 있다.

# 천칭자리를 일깨우는
# 해방 가이드

## 천칭자리의 아킬레스건
## 모두에게 좋은 사람 되기

천칭자리는 타고난 균형 감각의 소유자지만, 과도한 조화 추구는 가장 큰 약점이 되기도 한다. 여러 선택지를 끊임없이 모색하고 비교하는 과정에서 정작 자신의 목소리를 잃어버리기 때문이다. 자신이 원하는 목적지보다 다수결로 정한 곳으로 가야겠다며 자신의 의견을 뒤로 미루곤 한다. 모든 상황을 고려하고 타인의 기대에 맞추려는 강박적 노력은 '착한 사람 콤플렉스'로 이어진다. 타인에게 사랑받고 모두에게 좋은 사람으로 인정받고자 하는 욕망이 너무 강해, 갈등을 피하는 과정에서 자신의 진정한 욕구와 필요를 희생하게 된다. 조화를 위한 균형의 저울이 결국 자신에게는 기울어버리는 것이다. 타인의 입장을 논리적으로 고려하느라 정작 자신의 감정은 소홀히 하지만 진정한 욕구는 바로 이 감정 속에 담겨 있다.

천칭자리는 특히 거절하는 것을 어려워한다. 과중한 업무를 부탁받아도 "싫어요" 대신 "네, 알겠습니다"라고 말하며 관계의 균열을 피하려 한다. 이런 습관은 시간이 지날수록 자기 정체성의 상실로 이어지고, 억눌린 감정은 언젠가 예상치 못한 순간에 폭발한다. 또 지나친 타협의 습관은 모든 선택에서 장단점을 저울질하느라 시기적절한 결단을 내리지 못하게 한다. 때로는 자신의 신념마저 상황과 타인에 맞춰 바꾸는 유연성이 정체성의 혼란을 가져오기도 한다.

천칭자리의 진정한 성장은 안락한 균형 상태에서 벗어나 자신의 욕구와 감정에 주목할 때 시작된다. 완벽한 조화를 추구하기보다 때로는 불편함을 견디는 용기가 필요하다. 자신에게 한 번의 "예"를 선물하기 위해 다른 사람에게 세 번의 "아니오"를 연습해야 한다. 타인에 대한 이해와 배려는 귀중한 자질이지만, 자신을 희생하면서까지 모든 관계를 원만하게 유지하려는 것은 오히려 역효과를 낳는다. 천칭자리의 가장 아름다운 모습은 자기 안의 이성과 감정이 조화를 이룰 때 완성된다. 건강하게 거절할 줄 아는 천칭자리가 바로 진정한 균형의 달인이다.

# 천칭자리답게 살기 위해
# 통과해야 할 미션

## 결정력 키우기

모든 상황을 공정하게 바라보려는 성향 때문에 결정이 더뎌질 수 있다. 그러나 인생의 중요한 순간에는 신속한 판단이 필요하다. 결정력을 향상시키기 위해서는 일상의 작은 선택부터 연습하는 것이 좋다. 예를 들어, 식당에서 메뉴를 고를 때 3분 이내에 결정하거나, 쇼핑할 때 너무 오래 고민하지 않고 결정하는 걸 훈련하면 된다. 모든 선택에는 장단점이 공존한다는 것을 받아들이고, 완벽한 타이밍보다는 적절한 타이밍에 결단을 내리는 게 중요하다는 사실을 기억하자.

## 갈등을 피하지 않기

조화를 추구하는 천칭자리는 종종 갈등을 피하려 한다. 하지만 진정한 관계의 성장은 갈등을 해결하는 과정에서 이루어진다. 불편한 대화도 피하지 말고, 자신의 감정과 생각을 정중하게 표현하는 연습이 필요하다. 직장에서 동료와 의견 차이가 있을 때 "저는 이렇게 생각합니다"라고 명확히 말하고, 친한 친구와 오해가 생겼을 때 솔직하게 대화하는 것이 중요하다. 상대방의 상황을 이해하되, 자신의 경계를 분명히 설정해야 한다. 갈등을 건설적으로 다루는 법을 배운다면, 이는 관계를 더욱 깊이 있게 만드는 시작점이 될 수 있다.

## 좋은 관계에 대한 환상 버리기

모든 것을 완벽하고 조화롭게 만들려는 욕구는 천칭자리의 강점이자 약점이다. 모든 사람과 좋은 관계를 유지하려다 보면 오히려 관계가 피상적으로 될 수 있다. 표면적인 조화보다는 진정성 있는 소통에 집중하는 것이 중요하다. 삶에는 불완전함과 불균형이 존재한다. 때로는 불편한 진실을 말하는 것이 관계를 더 깊게 만들 수도 있고, 어떤 상황에서는 적절한 타협이 더 현명한 선택일 수도 있다. 모든 사람과 친하게 지내려 하기보다는 의미 있는 소수의 관계에 투자하는 것이 더 효과적일 수 있다. 진정한 관계는 서로를 있는 그대로 받아들일 때 시작된다.

## 천칭자리의 영혼을 깨우는 법

트로이의 왕자 파리스는 천칭자리의 전형적인 모습을 보여주는 인물이다. 그는 수려한 외모와 지성, 강인함을 갖추고 세련된 매너까지 겸비했다. 제우스로부터 헤라, 아테나, 아프로디테 중 가장 완벽한 여신을 선택하라는 과제를 받았을 때, 파리스는 천칭자리가 마주하게 될 선택의 순간들을 예고했다.

뛰어난 통찰력을 지닌 파리스는 어느 한 여신을 선택하면 나머지 두 여신의 분노를 피할 수 없음을 예견했다. 그래서 판단에 앞서 세 여신으로부터 복수하지 않겠다는 약속을 받아냈는데, 이는 균형을 찾으려는 천칭자리의 본질적인 성향을 보여준다. 세 여신은 저마다 유혹적인 제안을 내놓았다. 헤라는 세상을 지배할 권력을, 아테나는 전쟁의 승리를, 아프로디테는 세상에서 가장 아름다운 여인을 약속했다. 파리스는 미적 감성과 사랑을 중시하는 천칭자리답게 아프로디테를 선택했다. 아프로디테는 약속대로 미케네의 공주 헬레나를 파리스와 사랑에 빠지게 했다. 그러나 선택받지 못한 두 여신은 약속을 저버리고 그리스와 트로이 간의 10년 전쟁을 일으켰다. 결국 파리스는 전장에서 생을 마감하고, 그의 세 아들마저 죽게 된다. 헬레나는 본래의 남편에게 돌아갔다.

　　　최고의 신인 제우스조차 판가름하기 어려운 선택의 순간은 천칭자리의 운명적 과제를 상징한다. 균형과 조화를 추구하는 천칭자리에게 선택은 필연적으로 다른 쪽과의 부조화를 만들어내는 고통스러운 과정이다. 그러나 이는 단순한 옳고 그름의 문제가 아닌, 자신의 가치관과 신념을 확인하고 성장하는 여정이다. 완벽한 균형은 존재하지 않는다. 때로는 불균형을 받아들이는 용기가 필요하다. 모든 선택에는 그에 따른 대가가 따름을 받아들이는 태도가 필요하다. 천칭자리는 이러한 결정의 순간을 통해 내면의 지성을 키우며, 점차 더 깊은 지혜와 균형감을 길러 나간다. 이것이 천칭자리가 걸어가야 할 운명의 길이 된다.

## 천칭자리에게 추천하는 콘텐츠

### 인간관계에서 조화를 찾고 균형을 이루는 법과 예술적 감각을 키우는 책

- 《간디 자서전》 마하트마 간디 지음_ 비폭력과 평화로운 저항을 통해 사회 정의를 실현한 간디의 삶과 사상을 통해 공정성과 정의를 배울 수 있는 책.
- 《오만과 편견》 제인 오스틴 지음_ 인간관계의 균형과 편견 극복의 지혜를 담은 고전 소설.
- 《나는 나를 사랑하기로 했다》 루이스 L. 헤이 지음_ 자기 수용과 내면의 균형을 찾는 방법을 제시하는 책.
- 《행복한 이기주의자》 웨인 다이어 지음_ 건강한 자기애와 타인과의 관계 균형을 다룬 책.
- 《곤란한 결혼》 우치다 타츠루 지음_ 관계에서의 갈등 해결과 조화로운 소통법을 다룬 실용서.
- 《걷는 독서》 박노해 지음_ 일상의 순간들을 사진과 시적 감성으로 담아내어 예술적 영감을 자극하는 책.
- 《틀려도 괜찮아》 마키타 신지 지음_ 완벽주의에서 벗어나 균형 잡힌 삶을 찾도록 도와주는 그림책.

## 태양 천칭자리 시즌에 천칭자리 에너지를
## 플레이하기 좋은 리추얼

천칭자리 시즌은 추분과 한로다. 밤과 낮의 길이가 같아지는 추분, 그리고 이슬이 차가워지는 한로까지. 이 시기는 가을의 절정기로 자연이 가장 균형 잡히고 세련된 때다. 이 시기에는 특히 조화와 균형을 찾는 지혜가 중요하다. 마치 추분의 완벽한 균형처럼, 신중한 판단력으로 삶의 균형점을 찾고 관계를 돌아보는 것이 핵심이다. 한로의 맑은 이슬처럼 순수하고 공정한 시각으로 세상을 바라볼 때다. 세련된 감각과 통합적 사고로 완벽한 조화를 이뤄내라.

- 파트너에게 감사하는 마음을 표현하라.
- 결정을 미루고 있는 부분을 알아차려라.
- 친구와 예술적 영감을 주는 전시나 공연을 즐겨라.
- 내가 관계 맺는 방식을 점검해 보자.
- 지적 날카로움을 주는 책을 읽고 비평 글을 써보자.
- 활동과 휴식의 밸런스를 맞춰라.
- 기부나 봉사 등 정의와 공정함을 위한 작은 행동을 실천해 보자.

#저울질고수 #밸런스요정 #인스타감성 #갈등중재전문가
#품격甲 #미적감각MAX #평화지키미 #결정장애주의보

# 전갈자리
## 몰입하는 통찰자

10월 23일~11월 22일

> 어둠은 어둠을 몰아낼 수 없다. 오직 빛만이 할 수 있다.
> 증오는 증오를 몰아낼 수 없다. 오직 사랑만이 할 수 있다.
> _마틴 루터 킹 주니어

태양 별자리가 전갈자리인 사람이 아름다운 개인주의자가 되기 위한 가이드로 삼으면 좋다. 달 별자리나 동쪽 별자리가 전갈자리에 있거나, 세 개 이상의 행성이 전갈자리에 있는 이들에게도 깊은 통찰과 변환에 관한 지혜를 선사할 것이다. 또한 화성과 명왕성의 영향이 두드러진 출생 차트를 타고난 이들이나, 공유 자원과 변환의 현장인 8번째 하우스에 행성이 세 개 이상 들어 있는 이들에게도 빛나는 조언이 될 것이다.

# 전갈자리

**Scorpio**

**10월 23일~11월 22일**

---

**원소: 물(−)**

**상태: 고정하는 상태**

**수호행성: 화성(올드 룰러) & 명왕성(모던 룰러)**

**수호하우스: 8번째 하우스**

진실을 해부하는 예리한 직관과 통찰로 무장한 영혼의 고고학자. 표면의 평온 아래 용암처럼 끓어오르는 감정을 품은 심리 탐험가. 상대의 깊은 내면까지 꿰뚫어 보는 통찰의 달인이자, 끝없는 재생을 추구하는 불사조와 같은 영혼. 본능적 육감을 직관으로 승화해 모든 환영에서 벗어나 상실의 그림자를 해방의 빛으로 변형하는 순간, 비로소 진정한 통찰가가 된다.

# 전갈자리의
# 숨겨진 에너지 코드

## 구의 증명,
## 절제된 언어로 그린 격정의 초상

"시간이 천천히 흐르는 동안 우리는 자석처럼 서로를 끌어당겼다." 최진영 작가의 소설 《구의 증명》은 지독한 가난에 허덕이며 살아간 '구'와 소중한 사람을 모두 잃어가는 '담'의 치명적인 사랑 이야기다. 전갈자리의 사랑과 세계관이 오롯이 담겨져 있다. 두 사람은 함께든 따로든 늘 서로를 사랑하고 있다. 서로를 사랑하는 것이 당연한 것처럼 사랑하다 그렇게 죽을 때까지, 아니 죽어서도 사랑하는 이야기다. 이들의 사랑은 세상에 존재하는 온갖 사랑의 형태를 섞어놓은 듯하다. 가족애 같으면서도 이성애 같고, 섹슈얼하면서도 플라토닉하다. 한편으로는 그 사랑을 본인들도 감당할 수 없어서 상대도 본인도 모두 옭아매는 집착처럼 보이기도 한다. 죽음조차 넘어서는 사랑, 극한의 고통 속에서 피어나는 사랑, 그리고 끝없는 생존 의지. 최진영 작가는 인물들의 내면을 해부하듯 파고든다. "만약 네가 먼저 죽는다면 나는 너를 먹을 거야. 그래야 너 없이도 죽지 않고 살 수 있어." 유명한 이 문장 또한 전갈자리 스럽다.《구의 증명》을 한 번도 안 읽은 사람은 있지만 한 번만 읽은 사람은 없을 정도로 강렬해 마니아층이 두텁다. 최진영 작가는 눈이 많이 내린 겨울에 태어났다고 밝힐 뿐 정확한 생일이 알려지지 않아(비공개라니 이 또한 전갈자리스럽다) 태양 별자리를 알 수 없지만《구의 증명》은 분명 전갈자리의 에너지가 관통하는 소설이다.


## 감정의 바다를 건너는 세 항해사

전갈자리는 두 번째 물 별자리로 고정하는 상태와 음 에너지의 결합이다. 물 별자리는 보이지 않는 감정과 상상력이 풍부하지만 각기 다른 방식으로 감정의 바다를 항해한다. 게자리는 달빛 아래 출렁이는 얕은 바다처럼 섬세하고 감성적이다. 달의 수호를 받아 밀물과 썰물처럼 감정이 드러나고, 직관적인 모성으로 타인을 품는다. 물고기자리는 끝없이 깊은 바다 같아서 경계가 없다. 해왕성의 영향으로 몽환적이고 초월적이며, 자아와 타아의 구분이 흐려진다. 반면 전갈자리는 지하 깊숙이 흐르는 마그마 같은 물이다. 감정이 용암처럼 끓어오르지만, 겉으로는 차갑고 단단한 포커페이스를 유지한다. 세 물 별자리 중 가장 위험하고 매혹적인 존재다.

"내 온몸 구석구석엔 거부할 수 없는 숙명적인 여인의 한이 서려 있나 봐요. 아무리 발버둥 쳐도 내 슬픈 전설의 이야기는 지워지지 않아요." 깊은 내면의 격정을 간직한 천경자 작가. 태양 별자리인 전갈자리답게 환상적인 강렬한 색채의 채색화로 전통적인 한국화를 벗어나 새로운 영역을 개척한 독보적 작가로 성장했다. 대표작 〈내 슬픈 전설의 49페이지〉에서 화려한 색채와 섬세한 붓질 아래 숨겨진 슬픔으로 드러난다. 겉으로는 차분하나 내면에 용암 같은 감정을 품은 그녀의 태양 별자리인 전갈자리의 표현이다. 그녀가 홀로 예술의 길을 걸었던 모습은 고독하게 내면을 탐험하는 전갈자리의 사명과 맞닿아 있다. 변형과 재생의 여정은 그녀의 자화상 연작에서 발견된다. 〈황금의 비〉는 상실의 고통을 초월적 아름다움으로 승화시키는 과정을 보여주며, 위기를 통해 스스로를 갱신하는 전갈자리의 불사조 면모를 반영한다.

## 깊은 우물 속 소용돌이치는 격정

전갈자리는 물 별자리 중에서도 자기중심적이고 고정된 상태의 물이다. 깊은 우물처럼, 중심을 향해 소용돌이치며 심오하다. 물 별자리답게 감정형F이지만, 게자리나 물고기자리와 달리 겉으로 드러나지 않는다. 하지만 그들의 눈빛을 보라. 불꽃이 이글거리고, 폭풍이 휘몰아치며, 용암이 끓어오른다. 숨은 동기와 의도를 파악하려 애쓰는 그들이 당신을 주시한다면, 이미 당신의 내면을 읽고 있을지도 모른다. 전갈자리는 강렬함 그 자체다. 특히 첫인상과 외모로 드러나는 동쪽 별자리가 전갈자리라면, 그들의 시선은 엑스레이처럼 상대를 꿰뚫어 본다. 강렬한 눈빛만으로도 상대를 압도한다. 이 레이저 눈빛은 피하는 게 현명하다. 계속 마주하다간 그들의 깊은 눈동자에 빠져들 수 있으니. 전갈자리는 포커페이스의 달인이다. 온화한 표정에 속지 말라. 감정 통제에 대한 강한 욕구가 있다. 미완성된 감정을 드러내는 걸 극도로 꺼린다. 그래서 신비스러운 느낌을 준다. 하지만 이런 욕망은 자주 실패한다. 달처럼 차오르고 이지러지는 감정을 통제하는 건 불가능하니, 흐름에 몸을 맡기는 게 차라리 현명한 통찰이다.

## 화성과 명왕성이 선물한 불같은 의지

감수성 충만하고 영혼에 대한 감지력과 교감력이 뛰어난 물 별자리는 보통 유약해 보이지만, 전갈자리는 결코 그렇지 않다. 강한 결단력과 집중력을 지닌 열정의 소유자들이다. 집념으로 몰입하며 야망은 염소자리 못지않다. 수호행성인 화성(올드 룰러)과 명왕성(모던 룰러)의 힘이다. 건설적으로 목표를 달성하고 힘과 전투력을 과시하는 화성의 특징이 두드러진다. 화성은 가장 강력하고 뜨거운 불이다. 화성의 영향으로 전갈자리는 '불을 품은 물'이라 부르기도 한다. 불과 물은 상극相克의 기질로 전갈자리의 내면에서는 끊임없이 불과 물이 요동친다. 실제 천체 별자리에서도 전갈자리의 심장별인 안타레스는 4대 로열스타 중 하나로, 하늘에서 가장 붉은 별이다. 이는 생명의 근원에 있는 욕망의 붉은색을 상징한다.

## 치명적인 독침의 소유자

현실 세계에서 불을 품은 물을 상상해 보라. '피'와 '술'이다. 물이라기보다는 한 방울의 응축된 에센스다. 술을 싫어하거나 잘못 마시는 전갈자리는 드물고, 한번 싸우면 피 볼 때까지 끝까지 싸운다. 전갈자리의 자존심을 건드렸다면 피투성이가 될 각오를 해야 할 것이다. 지구 끝까지 쫓아가 반드시 복수한다는 소문은 단지 소문이 아니다. 전갈자리를 상징하는 동물, 전갈은 사막의 돌 틈에 고독하게 숨어 사는 강인한 생명력의 소유자다. 1년 가까이 물만 먹고도 산다. 전갈자리도 인내심과 지구력이 강해 아무리 오랜 시간이 걸려도 설욕할 때까지 복수를 멈추지 않는다.

하지만 너무 두려워할 필요는 없다. 건드리지 않으면 절대로 먼저 공격하지 않으며, 받은 은혜도 반드시 몇 배로 되갚으니까. 전갈자리는 독하다. 전갈은 꼬리에 독침을 품었고. 전갈자리 기호 ♏에도 독침이 있다. 전갈은 조용히 한 곳을 응시하다가 먹잇감이 나타나면 길고 휘어진 꼬리로 독을 쏘아 사냥을 한다. 상대의 정곡을 가차 없이 찌르는 독설가이자 본질을 꿰뚫는 통찰가다. 정확한 포인트를 찾아 강력한 한 방을 쏘니 치명적일 수밖에 없다. 전갈자리는 자신의 독이 상대를 죽일 수도 있다는 것을 알고 다룰 줄 알아야 한다. 확신을 충분히 검토하고 정화할 때 독은 약이 되어 자기와 상대를 진정으로 바꾼다.

## 뱀과 독수리로 상징되는 재생과 변형

전갈자리는 뱀이나 독수리로도 상징된다. 허물을 벗는 뱀은 전갈의 재생력을 보여주며, 욕망과 환영을 벗어나는 상징이기도 하다. 자신의 꼬리를 무는 뱀, 우로보로스의 상징인 0이 명왕성의 숫자이기도 하다. 하늘 높이 비상하는 독수리는 중력의 제약을 넘어서 어둠을 통찰하고 본질과 진리를 깨달은 자의 고양된 상태를 보여준다. 자신을 둘러싼 어둠과 불행을 연금술로 승화시키는 과정에서 비로소 명왕성의 힘이 드러난다. 명왕성의 힘은 사실 감지하기 어려울 만큼 미묘하다. 척추 기저에 똬리를 틀고 있는 뱀, 쿤달리니를 깨우기 위해 요기는 에너지를 정렬하고 영혼을 깨우는 아사나를 한다. 많은 사람들이 쿤달리니 요가는 몸과 마음을 치유할뿐더러 영적 각성을 가능케 하는 가장 빠른 길이라고 믿는다. 시련을 이겨내며 탁월한 내면의 능력을 단련하고, 흔들림 없는 자신감을 쌓아간다. 전갈자리의 자존심에는 이런 근거가 있다.

## 내면의 전사,
## 극한의 순간에 피어나는 불사조

전갈자리는 고요한 우물같지만 명왕성의 작용으로 강렬하다. 고독한 열정이 넘친다. 명왕성은 변환과 재생의 상징으로, 깊은 내면의 힘과 영적 성장을 대표한다. 태양에서 가장 멀리 떨어져 있는 작은 행성이지만 어둠을 다스리는 가장 강력한 힘으로 전갈자리에게 죽음 같은 강렬한 자기변형의 힘을 부여한다. 천문학에서는 왜소행성으로 분류되지만, 천문해석학에서는 깊은 어둠을 직면하는 통찰과 변환의 상징성을 지닌다. 차분하지만 내면의 격랑을 품은 전갈자리는 표면적 감정을 절제하면서도 내면의 용암을 품고 있다. 죽음도 두려워하지 않는 이들은 언제나 자신을 갱신하고 넘어서려 한다. 심신의 변화를 겪는 갱년기인 49세에서 56세의 에너지와 상응하는 것도 이 때문이다. 죽음과 재탄생, 공유 자원을 담당하는 8번째 하우스의 인생 영역을 담당하는 별자리로 전갈자리는 양자리부터 천칭자리까지 일곱 별자리를 통과하며 배운 관계의 깊이를 탐구하고, 표면 아래 숨겨진 진실을 파헤치며 죽음과 재생의 순환 속에서 근원적 힘을 발견한다. 다른 이들은 위기라 느끼는 강렬한 체험 속으로 기꺼이 뛰어든다. 바닥까지 파고들어 직접 경험하고 어둠 속에 몰입하며 통찰을 길어 올린다. 극과 극을 오가며 극적 체험을 추구한다. 전갈자리는 위기의 순간에 가장 빛나는 별자리다. 극복해야 할 난관 앞에서 두려움은 잠시, 오히려 투지가 불타오른다. 스트레스나 압박이 많은 상황에서도 자발적 의지로 시련을 통과하는 순간 잠재력을 마음껏 발휘한다. 그때 전갈자리는 독수리처럼 비상해 불사조인 피닉스가 된다.


## 심연과 금기를 파헤치는 도스토예프스키

전갈자리는 명왕성의 변형과 재생의 힘으로 심연을 파헤친다. 러시아의 대문호 도스토예프스키의 태양 별자리는 전갈자리다. 범죄와 살인이라는 극단적 소재를 철학과 구원의 문학으로 승화시켰다. 죽음의 별자리 전갈자리답게 사형 선고라는 죽음의 극한에서 가장 강렬한 문학적 영감을 얻었다. 금서를 읽고, 금지하는 이야기를 한 죄로 체포돼 감옥생활을 하면서 그의 작품은 한층 깊어진다. 이는 전갈자리가 위기의 순간에 자신을 끊임없이 갱신하며 더 깊은 진실을 찾아가는 것과 닮아 있다. "진실이란 마치 태양과 같아서, 그것을 똑바로 바라볼 수 있는 자는 거의 없다"지만 전갈자리는 진실을 갈구한다. 죽음 같은 어둠을 통과하며 재탄생하는 전갈자리의 숙명이다. 《지하로부터의 수기》에서 시작된 철학적 탐구는 《죄와 벌》과 《카라마조프가의 형제들》에 이르러 인간 존재의 근원적 물음으로 확장된다. 전갈자리가 표면적 질서나 관습을 뚫고 본질을 추구하듯, 그는 인간 존재의 가장 깊은 곳을 파고든다. 부조리하고 추악한 세계를 똑바로 응시하면서도 인간성의 빛을 발견해낸다. 《죄와 벌》의 주인공 라스콜니코프의 독백처럼 "끝없는 고통 속에서 그는 드디어 자신을 새롭게 하는 길을 발견했다. 그것은 바로 사랑이었다."

## 자기라는 미스터리와
## 삶이라는 아이러니를 찾아서

"연기는 거짓말을 하는 게 아니라 진실을 찾아가는 여정이에요." 깊이 있는 통찰력과 날카로운 직관으로 30년간 극예술의 본질을 탐구해 온 배우 한석규의 태양 별자리는 전갈자리다. 서울예술대학 연극과 출신으로 연극 무대에서 시작해 〈초록물고기〉, 〈8월의 크리스마스〉, 〈낭만닥터 김사부〉까지, 그의 작품 하나하나는 내면의 진실을 향한 집요한 탐구의 결실이었다. 특히 최근작 〈이토록 친밀한 배신자〉의 강도영은 그의 예리한 감각이 빚어낸 또 하나의 걸작이다. "영화 한 편에 일 년을 매달리기도 해요. 캐릭터가 숨 쉬고 있다는 걸 느낄 때까지요"라며 전갈자리 특유의 완벽을 향한 몰입을 보여준다.

천칭자리에서 전갈자리로, 다시 사수자리로 이어지는 여정은 영혼의 성장을 보여준다. 천칭자리가 이성적 판단과 균형으로 삶을 조율했다면, 전갈자리는 그 너머의 본질과 진실을 탐구한다. 겉으로 보이는 질서와 조화를 뚫고 들어가 숨겨진 심연을 마주하는 것. 이 고독하고 위험한 여정을 지나면 사수자리의 자유와 확장이 기다린다. 낡은 자아를 버리고 새롭게 태어난 전갈자리에겐 새로운 세계관과 비전이 필요하다. 지하 깊숙한 동굴에서 탐구하던 전갈이 마침내 하늘을 향해 활시위를 당기는 사수가 되는 것이다. 전갈자리에게 가장 경이로운 미스터리는 바로 자기 자신이다. 그리고 삶이라는 아이러니다. 이 아이러니를 이해하려는 절실한 몸부림으로 기꺼이 심연을 경험한다. 내면의 고독과 끊임없이 싸우는 사람들. 이토록 심오하고 매력적인 전갈자리를 피해 가기란 쉽지 않다.

## 전갈자리 주간별 강점과 약점

**10월 19일~ 10월 25일**
**삶에 대한 분별력으로 진실을 찾는 '드라마와 비평의 주간'**
**강점:** 감각적인, 카리스마가 넘치는, 예술적인
**약점:** 지나치게 비판적인, 중독의 성향, 혹독한

천칭자리의 지성과 전갈자리의 감성이 혼합되어 독특한 개성을 지닌다. 예민한 지각력과 예리한 통찰력을 바탕으로 카리스마와 지적 매력을 동시에 발산한다. 겉으로는 책임감 있어 보이지만 실제로는 예측불가한 드라마틱한 성향을 보인다. 사회적 규범에 도전하는 충동적 면모가 있으며, 사랑에서는 여러 관계를 거치며 깊은 감정의 흔적을 남긴다. 관계에서 중독적 성향과 깊은 집착을 보일 수 있어 주의가 필요하다. 특히 아이들에게 과도한 기대를 걸지 않도록 조심해야 한다. 타인에게는 지나치게 비판적이면서 자신의 오류는 인정하지 않는 이중적인 면모를 보일 수 있다. 과거의 아픔을 뒤로하고 미래를 향해 나아가야 하며, 특히 냉소와 조롱은 독이 될 수 있으니 경계할 것. 평형과 균형을 유지하면서 삶과의 투쟁을 지속하는 것이 중요하며, 탈출의 유혹에 저항하고 자기연민을 피해야 한다.

**10월 26일~11월 2일**
**방향성과 자제력을 지닌 강인한 능력 '강렬함의 주간'**
**강점:** 진실한, 통찰력 있는, 한 가지에 몰입하는
**약점:** 고통을 주는, 엄격한, 자기 파괴적인

중년의 시작을 상징하는 사람들로 개인의 파워가 온전히 드러나며 통제력을 발휘한다. 날카로운 안목으로 도덕성과 윤리 문제에 엄격한 기준을 적용하며, 자신에게도 예외는 없다. 밝은 면과 어두운 면이

뚜렷이 대비되는 양극단적 성격의 소유자로, 그 광채는 어떤 딱딱한 가슴도 녹일 수 있다. 변명을 받아들이지 않고 용서하기 어려운 완벽주의적 성향을 보이며, 비판에 매우 민감하다. 뛰어난 유머 감각과 모방 능력을 지녔지만, 때로는 지나치게 몰아붙이는 경향이 있다. 특히 상대방의 웃음 코드를 발견하면 끝까지 자극하는 성향이 있어 주의가 필요하다. 여러 가지를 조금씩 잘하기보다는 한 가지를 확실히 잘하는 것이 더 바람직하며, 운명을 개선시키고자 하는 강한 의지가 있다. 가족과 친구들로부터의 인정과 사랑에 대한 갈망이 크며, 이는 때때로 지나친 완벽주의로 표출된다.

**11월 3일~11월 11일**
**진지한 통찰력을 지닌 거부할 수 없는 매력 '깊이의 주간'**
**강점:** 진지한, 확고한, 성적인
**약점:** 우울한, 근심 걱정이 많은, 도피주의자

중년기에 새롭고 심오한 힘의 원천을 발견하는 사람들이다. 피상적인 것을 거부하고 모든 면에서 깊이 있는 접근을 추구하며, 일과 여가에서는 경쟁적이나 사생활에서는 그렇지 않다. 고통받는 사람들의 마음에 쉽게 동화되는 공감 능력이 있으며, 내면의 감정을 쉽게 드러내지 않는다. 사랑하는 사람들을 보호하기 위해서라면 강력한 역습도 불사하는 전사의 면모를 보인다. 화산과 같은 감정 폭발이 가끔 일어나지만,

이는 쉽게 잊히지 않는 강렬한 인상을 남긴다. 동물과 어린이에게 특별히 친절하고 좋은 부모가 되는 자질을 갖췄으며, 보호와 양육의 본능이 강하다. 상황을 너무 심각하게 받아들이지 말고, 자신과 세상을 향해 더 많이 웃어야 하며, 자신의 통찰력을 건설적으로 사용하는 것이 중요하다. 식탁과 침대의 쾌락을 즐기는 육체적인 존재이지만, 상대방을 예민하게 배려할 줄 아는 절제력도 갖추고 있다.

### 11월 12일~11월 18일
### 흡입력 있는 카리스마와 뛰어난 판단력 '매력의 주간'
**강점:** 침착한, 매력적인, 수완이 좋은
**약점:** 방어적인, 자만하는, 지배하려는

자석 같은 매력과 카리스마로 타인에게 강한 영향력을 미치는 사람들이다. 현실주의적 성향으로 자신과 타인의 능력을 정확히 평가하며, 뛰어난 경영자적 자질과 리더십을 보유했다. 강한 자신감이 때로는 자만과 독선으로 이어질 수 있어 주의가 필요하며, 더 높은 성취를 위한 주변의 격려가 중요하다. 체면을 중시하고 쉽게 타협하지 않으며, 비생산적인 관계는 과감히 정리하는 냉정함을 보인다. 중독에 빠지면 벗어나기 어렵지만, 한번 끊으면 다시 시작하지 않는 강한 의지력의 소유자다. 친구 관계를 통해 자신의 부족한 면을 보완하는 지혜로움이 있으며, 특히 자신과 다른 성향의 사람들과 교류하며 성장한다. 높은 목표를 향해 도전하되, 때로는 위험도 감수할 줄 아는 용기가 필요하며, 실패를 두려워하지 않는 자세가 중요하다. 노년의 외로움을 피하기 위해서는 상처를 감수하고서라도 마음을 열어두는 용기가 필요하다.

# 전갈자리의
# 인간관계 가이드

## 전갈자리의 가족 관계

삶과 죽음이 교차하는 순간, 전갈자리 아이는 태어난다. 전갈자리 아이가 태어나기 전 누군가의 죽음이 선행되었다는 임상이 많다. 어릴 때 꽤 많은 가족의 죽음을 겪는다. 우주가 깊은 비밀을 속삭이듯, 그들은 이른 나이에 상실을 경험하며 존재의 신비를 마주한다. 전갈자리는 어려서부터 악몽, 죽음, 검은 물의 꿈을 자주 꾼다. 전갈자리 아이가 울면서 잠이 깨면 꿈 얘기를 들어주고 다정하게 안아주며 감정적 안정을 만들어줘야 한다. 이런 경험은 그들의 영혼에 각인되어 삶의 깊이를 더하고, 가족과의 유대를 더욱 강렬하게 만든다. 표면은 잔잔해 보이지만, 그 속에는 강렬한 감정의 파도가 끊임없이 움직인다.

민감한 컨트롤러인 전갈자리 아이들에게는 사랑을 듬뿍 주면서 긴장된 에너지를 풀어주는 것이 중요하다. 형제들이나 친구들 사이에서 양보할 줄 알고, 실패를 받아들이는 법을 가르쳐 주면 좋다. 자기만의 비밀을 간직하도록 작은 열쇠가 있는 비밀 상자를 선물해 주면 좋아할 것이다.

전갈자리 부모는 헬리콥터 부모가 되려는 충동을 느낄 때도 있겠지만, 자녀의 비밀스러운 내면세계를 존중하며 그들만의 여정을 지켜볼 것이다. 위기의 순간에는 누구보다 강한 보호본능을 발휘하며, 말로 표현하지 않아도 깊은 사랑으로 가족을 지킨다. 일상적인 잔소리보다는 중요한 순간의 깊은 대화가 그들에게 더 효과적이며, 전화 통화는 짧고 간결하게, 만남은 깊이 있게 나누는 것이 좋다. 가족들의 감정 변화를 예민하게 감지하며, 때로는 가족 내 감정의 중재자 역할을 자처한다. 특히 자녀들의 내면 성장을 중요시하며, 그들이 자신만의 비밀을 가질 권리를 존중한다.

전갈자리의 가족 관계는 깊이 있는 직관과 강한 유대감을 바탕으로 한다. 겉으로는 무심해 보일 수 있으나, 실제로는 가족 구성원 각자의 감정을 섬세하게 읽어내고 이해하려 노력한다. 지나친 간섭은 피하고 적절한 독립성을 보장해줘야 한다. 한 전갈자리 부모는 우울증을 겪는 자녀에게 일일이 체크하지 않고 그만의 공간을 만들어준 결과, 자녀가 스스로 어려움을 극복한 경우도 있다. 이처럼 전갈자리는 위기 상황에서 든든한 버팀목이 되어주되, 각자의 비밀과 사생활을 존중하는 특유의 가족 관계를 형성한다. 겉으로는 소원해 보일 수 있는 이러한 관계 방식이 오히려 더 깊은 신뢰와 이해를 만든다.

## 전갈자리의 친구 관계

깊고 진실한 우정을 추구한다. 사회에서 만나도 깊이 교감하는 감정적 유대가 필수 조건. 그들에게 우정은 단순한 관계가 아닌, 영혼의 교감이다. 평생 의리를 다하며 강렬하고 뜨거운 우정을 나눈다. 피상적인 만남은 물거품처럼 사라지고, 진정한 교감만이 남는다. 일단 마음을 연 친구에게는 자신의 가장 깊은 내면까지 보여주며, 어떤 어려움 속에서도 변함없는 충성심을 보인다. 전갈자리와 진정한 우정을 쌓기 위해서는 소소한 일상보다는 깊이 있는 대화로 접근하되, 너무 빨리 친밀해지려고 서두르지 않는 것이 중요하다. 표면적인 사교성보다는 진정성 있는 관계를 추구하기에, 처음 만난 사람들에게는 차가워 보일 수 있다. 친구의 비밀을 절대적으로 지키며, 이는 우정의 기본이자 핵심이라 생각한다. 어려운 상황에서도 묵묵히 친구 곁을 지키며, 그들만의 방식으로 깊은 지지를 보낸다. 겉으로는 표현하지 않지만, 친구들의 작은 변화도 놓치지 않고 챙긴다.

SNS에서 친구의 게시물마다 '좋아요'를 누르는 대신, 의미 있는 날에 깊이 있는 메시지를 보내거나 친구가 언급했던 책을 선물하는 등 섬세한 방식으로 관심을 표현한다. "네가 지난번에 힘들어할 때 내가 아무 말도 못했는데, 이 책이 도움이 될까 봐"라며 조용히 책을 건네는 식이다. 친구의 생일 파티보다는 둘만의 의미 있는 시간을 갖는 것을 선호하며, 그 시간 동안 서로의 깊은 이야기를 나누며 유대감을 쌓는다.

위기의 순간에는 특유의 통찰력으로 친구의 내면을 꿰뚫어 보고 실질적인 도움을 준다. 친구가 이직을 고민할 때 밤새 함께 앉아 커리어 계획을 세워주거나, 이별의 아픔을 겪을 때 마음의 치유를 돕는 등 진정성 있는 조언자가 되어준다. 이처럼 전갈자리의 우정은 깊이와 신뢰를 바탕으로 평생을 함께하는 영혼의 단짝이 된다.

전갈자리는 특히 물고기자리나 게자리 친구들과 깊은 우정을 나눌 수 있다. 이들의 감수성과 직관력이 전갈자리의 깊이 있는 내면세계에 자연스레 스며들기 때문이다. 처녀자리 친구와는 서로의 분석적인 면모를 이해하고 존중하며, 실질적인 조언을 주고받을 수 있다. 반면 양자리나 쌍둥이자리처럼 활발하고 외향적인 성향의 친구들과는 초반에 거리감을 느낄 수 있다. 의미론자이자 심오한 전갈자리는 이들의 팔랑거림을 탐탁지 않아 한다. 그렇지만 성숙한 전갈자리라면 서로의 다름을 인정하고 보완하는 관계로 발전할 수 있다.


## 전갈자리의 연인과 부부 관계

《구의 증명》의 주인공처럼 죽음도 넘어서는 사랑을 꿈꾼다. 모든 것을 나눌 수 있는 거짓 없는 관계를 원한다. 연인에 대한 그들의 사랑은 전부 아니면 전무. 중간은 없다. 한 사람에게 만족하지 못한다면 전갈자리에게 눈길을 주지 마라. 어장관리를 하거나 권태기에 한눈을 판다면 전갈자리 연인에게 독침을 장전할 빌미를 준다. 연인의 배신은 이들에게 치명적인 상처가 되며, 오랫동안 아물지 않는 흔적을 남긴다.

전갈자리의 플러팅은 은밀하지만 강렬하다. 전갈자리는 여럿이 함께 있을 때와 둘이 있을 때 모습이 확연히 다르다. 그렇다고 쉽게 사랑에 빠지진 않는다. 처음에는 의심이 강해 강렬히 끌려도 치밀하게 따지고 지켜본다. 믿어도 될 사람인지 마음을 나눠도 될 사람인지 엄격하게 테스트한 후 존재를 걸어 사랑한다. 사랑에 대한 그들의 헌신은 절대적이며, 한번 진심으로 사랑하면 영원히 그 사람을 잊지 못한다. 관계에서 감정적 독점욕이 강하며, 이는 때때로 연인을 부담스럽게 만들 수 있다. 전갈자리는 질투의 화신이다. 상대의 모든 것을 독점하고 싶은 욕망은 질투로 끓어 오른다. 자신의 영혼을 온전히 걸어도 좋을 만한 사람이 있다면, 질투와 집착이라는 어둠을 통과하며 진정한 사랑의 의미를 깨닫는다. 질투가 생기면 상대를 의심하거나 통제하는 것이 아니라 그 감정의 근원을 깊이 탐색하라. 자기에게 집중해 내면의 불안과 두려움을 직면한 후 질투를 통해 통찰한 깊은 욕구를 파트너와 솔직히 나누는 용기를 내라. 더 깊은 친밀감과 신뢰가 쌓일 것이다. 이 모든 어두운 감정을 품을 수 있는 것은 오직 이해를 통한 깊은 사랑뿐이다. 그것은 소유가 아닌 이해로, 집착이 아닌 자유로, 강박이 아닌 수용으로 나아가는 해방의 문을 열어줄 것이다.

전갈자리는 성적인 본능이 뛰어나고 관능적이다. 단순한 육체적 결합을 넘어, 서로의 존재 자체를 완전히 이해하고 받아들이는 것을 갈망한다. 오르가슴은 작은 죽음을 뜻한다. 완전한 결합을 통한 전갈자리의 섹스에는 자신이 죽는 경험을 통해 새롭게 거듭난다는 변신과 재탄생의 함의가 숨겨져 있다.

반려자와의 깊고 충실한 관계는 전갈자리의 삶에서 가장 중요하다. 자신의 깊은 속내를 나눌 수 있는 운명의 파트너를 찾는다. 특히 물 별자리와는 자연스러운 공명이 일어나며, 황소자리나 물병자리와는 미묘한 긴장감 속에서 강렬한 매력을 느낀다. 확고한 자기 개성을 표현하는 별자리에게 매력을 느껴 연인이 될 가능성이 높고 결혼도 많이 한다. 전갈자리와의 사랑을 키우고 싶다면 비밀스러운 매력을 발산하되, 서두르지 말고 천천히 마음을 열어가는 과정이 필수적이다. 성미가 급한 불 별자리(양, 사자, 사수)는 인연이 되기 어렵고, 연애를 시작해도 도무지 속을 알 수 없어 답답하고, 속도 때문에 부글거릴 것이다.

## 전갈자리와 잘 지내는 방법

누군가 당신에게 전갈자리 친구의 비밀을 속닥거린다면? 귀가 솔깃하더라도 잠깐 멈춰라. 이들은 자신의 이야기를 뒤에서 수근거리며 가십거리로 만드는 걸 극도로 싫어한다. 비밀을 어렴풋이 알아채더라도 스스로 말할 때까지 믿고 기다려주는 것이 전갈자리와의 우정을 쌓는 치트키다. 전갈자리는 자기도 모르는 복잡하고 깊은 감정을 음미하고 자신에 대해 충분히 몰입해서 스스로 결정하도록 시간을 줘야 한다. 전갈자리는 반추와 되새김 전문가다. 물질적 비물질적 코어만 남기고 모조리 의심하며 뿌리 질문을 한다. 자기만의 전쟁을 치르고 있으니 기다려줘라. 마음속에 비밀을 품지 않은 사람은 없다. 특히 전갈자리에게 비밀은 더 깊은 통찰로 가는 소중한 재료다. 혹여 전갈자리의 비밀을 알더라도 무덤까지 가져가야 전갈자리의 마음을 얻을 수 있다.

전갈자리는 자신의 복잡미묘한 감정을 충분히 몰입하고 싶어 한다. 마음을 어지럽히는 불순물이 가라앉아 청정해질 때까지, 그들의 감정도 시간이 필요하다. 스스로 마음의 문을 열 때까지 따뜻하게 기다려주면 더없이 좋다. 가끔 전갈자리 친구가 휘몰아치는 감정을 격정적으로 쏟아낼 때가 있을 것이다. 그때는 판단 없이 잘 들어주라. 긍정의 빛을 비춰주면 금상첨화. 당신의 따뜻한 응원은 금세 그들의 감정을 정화시켜 거친 파도를 잠재우고 잔잔한 호수로 만들어줄 것이다.

전갈자리에게 마음을 얻고 싶다고 겉치레 칭찬을 하는 건 금물. 전갈자리는 본질을 꿰뚫어 보는 날카로운 직관이 있어서, 영혼 없는 말은 금방 알아차린다. 환심을 사려다 도리어 당신의 진정성까지 의심받을지도 모른다. 가끔 그들의 날카로운 직관이나 본질을 파고드는 성향이 불편하게 느껴질 수 있다. 하지만 당신을 더 깊이 이해하려는 그들만의 표현 방식이다. 전갈자리와의 우정은 시간이 갈수록 더욱 깊어지는 희귀한 보석 같은 인연이 될 것이다.

· **게자리 ★★★★★**: 두 별자리 모두 풍부한 감수성과 강한 보호본능으로 깊은 정서적 교감을 나눌 수 있다. 서로의 감정을 직관적으로 이해하고 지지하며, 안정적이고 신뢰감 있는 관계를 형성한다. 지혜롭다면 소울메이트각.

· **물고기자리 ★★★★**: 전갈자리의 강렬한 열정과 물고기자리의 따뜻한 포용력이 만나 말하지 않아도 서로의 마음을 읽고 깊은 정신적 유대를 만들어간다.

· **양자리 ★★★**: 강한 개성과 리더십의 충돌 조심. 서로를 존중한다면 전갈자리의 깊은 통찰력이 양자리의 추진력을 만나 강력한 시너지를 낼 수 있다.

· **황소자리 ★★★**: 황소자리의 안정감과 전갈자리의 통찰력이 균형을 이뤄 견고한 파트너십이 가능하다. 전갈자리의 격정과 황소자리의 고집의 충돌을 조심할 것.

· **처녀자리 ★★★**: 전갈자리의 예리한 직관력과 처녀자리의 체계적인 분석력이 시너지를 만든다. 문제 해결에 있어 처녀자리의 실용적 접근과 전갈자리의 통찰력이 완벽한 균형을 이룬다.

# 전갈자리의
# 라이프 밸런스 가이드

## 전갈자리의 건강과 운동

전갈자리는 큰 사고나 위기엔 강하지만 감정에 취약하다. 특히 깊이 마음을 준 사람의 배신으로 질투 등 강렬한 감정과 강박이 생길 때 무너진다. 우울이나 과로로 자신의 몸을 해치지 않도록 돌보라. 체력은 강한 편이지만 한번 아프면 제대로 크게 앓는다. 잘 쉬어주고 끓어오르는 분노를 고요하게 받아들이고 감정에 매몰되지 않게 잘 참는 게 화근이다. 객관화하는 태도가 가장 좋은 치료제이다.

전갈자리와 상응하는 신체는 생식기다. 여성의 자궁과 남성의 성기다. 새로운 생명의 씨앗이 잉태되는 기반이기도 하다. 태양 별자리가 전갈자리인 사람뿐만 아니라 외모나 신체 특징을 상징하는 동쪽 별자리가 전갈자리인 경우, 건강 하우스인 6번째 하우스의 경계선이 전갈자리에서 시작되는 사람이라면 생식기 건강에 특히 신경 쓰고, 산부인과나 비뇨기과 검진을 받거나 체크하는 것이 중요하다.

추천하는 운동은 강도 높은 요가나 필라테스다. 깊은 호흡과 함께하는 운동이 정신적 안정과 신체 균형을 돕는다. 실제로 한 전갈자리 여성은 10년간의 우울증을 아쉬탕가 요가를 통해 극복했다고 한다. 또한 수영이나 잠수와 같은 물속 운동도 전갈자리의 에너지를 긍정적으로 순환시키는데 도움이 된다. 극한의 운동을 통해 자신의 한계에 도전하는 크로스핏, 격렬한 감정을 쏟아내기 좋은 철인 3종 등의 익스트림 스포츠도 좋다. 정신 건강과 무예를 한꺼번에 기를 수 있는 검도도 제격이다. 강도 높은 운동 후에는 반드시 따뜻한 차를 마시며 명상하는 시간을 가져 심신의 균형을 맞추는 것이 좋다. 특히 생강차나 계피차는 전갈자리의 차가운 기운을 다스리는 데 효과적이다.

## 전갈자리의 일과 재능

독립적으로 일하는 것을 선호하지만, 조직 생활에서도 은밀하게 영향력을 발휘한다. 인간 본성에 대한 깊은 이해를 바탕으로 배후에서 실질적인 권력을 행사하는 경우가 많다. 최고 권력자의 심기를 귀신같이 읽어내며, 자신의 목표를 달성하는 전략적 지혜를 지녔다. 어떤 분야든 경쟁자를 압도할 만한 실력을 추구하며, 완벽주의적 성향으로 자신의 분야에서 최고가 되기 위해 열정적으로 일한다. 독립성을 보장받으면서도 영향력을 행사할 수 있는 포지션을 찾는 것이 중요하다. 심리 상담, 의료, 수사, 연구, 금융 분야가 특히 적합하며, 어떤 분야든 깊이 있는 전문성을 추구하는 것이 핵심이다. 타인과의 경쟁보다는 자신의 한계에 도전하는 것을 즐기며, 완벽주의적 성향을 긍정적인 동력으로 활용할 때 타고난 힘을 제대로 쓸 수 있다. 내면의 치유력과 통찰력을 바탕으로, 세상을 의미 있게 변화시키는 분야를 선택하는 것이 행복한 직업 생활의 열쇠가 된다.

### 운명 컨설턴트, 천문해석학자

타인의 심리를 꿰뚫어 보는 예민한 통찰력을 지녔다. 레이더처럼 상대방의 미묘한 감정 변화를 감지하며, 표면적 행동 너머의 숨겨진 욕구와 동기를 정확히 파악한다. 치유의 에너지를 가진 전갈자리는 심리상담가나 치료사로서 뛰어난 재능으로 이어진다. 특히 점성학 분야에서 우주의 움직임과 인간 심리의 상관관계를 읽어내는 탁월한 직관력을 발휘한다. 이 책을 함께 쓴 작가들도 모두 전갈자리 에너지가 가득하다. 다만 타인의 감정을 지나치게 컨트롤하려는 충동을 경계해야 하며, 자신의 격정을 잠재우고 정화하는 과정은 필수적이다.

### 심층 연구자

한번 관심을 가진 분야는 끝까지 파고드는 집요함을 지녔다.

호기심이 불타오르는 분야에서 특히 빛난다. 고고학자처럼 층층이 파고들어 진실을 발굴해내며, 때로는 식음을 잊을 정도로 몰입한다. 모든 감각을 동원해 목표에 집중하는 강렬한 에너지는 타의 추종을 불허하는 완성도로 만들어낸다. 복잡한 문제를 해결하거나 심층적인 연구를 필요로 하는 분야에서 탁월한 성과를 보인다.

### 범죄수사관, 프로파일러

섣불리 다른 사람을 믿지 않는 의심 많은 성향은 범죄 수사나 프로파일링에서 강점이 된다. 인간 심리의 어두운 면을 직시하고 다룰 수 있는 용기와 악의 본질을 꿰뚫어 보는 통찰력이 있다. 이들은 표면적 진실에 만족하지 않고 깊은 심리적 동기를 파고드는 본능적 능력을 지니고 있다. 무엇보다 전갈자리의 내면에 흐르는 정의감과 진실을 향한 열정은 어둠 속에서도 빛을 찾아내는 희망의 등불이 된다.

### 금융투자자, 펀드매니저

날카로운 직관력과 철저한 분석력으로 시장의 흐름을 꿰뚫어본다. 위험을 감지하는 예민한 감각은 투자 분야에서 큰 강점이 된다. 표면적인 현상 너머의 본질을 파악하는 능력이 뛰어나 장기적 관점의 투자 전략 수립에 탁월하다. 또한 완벽주의적 성향으로 철저한 리스크 관리가 가능하며, 감정에 휘둘리지 않고 냉철한 판단을 내릴 수 있다. 특히 위기 상황에서도 흔들림 없이 시장의 불안정성을 예측하고 대응하는 능력이 뛰어나다.

## 전갈자리의 재테크

전갈자리는 양으로 음으로 강력한 힘을 추구하기에 돈을 터부시하지 않는다. 오히려 자신의 영향력을 확장하는 도구로서 재력의 가치를 정확히 알고 있다. 전갈이 먹이를 사냥할 때처럼, 기회가 왔을 때 과감하게 움직이는 투자 성향을 보인다. 소유욕도 강렬해서 한번 마음에 둔 자산은 놓치지 않으려는 집요함이 있다. 그러나 전갈자리는 물질적인 것보다 정신적인 가치를 중시하는 별자리다. 단순한 부의 축적보다는 그 돈이 가져올 변화와 의미에 더 큰 가치를 둔다. 재산을 축적하는 명확한 비전과 의미가 있어야 동력이 생긴다.

대범한 성격 덕분에 하이 리스크 하이 리턴 투자를 할 배짱이 있다. 남들이 두려워하는 투자 종목도 철저한 분석만 거치면 과감하게 진입한다. 하지만 이는 무모함과는 거리가 멀다. 전갈이 사냥 전 먹이의 동선을 면밀히 관찰하듯, 투자 전 꼼꼼한 리서치를 진행한다. 최악의 시나리오까지 고려한 뒤에야 움직이는 신중함이 있다.

또한 거시 경제의 흐름을 읽는 눈과 판단력이 뛰어나 주식, 선물, 옵션과 같은 파생상품 투자에서 두각을 나타낸다. 시장의 미세한 변화도 놓치지 않고 민감하게 포착한다. 단기적인 수익보다는 가치 투자에 중점을 둔 장기 투자를 선호한다.

재테크에서도 전갈자리 특유의 침착함이 빛을 발한다. 주가가 출렁이고 시장이 혼란스러워도 본질적 가치에 집중하며 일희일비하지 않는다. 깊은 통찰력으로 전체 흐름을 읽어내고, 기회가 왔을 때 결코 놓치지 않는 전략을 구사한다. 낭비는 전갈자리의 DNA와 맞지 않는다. 죽은 것도 되살리는 전갈자리의 재생력은 재테크에서도 빛을 발한다. 버려진 것에서 가치를 발견하고 재조명하는 능력이 탁월하다. 골동품이나 빈티지 아이템에 대한 투자, 부동산 재건축 등 오래된 것의 가치를 되살리는 투자에서도 독보적인 성과를 낸다. 더불어 위기의 순간에도 동요하지 않고 차분히 대응하는 강인한 정신력은 장기 투자자로서 성공할 수 있는 중요한 자질이다. 전갈이 위험한 순간에도 침착하게 대처하듯, 시장의 극심한 변동 속에서도 본연의 투자 원칙을 지켜내는 힘이 있다.

# 전갈자리를 일깨우는
# 해방 가이드

## 전갈자리의 아킬레스건
## 모든 것을 컨트롤하려는 강박

지나친 통제 욕구는 전갈자리의 아킬레스건이다. 모든 상황을 자신의 의지대로 조종하고 통제하려는 강박적 욕구는 깊은 내면의 불안과 연결되어 있다. 이러한 통제 욕구는 종종 예리한 통찰력과 결합하여 타인의 심리를 꿰뚫어 보고 은밀히 조종하려는 경향으로 나타난다. 결국 이는 자신마저 옭아매는 완벽주의의 감옥이 되어 고립으로 이어질 수 있다.

통제할 수 없는 상황에 직면할 때, 전갈자리는 깊은 어둠의 심연으로 빠져들기 쉽다. 완벽한 장악력을 잃어버린 순간의 무력감은 그들을 극단적인 비관과 허무의 나락으로 끌어내린다. 이때 그들은 더욱 강박적으로 통제의 끈을 움켜쥐려 하지만, 이는 오히려 더 깊은 어둠의 소용돌이에 휘말리게 만든다. 통제 불가능한 현실 앞에서 느끼는 무력감과 극단적 강박은 파괴적인 자기 학대나 타인을 향한 냉혹한 조종으로 표출되기도 한다.

전갈자리는 자신의 통제 욕구를 타인에게 투사하며 미러링한다. 교묘한 방어기제로 자신의 통제적 성향을 정당화하는 함정에 빠진다. 그러나 지성의 날카로운 통찰력으로 이를 자각한다면, 오히려 자기 성찰의 기회가 될 수 있다. 본질과 핵심에 집중할수록 평온해진다. 타인을 컨트롤하는 것이 아니라 그 방향을 바꿔 자기를 컨트롤할 때 전갈자리의 진정한 변형이 시작된다. 내가 통제할 수 있는 건 오직 나뿐이다. 진정한 지혜는 타인이 아니라 자신을 바꾸는 데 있다. 나의 일, 너의 일, 신의 일을 구분하는 것부터 시작하라.

통제를 포기하고 흐름에 맡기는 법을 배우는 것도 중요하다. 완벽한 통제란 불가능하다는 것을 받아들이고, 불확실성을 수용하는 용기가 필요하다. 단순한 직감에 의존하는 것이 아니라 객관적 통찰을 통해 직관으로 승화시킬 때, 강박적 통제는 건강한 자기 변신으로 전환된다. 그때 전갈자리의 깊은 통찰력은 진정한 지혜의 빛을 발한다.

# 전갈자리답게 살기 위해
# 통과해야 할 미션

### 훌륭한 적과 정확하게 겨루기

무분별한 힘의 과시가 아닌, 진정한 적수와 고귀한 승부를 통해 성장하는 것이 전갈자리의 첫 번째 숙제다. 검객이 진검승부를 통해 기예를 연마하듯, 삶의 진정한 도전 앞에서 자신을 단련해야 한다. 성숙한 전갈은 더 이상 싸움을 걸지 않고, 오히려 모든 이에게 따뜻한 미소를 보내는 초월자가 된다. 본질과 원리를 꿰뚫었기 때문이다. 폭풍우 치는 바다 위를 평화롭게 걸어가는 것과 같은 초연함을 얻는다. 그 전에 최고의 적수를 만나 훌륭한 승부를 겨루며 꾸준히 연마해야 한다.

### 직면하고 변형하기

문제를 정면으로 마주하고 새롭게 태어나는 경험이야말로 전갈자리의 자신감을 키우는 원천이다. 자신을 속이지 않고 정직하게 마주하는 태도가 중요하다. 전갈자리는 잘 속인다. 아큐의 자기기만에 기댄 정신 승리를 벗어던져야 한다. 불사조처럼 여러 번 죽었다 살아나는 과정을 거치며, 죽음조차 두려워하지 않는 강인함을 얻는다. 한 번 죽을 때마다 더 강해지고, 한 번 깨질 때마다 더 단단해진다. 이는 단순한 재생을 넘어선 이전으로는 돌아가지 않는 완전히 다른 차원의식적 도약이다. 전갈자리는 매번 새로운 자신으로 거듭나는 불굴의 전사다.

## 자신의 취약함을 드러내기

자신의 취약함을 숨기지 말고 드러내는 용기를 가져라. 완벽한 갑옷 속에 숨어 있으면 두려움이 마음을 지배한다. 전갈자리는 장막 뒤에 숨어서 비밀스럽게 힘을 쓰는 것을 선호한다. 그러나 자신의 부족함을 드러내는 순간, 오히려 더 큰 자유와 힘이 솟아난다. 분노, 원망, 슬픔 등 부정적 감정을 부정하지 않고 인정하며 건강하게 표현하는 것이 중요하다. 부정적 감정을 회피하지 않고 찬찬히 해부할 때 진짜 깊은 욕망을 알 수 있다. 전갈자리는 깊고 복잡해서 잠잠히 응시하지 않으면 자기욕망을 스스로도 헷갈려 한다. 진짜 강함은 약한 모습도 포용하고 보여줄 수 있는 용기에서 시작된다.

## 용서하기

전갈자리에게 가장 어려운 과제는 용서다. 이들은 삶에서 큰 상실과 위기를 한 번쯤은 겪게 된다. 상실과 배신의 칼날에 베인 깊은 상처를 치유하고 용서하려면 끝없는 자기 탐구와 인간에 대한 이해가 필요하다. 미움과 원망에서 시작해서 용서로 전환하는 지난한 과정에서 통찰을 배운다. 진정한 용서는 단순히 잊어버리는 것이 아니라, 경험을 통합하고 초월하는 과정이다. 나아가 타인을 용서한다는 것은 다른 세계를 이해하고 받아들이는 영혼의 확장이다. 상처 준 사람도 불완전한 인간임을 깨닫고 사람에 대한 깊은 이해가 생긴다. 용서는 상대를 위한 것이 아니라 자신을 위한 최고의 해독제임을 깨닫는다면 더할 나위 없다. 복수는 또 다른 복수를 부르는 독이다. 최고의 복수는 용서다. 상실의 독을 품은 채로는 치유자가 될 수 없다. 성숙한 전갈자리의 마음장에는 한 톨의 미움도 없다.

## 전갈자리의 영혼을 깨우는 법

그리스 신화 속 전갈자리 신화는 영웅 헤라클레스의 가장 위대한 시련이자 과업이다. 아홉 개의 머리를 가진 괴물 히드라와의 대결, 머리 하나를 자르면 두 개가 다시 자라나는 히드라의 모습은 우리 내면의 영적 성장 과정을 생생하게 비춰준다.

히드라의 아홉 개의 머리는 인간 내면에 숨어 있는 가장 깊은 그림자들이다. 성적 욕망부터 안락함에 대한 갈망, 물질적 탐욕, 두려움, 증오, 권력욕, 자만심, 분리 의식, 그리고 잔인함까지. 이 욕망들은 히드라처럼 끈질기게 우리를 시험하며, 한 형태를 넘어서면 또 다른 모습으로 나타난다. 끝내 사라지지 않는 히드라의 불사의 머리는 험난한 시험을 예고한다. 죽은 줄 알았던 욕망은 죽지도 않고 또 우리를 시험한다. 전갈자리는 고난이도의 테스트를 치르는 전장을 산다.

이 신화는 우리에게 깊은 내면의 변환의 길을 안내한다. 히드라의 암흑과도 같은 괴물성이 날개 달린 신성한 페가수스로 변하는 과정은 인간 영혼의 놀라운 연금술을 상징한다. 이 변환의 핵심은 '가벼움'

과 '빛'에 있다. 우리를 짓누르는 무거운 욕망의 환영을 직시하고, 진리 앞에서 겸손해질 때, 또 우리의 어두운 그림자를 의식의 빛으로 비출 때 비로소 영적 상승이 시작된다. 이때 비로소 해방이 시작된다.

전갈자리 신화가 들려주는 이야기는 곧 에고의 죽음과 부활의 신비로운 여정이다. 낡은 자아는 완전히 벗겨지고 죽어야 한다. 이는 파괴를 위한 죽음이 아닌, 더 높은 차원으로의 재탄생을 위한 필연적 과정이다. 신화는 우리에게 이 진리를 은유적으로 전한다. 히드라의 아홉 개의 머리가 상징하는 집착과 욕망을 하나씩 초월할 때마다, 우리의 영혼은 한 단계씩 상승하며 마침내 페가수스처럼 자유롭게 하늘을 날 수 있다.

전갈자리의 영혼을 깨우는 과정은 존재 자체의 근본적인 변환을 요구한다. 가장 어두운 면을 마주하고, 받아들이며, 변화하는 여정이다. 우리 삶에서 마주하는 여러 전환점들이 바로 작은 '죽음과 부활'의 순간들이다. 안정된 직장을 떠나 새로운 도전을 시작하거나, 오래 지녀온 잘못된 믿음과 습관을 바꾸거나, 큰 실패와 상실 후에 새로운 삶의 의미를 발견하는 경험들이 그것이다. 이런 순간들은 이전의 자아를 과감히 내려놓고 더 성장한 새로운 모습으로 거듭나는 과정으로, 비록 고통스럽고 두려울 수 있지만 이를 통해 우리는 더 높은 차원의 지혜와 깨달음에 이를 수 있다. 깨달음은 아주 특별한 무엇이라기보다 진짜를 아는 것, 환영을 벗어나 실재를 마주하는 것이다. 걸림이 없이 평온한 상태다. 이 길의 끝에서 우리는 히드라가 페가수스로 변환되듯, 제한된 자아를 벗어나 더 높은 의식으로 비상할 수 있다. 이 테스트를 통과한 전갈자리는 무거운 진지함을 벗고 가볍게 바보처럼 산다.

## 전갈자리에게 추천하는 콘텐츠

### 죽음과 어둠을 잘 어루만지며 빛나는 통찰을 보여주는 책

- 《소년이 온다》한강 지음_ 무고한 영혼들의 말을 대신 전하는 듯한 진심 어린 문장들로 5.18의 역사와 인간의 본질을 다룬 충격적인 소설.
- 《슬픔의 방문》장일호 지음_ 자신의 그림자와 아픔을 마주하며 치유해 가는 진솔한 에세이.
- 《아침에는 죽음을 생각하는 것이 좋다》김영민 지음_ 생과 사에 대한 심연으로 파고들어 통찰하는 책.
- 《악마와 함께 춤을》크리스타 K. 토마슨 지음_ 부정적 감정의 쓸모와 승화 방법을 제시하는 책.
- 《그림자》이부영 지음_ 칼 융의 그림자를 이해하고 통합해 가는 방법을 일목요연하게 알려주는 책.
- 《명랑한 유언》구민정, 오효정 지음_ 소울메이트인 두 PD가 기록한 삶의 마지막 순간에서 유머와 존엄을 사유하게 되는 책.
- 《100만 번 산 고양이》사노 요코 지음_ 백만 번을 죽고 산 얼룩

고양이가 진정으로 마음에 들었던 삶을 찾아가는 그림책.


## 태양 전갈자리 시즌에 전갈자리 에너지를 플레이하기 좋은 리추얼

전갈자리 시즌은 상강과 입동이다. 서릿발이 내리치는 가을의 절정이다. 자신의 심연과 본질을 만날 때다. 전갈이 껍질을 벗고 새로운 모습으로 변형하듯, 우리의 내면도 진정한 변환을 경험할 수 있는 시기다. 깊어가는 가을처럼 자신의 내면 깊숙이 들어가 본질을 마주하고, 진정한 변화를 꾀하기에 좋은 때다.


- 나의 묘비명이나 장례식 초대장을 써보라.
- 나쁜 습관의 트리거를 찾아 완전히 이별하라.
- 용서할 수 없는 사람에게 솔직한 분노의 편지를 써보라(발신은 금지).
- 슬픈 음악(aka. 말러)이나 영화를 보고 감정을 정화하라.
- 심리학 서적을 읽고 자신의 '내면 지도'를 그려보라.
- 달빛 아래서 명상하며 그림자 작업을 해보라.
- 변형하고 싶은 자신의 모습을 콜라주로 표현해 보라.

#다크스타그램 #미스터리라이프 #본질주의자 #조용한빡침주의
#복수의화신 #과몰입러 #시크릿모드 #통찰력갑

# 사수자리
## 모험하는 철학자
### 11월 22일~12월 21일

성공은 최종적인 것이 아니고 실패는 치명적이지 않다.
중요한 건 계속하려는 용기다.
_윈스턴 처칠

태양 별자리가 사수자리인 사람이 아름다운 개인주의자가 되기 위한 가이드로 삼으면 좋다. 달 별자리나 동쪽 별자리가 사수자리에 있거나, 세 개 이상의 행성이 사수자리에 있는 이들에게도 자유와 도전정신에 대한 통찰과 조언이 도움이 될 것이다. 또한 목성의 영향이 두드러진 출생 차트를 가진 이들이나, 배움과 철학의 현장인 9번째 하우스에 세 개 이상의 행성이 들어 있는 이들에게도 빛나는 조언이 될 것이다.

# 사수자리
## Sagittarius
**11월 22일~12월 21일**

**원소: 불(+)**
**상태: 변화하는 상태**
**수호행성: 목성**
**수호하우스: 9번째 하우스**

등산용 배낭과 여권을 항상 옆에 두고, 세계 각국의 트레킹 코스를 계획하는 열정적인 배낭여행자. 커피숍에 앉아 세계 문화에 대한 다큐멘터리를 보며 다음 여행지를 구상하고, 외국어 학습 앱으로 끊임없이 자기계발에 힘쓰는 지적 모험가. 자신의 속도와 범위를 정확히 인지하고, 원대한 계획을 구체적 결과로 만들어낼 때 진정한 모험가로 거듭난다.

# 사수자리의
# 숨겨진 에너지 코드

## 이상을 향한 모험과 도전의 여행자

"모험은 내 삶의 양식이요. 위험이 클수록 영광도 크다오."

미겔 데 세르반테스의 17세기 소설 《돈키호테》는 새로운 경험과 모험을 갈망하는 사수자리의 전형을 잘 보여준다. "나의 여정이 미친 짓으로 보일지 모르오. 하지만 이는 내가 선택한 진실한 삶의 방식이오"라고 말하며 길을 떠나는 돈키호테는 사실 기사도 소설에 심취한 시골 귀족 알론소 키하노이다. 그는 스스로 돈키호테라 칭하며 풍차를 거인으로 착각하고 싸우거나, 양 떼를 적군으로 오해하는 등 기상천외한 모험을 펼치며 이상주의적 세계에 점차 매료된다. 돈키호테의 '미친' 모험은 실은 가장 순수한 사수자리적 이상의 추구를 잘 보여준다. 여러 모험 끝에 마침내 집으로 돌아온 돈키호테는 죽음을 앞두고 정신을 되찾고 자신의 참된 이름인 알론소 키하노로 돌아가 평화롭게 생을 마감한다.

소설 《돈키호테》는 현실을 초월하는 이상주의, 끝없는 모험심, 자유로운 영혼, 철학적 사고, 그리고 순수한 낭만 속에 좌충우돌하며 결국 삶의 깊은 통찰을 얻는 사수자리의 드라마다.


## 쾌활하고 진실한 낙천가

사수자리를 알아보는 것은 아주 쉽다. 활동적이고 쾌활한 이들은 좀체 한자리에 진득이 앉아 있지 못한다. 튼튼한 허벅지와 다리로 기운차게 돌아다니며 온종일 분주하고 즐겁다. 이렇게 안 되면 저렇게 하고, 그래도 안 되면 "내일 해보지"라고 말하는 사수자리의 낙천성은 12별자리 중 최고다. 불 에너지의 열정으로 지치지 않고 도전하는 사수자리의 원대한 포부와 이상은 세계를 하루에도 여러 번 정복하며 자신의 왕국을 건설한다. 사수자리의 허세를 믿지는 않더라도 유쾌한 호탕함을 사람들은 좋아한다. 사실 이 허세는 사람들이 재밌어하니 신난 사수자리가 점점 더 부풀려는 경향이 있다. 주목받고 싶은 욕망이 강한 사수자리는 동작이 크고 활달해서 키가 작더라도 크게 보이며, 이들의 순수한 열정은 호쾌하다. 사람들과 잘 어울리며 아이처럼 솔직한 사수자리는 종종 지나친 솔직함으로 사람들을 당황케 한다. 사수자리의 솔직함은 누구도 말하지 못하던 진실이어서 더 치명적이지만 정작 이들은 의도한 바가 없어 모르는 경우가 허다하다. 사수자리의 솔직함은 때론 넘쳐 문제를 만들지만 적어도 거짓으로 꾸미진 않는다. 거품이 좀 있어도 진실함을 믿어도 좋다.

## 끝없이 탐험하는 자유로운 영혼

무엇에도 속박되지 않는 자유로운 영혼의 사수자리는 언제든 떠날 준비가 되어있다. DNA에 유목민의 피가 흘러서, 길 위에서 먹고 자며 젠더와 나이, 인종에 관계없이 친구를 사귀고 우정을 나눈다. 그리고 미련 없이 다음 장소로 바람처럼 떠난다. 낯선 장소, 낯선 사람, 낯선 문화는 사수자리에게 흥미진진한 모험이다. 외국을 좋아하고 외국과도 인연이 많다. 사수자리의 세상에 대한 탐험에는 지적 탐험도 포함된다. 야외 활동을 좋아하는 사수자리는 위험과 스릴을 즐기는 스포츠맨이기도 하지만 사색적인 철학자의 면모도 함께 지닌다. 역사, 철학, 종교, 정치, 문화 등 다양한 주제로 깊이 있는 토론을 즐기며 새로운 지식을 배우려는 열망도 크다. 켄타우로스의 후예답게 모든 지식을 알고자한다. 사수자리는 결과나 성취에 연연하기보다 그 사이의 모든 과정을 즐기며, 흥미와 재미, 호기심이 더 중요하다. 그리고 무엇보다 자유로워야 한다.

## 성숙한 불의 완성자

변화하는 불 별자리인 사수자리는 창조와 열정, 직관의 불 에너지를 철학적이고 정신적 차원으로 승화시키는 진보적인 성향의 별자리다. 같은 불 별자리 양자리가 어린아이처럼 순수하고 강한 행동력으로, 사자자리가 창조적이고 드라마틱한 자기표현으로 불 에너지를 드러낸다면, 사수자리는 지적 탐구와 이상을 추구하는 방향으로 불 에너지를 사용한다. 양자리가 봄을 시작하는 아이 같은 불이라면, 사자자리는 한여름, 고정된 항성 태양 같은 청년의 불이다. 사수자리는 소년과 청년을 통과한 중년의 불이며, 한층 더 성숙해진 불이다. '철학자의 별자리'나 '성직자의 별자리'라고 불리며, 내면의 지혜를 밝혀주는 사수자리의 불 에너지는 종교적이고 영적인 감수성으로 발현되기도 한다.

선종한 프란치스코 교황도 태양 별자리가 사수자리다. 보수적이고 정통적인 사제의 길을 걷기보다 실천하고 행동하는 진보적인 사제의 길을 걸었다. 역대 바티칸 교황 중 유럽 출신이 아닌 유일한 남미 출신인 프란치스코 교황은 사수자리답게 권위적이지 않고 소탈하고 유머러스한 모습으로 종교를 떠나 모든 이들에게 존경과 사랑을 받았다. 마지막 모습조차 생전 가난한 이들을 위한 교황답게 장식 없는 소박한 목관에 잠들었다. 자신의 비문에 화려한 수사 없이, 심지어는 교황이라는 언급도 없이 이름만 새긴 프란치스코 교황은 영적인 사수자리의 아름다움을 보여주고 이 생의 여행을 마치고 다음 우주로 옮겨갔다. 프란치스코 교황은 이주민과 난민 문제에 적극적으로 목소리를 내고 행동했으며, 동성 커플에 가톨릭 사제의 축복을 허용한 역사상 가장 진보적인 교황으로 평가받는다.

사수자리는 12별자리의 아홉 번째 별자리로 에너지 나이가 56세에서 64세로 무르익은 중년의 시기이다. 사유와 철학, 장거리 여행을 담당하는 9하우스의 인생 영역을 담당하는 별자리로 양자리에서 전갈자리까지 여덟 별자리를 통과하며 배운 경험과 지혜를 세상에 펼치며 지구 끝까지 탐험한다. 물 별자리 전갈자리의 어둠을 파고드는 통찰의 에너지를 사수의 무한한 낙천성으로 모험하고 사색하여 흙 별자리 염소자리의 성취와 세상에 공헌하는 에너지로 이어준다.

## 목성이 선물하는 행운과 드높은 비전

확장과 지혜의 별 목성을 수호행성으로 두는 사수자리는 이상과 진리를 추구하며 도전을 두려워하지 않는다. 사수자리의 성장에 대한 욕구는 목성과 연결된다. 인도에서는 목성을 인생의 방향을 지시하는 별이라는 뜻에서 구루(Guru, 스승)라고 부른다. 사수자리는 삶과 우주의 이치를 사색하고 성찰하며 많은 이들의 삶에 멘토가 된다. 목성은 금성과 함께 행운의 행성으로 불리며 사수자리의 대범함과 낙천성에 한 몫을 한다. 겨울철 밤하늘에서 가장 밝게 빛나는 별 목성은 '하늘의 산타클로스'라는 별명도 있을 정도다. 성경에 나오는 동방박사들을 인도한 '베들레헴의 별' 역시 목성이었을 것이라고 주장하는 학자들도 있지만 사실 무조건 길성은 없다. 목성의 신인 주피터(제우스)는 어렸을 때 염소의 뿔에서 넘쳐흐르는 젖을 먹으면서 자랐다고 하는데, 이것이 후일 '풍요의 뿔(Cornucopia, 뿔 위에 과일과 곡물의 이삭 등을 넘칠 듯이 꽂은 조각으로 풍요를 상징함)'의 기원이 된다. 즉, 목성은 풍요로운 생명력의 저장소로 목성 별자리를 잘 쓸 때 행운이 따른다고 해석하며, 또한 목성 별자리를 잘 쓸 때 확장할 수 있는 기회도 주어진다.

목성을 수호행성으로 둔 덕에 사수자리에게 행운이 따른다는 속설이 있지만, 하늘은 스스로 돕는 자를 돕는 것처럼 행운은 사수자리의 긍정적인 마음과 열린 태도가 만드는 것인지 모른다. 다른 관점과 문화, 사람에 대해 편견 없이 열린 태도, 관대하고 너그러운 마음, 실패를 두려워하지 않는 모험심이 비가 내릴 때까지 지치지 않고 지내는 인디언 기우제가 늘 성공하는 것처럼 결국 사수자리의 행운을 부르는 것이다.

걱정 없는 사수자리는 용감하고 태평스럽다. 태양계에서 가장 큰 목성처럼 사수자리의 이상은 아주 높고 거대하다. 무엇을 하든 안 될 이유보다는 가능성에 더 큰 가치를 두고 큰 그림을 그린다. 세부 사항에 약하고 충동적이어서 하나의 프로젝트를 채 완성하기 전에 새로운 탐험으로 달려 나가지만 결국은 사수자리의 대범함과 낙관으로 목적한 바를 끝내 이루고야 만다. 이 낙관과 열린 마음이 있기에 행운의 여신은 사수자리 곁에 머문다.

## 길 위의 여행자, 책 위의 철학자

옛이야기의 길 떠나는 주인공들은 사수자리를 닮았다. 두려움 없이 길을 떠나고 씩씩하게 앞으로 나간다. 홀로 길을 나선 이들 앞엔 사슴과 산새가 나타나 도와주고 요정과 마법사가 친절하게 다음 길을 알려준다. 길을 떠날 땐 작은 아이였지만, 모험의 여정 속에 훌쩍 자라서 큰 사람이 되어 집으로 돌아온다. 옛이야기는 주인공이 행복하게 잘 사는 것으로 끝이 나지만 더 이상 아이가 아닌 현실의 사수자리는 더 큰 세계로 다시 여행을 떠난다.

인권활동가로 일하며 에세이 작가이기도 한 사수자리 친구는 바쁜 활동 틈틈이 여행을 떠난다. 여행을 하지 못하면 우울해지는 그녀는 긴 여행이 어렵다면 자신의 SUV를 몰고 나가 한참을 드라이브하고 돌아온다. 그리고 글을 쓴다. 자신의 정신과 마음을 탐색하는 여행 역시 멈추지 않고, 내면의 성장을 위한 공부를 계속한다. 청소년 인권을 위한 활동에 특히 애정을 가진 그녀는 사수자리의 이상주의를 자신이 사는 보수적인 농촌 지역에서 용감하게 실천하는 중이다.

사수자리는 삶이 모험과 배움의 여행이라는 것을 잘 안다. 그들은 길 위에 있거나 책 위에 있다. 사수자리의 기호 ✗인 하늘을 향한 화살처럼 사수자리의 시선은 높은 이상을 지향하며 언제든지 달려 나갈 준비가 되어있다. 저 높은 하늘로 불화살을 쏘아 올려 비전과 이상을 밝히며 사람들에게 경험과 지혜를 나누고 공유한다.

## 사수자리 주간별 강점과 약점

**11월 19일~11월 24일**

**깊은 감성과 어우러진 전면적 변화를 꿈꾸는 '혁명의 주간'**

**강점:** 성적 엑스터시, 의리를 지키는, 용감한

**약점:** 독재적인, 조롱하는, 거친


    혁명의 주간에 태어난 사람은 전갈자리의 깊은 감성과 은밀한 에너지, 사수자리의 직관과 자유분방함이 조화롭게 결합된 특성을 가진다. 혁명적 성향을 지닌 이들은 이도저도 아닌 애매한 중간적인 입장을 거부하고 극과 극을 추구한다. 날카로운 유머 감각을 가지고 있고 도덕성을 중요하게 여긴다. 우정을 매우 소중히 여기고, 매력적이며, 물질적 이득을 포기하더라도 자신의 가치관과 원칙을 지킨다. 마음의 문을 완전히 열고 진심을 보이길 어려워 하지만, 용기 있고 의리 있는 태도로 사람들의 신뢰를 얻는다. 로맨틱한 관계에서 열정적이지만 모험적인 성향으로 안정적인 관계 유지에는 다소 어려움을 겪을 수 있다. 혁명의 주간 사람들은 자신의 비전을 추구하되, 한 걸음 물러서서 바라볼 수 있는 객관성을 길러야 하며, 자신의 삶 역시 객관적으로 관찰할 수 있어야 한다.

11월 25일~12월 2일

## 진정한 자기 영역을 추구하는 직관의 야생마 '독립의 주간'

**강점:** 존경할 만한, 직관적인, 책임감

**약점:** 지나치게 경쟁적인, 충동적인, 신경질적인,

독립의 주간의 핵심적인 특징은 강한 독립성이다. 매우 자유분방하며, 자신의 직관과 충동을 따르는 데 주저함이 없고, 한번 결심한 일은 끝까지 밀고 나가는 강한 의지력을 지녔다. 자신감이 넘치지만, 내면에는 예민하고 불안정한 자아가 존재한다. 특히 스트레스 상황이나 부정적 비판에 직면할 때 격렬하게 반응할 수 있다. 이들은 스스로를 도움을 필요로 하는 사람이기보다는 남을 도와줄 수 있는 사람이라고 여기는데, 이는 자기가치 및 자존심과 직접적으로 연결된다. 소수의 사람과 깊이 있는 관계를 맺으며, 특히 가족과의 유대를 중요하게 여긴다. 독신생활에 잘 어울리지만 결혼을 한다면 한번 선택한 파트너에게 변함없이 충실하다. 감정 표현이 열정적이며 섹스에 있어서도 거침없고 직접적이다. 이들은 감정을 균형 있게 조절하고, 지나친 자만심을 경계하고 과장하려는 경향을 조심해야 한다.

## 12월 3일~12월 10일

## 창조적 계획과 독특한 행동, 풍부한 표현력 '창시자의 주간'

**강점:** 특이한, 열정적인, 재능이 많은

**약점:** 괴상한, 무책임한, 거부당하는

창시자의 주간은 남다른 개성을 표현하는데 주저하지 않는 사람들이다. 12별자리 48주간 중 가장 특이한 성향으로, 자신만의 방식을 고수한다. 영리하고 손재주가 뛰어나며 빠른 두뇌 회전을 자랑하지만 때로는 이러한 재능이 자기 과신으로 이어질 수 있다. 도피주의적 성향도 있어서, 현실적인 문제들을 피하려고 한다. 이는 때로 위험한 상황으로 이어진다. 자신의 독특함을 이해해 주는 사람들과 주로 교류하며, 젊은 시절에는 로맨스에 깊은 상처를 경험하기도 한다. 진정한 사랑을 만났을 때도 처음에는 믿지 못하고 밀어내려 하지만, 일단 신뢰가 쌓이면 매우 깊은 애정을 보여준다. 매력적인 외모와 성격으로 많은 이들의 관심을 끌지만, 때로는 무책임하고 파괴적인 행동으로 인해 관계가 깨어지기도 한다. 창시자의 주간은 타인의 방식도 수용하고, 세상에 대한 흥미를 잃지 않으며, 새로운 시각으로 사물을 바라보는 태도를 잃지 않아야 한다.

### 12월 11일~12월 18일
### 현실에 굳게 발 디딘 통 큰 사고 '거인의 주간'
**강점:** 넓은 마음, 하나의 목표에 충실한
**약점:** 타인에 대한 무이해, 날이 서 있는

거인의 주간은 말 그대로 거인의 이미지를 지녔다. 이들은 모든 것을 큰 규모로 생각하고 계획한다. 관대하고 넓은 마음을 지니고 있으며, 한번 결심하면 매우 빠르게 행동으로 옮긴다. 감정이 매우 깊고 강렬해서, 폭발할 경우 화산과 같은 위력을 보여주며, 이러한 감정을 나눌 수 있는 존재가 매우 중요하다. 이들은 불가능해 보이는 도전을 즐기며 기적 같은 일을 이뤄내는 것을 좋아한다. 강력한 자신감과 확신에 찬 태도를 보이는데, 이 강력한 자신감은 자기중심적으로 보이기도 한다. 이들은 자신의 방어벽을 허물고 마법처럼 자신을 매료시킬 수 있는 특별한 사람을 찾는다. 하지만 한번 관계가 형성되면 상대방을 지나치게 보호하고 통제를 하려는 경향이 있어 갈등의 원인이 되기도 한다. 이들에게는 삶의 작은 즐거움을 소중히 여기고, 타인을 더 깊이 이해하며, 자신의 도덕적 기준을 스스로에게도 적용하는 것을 잊지 않아야 한다.

# 사수자리의
# 인간관계 가이드

## 사수자리의 가족 관계

사수자리에게 집은 여행에서 돌아와 잠시 휴식을 취하며 다시 떠날 준비를 하는 베이스캠프다. 그리고 가족은 베이스캠프를 함께 사용하는 동료에 가깝다. 당신의 가족 중 사수자리가 있다면 가족여행을 맡겨보라. 평소 가족 모임에 시큰둥하던 사수자리는 가족들을 앉혀놓고 신나서 여행 일정을 브리핑할 것이다. 자유를 추구하는 사수자리들은 살갑지는 않지만 가정의 분위기를 개방적이고 활기차게 만든다. 둘째나 막내로 태어나도 리더 역할을 할 때가 많으며, 꿈과 목표를 지지해 주고 응원해 주며 멘토가 된다.

사수자리들은 매우 독립적이어서, 사수자리 아이는 부모가 하라는 대로 고분고분 따르진 않는다. 자기 논리로 이해가 되어야 부모의 지시를 받아들이는데, 사수자리 아이를 훈육할 땐 이해할 수 있게 차분히 설명하고 스스로 선택할 수 있게 해야 한다. 겁이 없고 호기심 많은 사수자리 아이와 야외 활동을 같이 하거나 캠핑을 간다면 아이는 부모와 보낸 첫 캠핑의 밤을 성인이 되어서도 기억할 것이다. 사수자리가 부모라면 자신이 더 그 캠핑을 좋아할 것이다. 사수자리 부모는 아이에게도 지나치게 솔직해서 산타클로스는 없다고 불쑥 말해버리지만 않는다면 아이와 유쾌하게 놀아주는 재밌는 부모가 된다. 형식적인 학습보다는 실제 경험을 통한 배움을 중요하게 여기며 아이의 독립성과 자율성을 존중한다. 대안학교나 혁신학교엔 사수자리 부모와 사수자리 아이들이 많을 것이다. 다만 때로 지나친 이상주의적인 기대를 가질 수 있어 현실적인 균형 감각을 가져야 한다.

성숙한 사수자리는 가족이란 관계의 동료와 서로의 다름을 인정하며 존중하는 문화를 가정 안에 만드는 이들이다. 안정성과 일상적인 규칙의 중요성을 잊지 않는다면 가족 관계는 평화로울 것이다.


## 사수자리의 친구 관계

친화력이 좋은 사수자리는 친구가 많다. 극 외향형들로 낯선 이에게도 선뜻 먼저 말을 걸고 대번 십년지기처럼 대화를 시작한다. 모험과 여행을 좋아해서 각 나라의 도시마다 외국인 친구를 만드는 사람이다. 당신이 사수자리와 단짝이 되고 싶다면 그건 좀 어려울지 모른다. 설령 단짝이 되더라도 외로울 것이다. 사수자리는 오직 한 사람의 충직한 친구가 되기엔 흥미롭고 호감 가는 이들이 너무 많다. 이들에게 소울 메이트는 단 한 사람이 아니다. 사수자리에게 우정은 속박이 아니라 서로의 자유를 축복하는 열린 계약이다. 떨어져 있어도 마음은 언제나 가까이 있는, 그런 우정을 꿈꾼다. 친구가 애인과 싸우거나 헤어져 속상해해도 눈물을 닦아주며 지리멸렬한 연애사를 들어주는 이는 아니다. 춤추러 가자고 하거나, 여행을 떠나자고 할 것이다.

　　　사수자리는 일상적이고 감성적인 스몰 토크엔 약하지만, 깊이 있는 지적인 대화는 좋아하고 잘한다. 인생의 의미를 밤새워 이야기하기도 하고 요즘 사회적 이슈에 대해 열변을 토하기도 한다. 사수자리는 함께 여행하고, 새로운 것을 탐험하며 배우는 친구들을 가장 좋아한다. 세계를 넓은 시각으로 바라보는 친구들과 깊은 유대감을 형성하며 그들의 이야기를 듣고, 경험을 나누며 지평을 넓혀 나간다. 그러나 종종 솔직하고 직설적인 성격 때문에 친구에게 상처를 줄 수 있다. 감정적인 깊이보다는 지적인 교류에 더 집중하고, 일상적이고 반복적인 만남보다는 특별하고 의미 있는 순간을 더 추구한다. 사수자리는 누군가의 온리 원이 되진 않지만 친구들의 꿈을 응원하고 지지한다. 당신이 따뜻한 위로가 필요하다면 물고기자리 친구를 만나라. 그러나 용기가 필요하면 사수자리 친구를 찾아라. 활기차고 쾌활한 사수자리는 긍정과 도전의 에너지를 당신에게 선사할 것이다.

## 사수자리의 연인과 부부 관계

불 별자리 사수자리는 열정적이다. 사수자리에게 사랑만큼 짜릿한 모험은 없다. 이들은 틀에 박힌 데이트보다 색다르고 창의적인 데이트를 즐기며 연애를 쉬는 법이 없다. 사랑에도 직설적이고 열정과 낭만이 가득하며 성에 대해서도 자유분방하다. 자신과 연인의 독립성을 존중하고, 밀당을 하진 않지만 쉽게 손에 잡히는 연인은 아니다. 사랑에 빠져도 강요나 집착이 별로 없고 애인과 건강한 거리를 유지한다. 당신의 연인이 사수자리라면 자유롭다고 해서 한눈팔지는 말라. 사수자리는 도덕적 기준이 매우 높다. 사수자리는 자신의 꿈과 목표, 커리어가 중요하듯 상대의 꿈과 이상을 지지하고 응원한다. 사랑에 있어서도 자유로움과 진실을 가장 중요하게 여기며 상대방과 함께 성장하길 원한다. 사수자리에게 사랑은 서로의 날개를 자르지 않고, 함께 더 높이 날 수 있도록 돕는 관계다.

사수자리는 같은 불 별자리인 사자자리와는 서로의 열정과 에너지가 시너지를 일으키며 창의적인 관계를 만들어 나가고, 공기 별자리인 쌍둥이자리, 물병자리와도 좋은 케미스트리를 보인다. 염소자리와는 서로의 부족한 부분은 채워주며 성숙해 가는 소울메이트가 될 수 있다. 그러나 영혼의 짝은 쉽게 얻어지지 않으니 아마 많은 노력이 필요할 것이다.

열정적으로 연애를 이어가는 사수자리는 결혼이라는 말이 나오면 순간 주춤한다. 한 사람에게 정착하고 안정적인 생활을 이어가는 결혼은 사수자리에게 또 하나의 미션이자 도전이다. 사수자리의 결혼 생활은 마치 두 명의 독립된 여행자가 함께 걸어가는 여정과 같다. 서로의 가치관을 존중하며 더 넓은 세계를 배워나간다. 지혜로운 사수자리라면 함께 할 때 독립과 자유에 대해 더 많이 배운다는 것을 안다. 사수자리를 배우자로 둔 이들은 사수자리의 개인적인 시간과 독립된 공간을 존중해줘야 하고, 사수자리는 자신의 자유로운 성향을 유지하면서도 파트너의 필요와 감정에 좀 더 세심한 주의를 기울일 필요가 있다. 특히 안정적인 관계를 위해서는 때로는 자신의 충동성과 모험심을 조절하고, 일상적인 책임도 함께 나누는 노력이 필요하다.

## 사수자리와 잘 지내는 법

동화 《벌거벗은 임금님》에서 임금님이 벌거벗었다고 외치는 아이는 분명 사수자리일 것이다. 누구도 진실을 말하지 못할 때 사수자리는 가차 없이 솔직하다. 우주의 이치와 원리를 알고 자신을 믿기 때문이다. 또한 그들의 솔직함은 본능에 가까워 머리와 마음의 소리를 실시간으로 말해버린다. 사수자리와 잘 지내기 위해선 그들의 어머어마한 솔직함을 즐겨야 한다. 사수자리의 솔직한 표현 방식은 종종, 아니 자주 상처가 되는데, 그럴 땐 당신도 그들처럼 솔직하게 말하라. 에둘러 말하기보다 직접적이고 명확하게 당신의 의견을 전달하라.

사수자리는 지적이며 깊이 있는 대화를 좋아한다. 철학, 여행, 모험, 삶의 의미에 대해 이야기하면 눈이 반짝이기 시작한다. 자유로운 영혼을 지닌 독립적인 사수자리에겐 찰싹 달라붙어 매사를 같이 하려하거나 애정 어린 잔소리는 금기사항이다. 이들은 이것을 간섭이나 통제로 받아들이기 쉽고, 어떤 통제라도 단호히 거부한다. 어쩌면 폭발하는 화산처럼 화를 낼지도 모른다. 물론 사수자리의 화는 그날 저녁이면 풀어질 테지만, 사수자리를 길들이는 것은 애초 불가능하다. 대신 그들의 모험에 동참하거나, 적어도 그들의 모험을 응원하라. 사수자리는 삶을 하나의 큰 모험으로 여기며, 당신이 그들의 여정을 이해하고 지지할 때 깊은 신뢰를 보낸다. 그리고 무엇보다 충동적인 그들의 변덕스러움을 이해해야 한다. 오늘의 계획이 내일 바뀌는 일은 사수자리에게 일상다반사다. 당신이 사수자리와 프로젝트를 진행한다면 그들의 변덕스러움에 당황하지 말고 그냥 당신의 일을 하면 된다. 그들의 핵심 가치만큼은 변함없이 견고하다. 사수자리의 긍정과 낙관의 에너지는 그들의 다소 무례한 솔직함, 변덕스러움을 모두 녹여내고도 남는다. 이들은 흥미롭고 유쾌하며 당신을 웃게 하려고 몸을 던져 개그를 펼친다. 무엇보다 이상주의자 사수자리는 당신이 더 큰 가능성을 발견하도록 돕고, 성장을 독려하는 관대한 길동무다.

# 사수자리의 관계 별점

**Sagittarius**

· **사자자리**★★★★★: 서로의 열정과 모험심을 지지하며 사수의 철학적인 면모는 사자의 창의성에 깊이를 더한다.

· **물고기자리**★★★★: 사수자리의 수호행성 목성을 공유하는 물고기자리와는 철학과 영성에 대한 사고와 태도를 공유하며 영적인 성장을 함께 할 수 있다.

· **쌍둥이자리**★★★: 사수자리와 철학적인 성향과 지적 호기심이 강한 쌍둥이자리는 서로 마주 보는 별자리로, 사수의 관용과 쌍둥이의 재치는 서로 좋은 합을 이룬다.

· **염소자리**★★★: 서로의 장점을 인정하는 성숙한 사람이라면 사수자리의 긍정성과 도전 정신이 염소자리의 현실적인 성취로 이어져 시너지를 이룬다.

· **물병자리**★★★: 두 별자리 모두 독립적이고 자유를 추구하는 기질로 관계에 대한 지향과 태도가 비슷하여 서로를 잘 이해한다.

# 사수자리의
# 라이프 밸런스 가이드


## 사수자리의 건강과 운동

활기찬 에너지를 지닌 활동적인 사수자리는 하체와 간이 튼튼
해서 체력이 좋다. 특히 허벅지가 강한데, 이는 지구력과 추진력의 원천
이 된다. 이들에게 스쿼트 운동은 타고난 하체 근력을 더욱 강화하는 최
적의 운동이다. 야외 활동을 즐기며 지치지 않고 일을 벌이는 사수자리
는 체내 에너지 대사를 담당하는 간 기능도 우수하다. 위험한 스포츠를
좋아해서 간혹 부상을 당하거나 과도한 업무로 쓰러지기도 하지만 몸의
해독 공장인 간의 빠른 회복력 덕분에 금방 건강을 되찾는다. 다만 사수
자리의 낙천적인 기질은 무절제한 폭식과 지나친 음주로 이어지기도 하
는데, 간에 부담을 주는 기름진 음식과 술을 자제하고 간을 해독하는 새
싹 채소나 향긋한 나물류를 먹는 것이 좋다.

한자리에서 같은 일을 반복하는 것을 못 견뎌하는 사수자리에게 잘 맞는 운동은 자연으로 나가 오래 걷거나 달리기를 하는 것이다. 특히 정상에 오르는 등산은 사수자리의 모험정신을 충족시켜 준다. 축구나 농구 같은 팀 스포츠도 사수자리의 사교적인 성향과 잘 맞는 운동이다. 동료와 함께 하는 역동적인 운동은 신체 건강 뿐 아니라 정신적인 만족감도 높여준다.

## 사수자리의 일과 재능

낯선 사람, 낯선 장소, 낯선 세계에 대한 호기심과 미지에 대한 탐구심이 열렬한 사수자리는 지구가 좁은 이들이다. 어디서나 숙면을 취하며 잘 먹고 잘 어울린다. 그런 만큼 여행과 관련한 모든 직업이 찰떡이다. 틀에 박힌 관광지보다 로컬의 생생한 문화를 느낄 수 있는 곳을 여행지로 개척해 성공을 거둘 수 있다. 세상이 좁은 사수자리는 넓은 식견과 철학적 사고의 깊이를 가지며, 자신과 타인의 성장에도 관심이 높아 교육자로서도 훌륭한 자질을 갖는다. 사수자리의 도전 의식은 어떤 분야의 직업이든 꾸준함만 가진다면 큰 성취를 이룰 수 있다.

### 여행 크리에이터, 여행 작가

낯설고 새로운 곳은 사수자리의 모험심을 자극한다. 새로운 문화에 열광하고 낯선 이들과 스스럼없이 어울리는 친화력을 가진 사수자리는 타고난 여행가이다. 새로운 곳을 개척해 여행지로 소개하는 여행 크리에이터, 오지나 극지를 여행하며 책을 쓰는 여행 작가나 여행 다큐멘터리스트는 모험과 탐험을 즐기는 자유로운 사수자리에게 잘 맞는 직업이다.

### 철학 교수, 글로벌 교육 컨설턴트

하늘을 향해 화살을 쏘는 사수자리의 기호 ↗처럼 사수자리의 이상주의와 깊은 사고력과 지혜는 철학자와 잘 어울리며, 자신이 습득한 지식과 지혜를 다음 세대로 전달하는 교육자도 잘 맞는 직업이다. 특히 21세기에 새롭게 부상하며 교육의 국제화를 선도하는 글로벌 교육 컨설턴트도 좋은 직업이 된다. 사수자리의 탁월한 커뮤니케이션 능력과 다문화에 대한 개방적인 태도를 잘 활용할 수 있는 직업으로 열린 시각을 가진 사수자리에게 잘 어울린다.

### 인권변호사, 국제 NGO 활동가

정의를 추구하고 어떤 상황에도 용기를 가지고 자기 의견을 피력하는 사수자리는 약자와 소수자의 인권을 지키며 싸우는 변호사와 전 세계 재난 현장에서 활동하는 국제 NGO 활동가도 잘 맞는 직업이다. 공공의 윤리와 가치를 지키고 정의를 위해 싸우며 사회적 변화를 이끌어 낼 수 있어 사수자리에게 보람을 주는 직업이 된다.

## 사수자리의 재테크

사수자리는 행운의 별 목성을 수호행성으로 가진 덕인지 운이 좋은 사람들이다. 경제에 있어서도 최악의 상황으로 내몰리는 법은 거의 없지만, 너그럽고 씀씀이가 큰 탓에 자기 것을 다 나눠주고 오히려 도움을 받을 때가 있다. 도박사 기질도 있어 포커 게임으로 종종 돈을 날리기도 하는데, 돈의 가치나 금전적인 개념이 약한 사수자리는 자신의 이런 투기 성향을 잘 조절해야 한다. 사수자리의 모험과 도전을 즐기는 성향은 재테크에도 반영되어, 안정적인 투자보다 높은 수익을 기대할 수 있는 공격적인 투자에 끌린다. 해외 주식이나 신흥 시장에 대한 투자에도 거부감이 적어, 글로벌 자산 포트폴리오를 구성하기에 좋다. 하지만 낙관적이고 모험적인 성향은 위험을 대수롭지 않게 여기고 충동적인 결정을 내릴 수 있어 주의가 필요하다. 사수자리는 투자 결정을 내리기 전에 충분한 리서치와 분석을 하는 습관을 가져야 한다. 특히 장기 투자보다는 단기 수익에 집중하는 경향이 있으므로, 은퇴 설계와 같은 장기적인 재무 계획도 균형 있게 고려해야 한다.

사수자리는 자신의 긍정적인 에너지를 활용하되, 안정성도 함께 고려하는 투자 전략을 세워야 한다. 전체 자산의 60%는 안정적인 상품에, 나머지 40%는 공격적인 투자에 배분하는 식으로 균형을 맞추는 것이 현명하다.

# 사수자리를 일깨우는
# 해방 가이드

## 사수자리의 아킬레스건
## 무분별한 자유 추구와 자만심

세상 어느 것에도 속박되길 거부하며 자신의 꿈을 좇는 사수자리는 자유로운 영혼이다. 그러나 이들의 시선은 늘 높고 푸른 하늘을 향하고 있어 현실이라는 토대를 잘 보지 못한다. 발밑이 어두운 사수자리는 종종 자기 발에도 걸려 넘어지는데, 큰 그림을 보는 통찰은 있지만 현실의 실천력은 허술한 경우가 많다. 어떤 상황에서도 성공할 수 있다고 믿어 위험을 직시하지 못하거나, 과도한 낙관에 빠져 일을 그르치기도 한다. 통 큰 낙관주의자인 사수자리는 구체적인 플랜을 짜기보다 '다 잘될 거야'라는 대책 없는 낙관으로 저지르고 보는 경우가 많다. 충동적으로 깊은 고민 없이 즉흥적인 결정을 내리기 쉽고, 새로운 것에 쉽게 흥분하며 현재의 것 또한 쉽게 포기해 후회할 만한 선택을 자주 한다. 이는 인생의 중요한 목표를 이루는 데 걸림돌이 되며 관계에서 신뢰를 잃는 요인이 된다. 사수자리의 자유에 대한 추구와 신념은 자기중심적인 경향을 지녀 주변을 배려하지 못하며, 열정적으로 자신의 이상을 설파하느라 다른 이의 목소리를 듣지 못할 때가 많다. 자기 능력과 판단력에 확신이 강해서 자신감은 자만심으로 변질되기 쉬우며, 자신의 신념을 지나치게 확신한 나머지 타인에게 강요하는 광신도나 사이비 교주가 될 위험성마저 있다.

　　사수자리는 자신의 변덕과 충동성을 이해하고, 현실적인 측면을 고려하며 자신의 기대와 목표를 설정할 수 있어야 한다. 사수자리의 계획을 꾸준히, 참을성을 가지고 실행해야 한다. 디테일을 쌓아나가는 것은 시시하거나 하찮지 않다. 거창한 모험과 거대한 스케일을 추구하느라 놓친 사소하고 섬세한 미덕을 배우고, 의식적으로 한 곳에 집중하는 일점지향의 힘을 길러야 한다. 즉각적인 해답과 결과가 아닌, 불확실성과 모호함 속에서도 인내하며 과정을 신뢰해야한다. 외부의 자극에 쉽게 흥분하거나 들뜨지 않고 내면의 고요함 속에서 지혜를 발견할 수 있어야 한다. 사수자리는 원대하고 화려한 목표 대신 현재의 순간을 충실히 살아가는 것이 용기임을 알아야 한다. 자신의 이상과 자신감에 구체적인 근거를 만들어 나갈 때 사수자리의 자유는 현실에 닻을 내린다.

## 사수자리답게 살기 위해
## 통과해야 할 미션

### 반인반마의 야생성과 난폭함 버리기

사수자리 내면의 켄타우로스는 쉽게 길들여지지 않는다. 자유를 갈망하는 야생마처럼 때로는 거칠게 질주하고, 때로는 남을 향해 화살을 겨눈다. 하지만 진정한 자유는 통제되지 않은 야성이 아닌, 지혜로운 균형에서 온다는 것을 사수자리는 알아야 한다. 활시위를 당기는 순간처럼, 잠시 멈춰 깊이 호흡해야 한다. 강함은 난폭함을 다스리는 데서 시작된다. 자유로운 영혼은 간직한 채, 이성의 고삐를 놓치지 않는 것. 그것이 켄타우로스의 지혜를 완성하는 길이다. 사수자리 안의 야생을 부정하는 것이 아닌, 그것을 알아채고 다스리는 법을 배울 때 사수자리는 참된 자유를 만난다.

### 자기 한계 알기

더 넓은 세상을, 더 깊은 지식을, 더 높은 이상을 추구하는 사수자리의 열망은 끝이 없다. 하지만 이 끝없는 확장이 사수자리를 지치게 한다. 물이 그릇의 모양을 따르듯, 모든 사람에겐 자신만의 그릇이 있다. 확장보다 중요한 것은 내 그릇의 깊이를 아는 것이다. 그릇 밖으로 넘치는 물은 더 이상 담을 수 없듯, 과도한 욕심은 오히려 공허하게 만든다는 것을 사수자리는 기억하라. 하늘을 향해 쏘아 올린 화살도 결국 지상으로 돌아온다. 한계를 아는 것은 약점이 아니라, 더 단단한 성장의 토대가 된다. 자신의 그릇을 알 때, 오히려 그 안에서 깊이 있는 충만함을 발견할 수 있다.

## 근본적인 질문으로 사유 드높이기

사수자리는 하나의 답을 찾기도 전에 또 다른 화살을 날리며, 끝없는 진리의 추구에 몰두한다. 하지만 깊이는 한 자리에 꽂힌 화살이 만드는 파장에서 시작된다. '나는 누구인가'라는 질문 하나만으로도 평생을 사유했던 철학자들처럼, 때로는 멈춰 서서 하나의 질문을 깊이 바라보는 시간이 필요하다. 사수자리는 너무 많은 질문을 동시에 품으려 한다. 하지만 깊이 있는 사유는 하나의 질문을 놓지 않고 끝까지 벼릴 때 얻을 수 있다. 그럴 때 존재의 근원적 진실에 더 깊이 다가갈 수 있다.

## 주장에 책임지고 행동하기

사수자리는 선동가들이다. 사회의 부조리에 분노하고 무대 위에 올라 대의명분을 외치며 사람의 이목을 즐긴다. 올바르고 정의로운 주장을 하고 사람들의 환호와 지지를 받는 스스로가 꽤 멋지다고 생각한다. 물론 사수자리들은 꽤 멋진, 매력적인 사람들이다. 그러나 정말 멋진 사람은 자기주장에 대해 책임을 지며 행동하고 실천한다. 사회적 약자를 위한 봉사활동에 참여하고, 환경보호나 사회정의를 위한 캠페인에 동참하며, 일상에서 마주치는 부당함에 대해 목소리를 내는 것 모두 실천이다. 사수자리의 이상주의는 현실을 변화시키려는 적극적인 의지와 연결된다. 이론과 주장에 그치지 않고 실제 행동으로 옮기는 용기야말로 진정한 히어로라는 것을 성숙한 사수자리들은 잘 안다.

## 사수자리의 영혼을 깨우는 법

사수자리 신화는 인간의 상체와 말의 하체를 가진 켄타우로스족 케이론의 이야기다. 다른 켄타우로스들이 거칠고 야만적이었던 것과 달리, 케이론은 지혜롭고 온화한 현자였다. 아폴론과 아르테미스에게 의술과 음악, 예언과 수렵의 기술을 전수 받아 그리스 신들과 헤라클레스와 아킬레우스 이아손 등 많은 영웅들을 가르쳤다. 그러던 어느 날, 켄타우로스족과 전쟁을 벌이던 헤라클레스의 독화살에 잘못 맞아 치명상을 입게 되었다. 불멸의 존재였던 케이론은 죽지 못하고 영원한 고통 속에서 살아야 했는데, 결국 자신이 지닌 불사의 힘을 프로메테우스에게 준 뒤 죽음을 선택한다. 이후 제우스는 케이론을 기리며 하늘의 별자리로 만들었다.

케이론 신화는 사수자리가 지향하고 추구해야 하는 삶의 가치와 태도를 보여준다. 난폭한 반인반수 켄타우로스족 중 현명하고 온화한 케이론은 이성과 자연의 본능이 공존하는 인간이 그 본능을 어떻게 다루어야 하는지 알려준다. 사수자리의 한계 없는 자유에 대한 추구와 밖으로 내달리는 방향 없는 모험심은 끊임없이 배우고 성찰하지 않으면 무책임하고 무절제한 방종일 수 있다. 난폭한 켄타우로스로 남을 것인가, 현자 케이론이 될 것인가. 사수자리는 자신의 욕망과 본능을 철학적으로 사색하고 성찰하며 인간에 대한 깊고 따뜻한 이해를 삶 속에서 지속적으로 배워야 한다. 그리고 지식과 함께 삶에 대한 지혜와 통찰, 따뜻한 인간애를 나눠야 한다. 나눈다는 것은 단순한 지식의 전달만이 아닌, 사수자리 영혼의 성장에 강력한 도구가 된다.

케이론이 고통 속에서도 가르치고 돕는 것을 멈추지 않았듯 사수자리에게 배움은 고통이 따른다. 아폴론에게 의술을 배운 치유자이기도 했던 케이론은 자신은 치료하지 못했으며, 신에게 선물 받은 불멸의 힘으로 오히려 영원한 고통 속에 갇힌 아이러니를 이타성과 자기희생으로 끝낸다. 이는 사수자리에게 자신의 상처를 수용하며 자신을 내려놓는 용기가 필요하다는 것을 알려준다. 사수자리가 에고ego에서 셀프self로 나가는 길은 그때 이뤄지며 케이론이 쏜 화살이 날아간 하늘 너머 자신의 꿈과 비전의 땅에 다다른다.


## 사수자리에게 추천하는 콘텐츠

### 자유와 이상에 대한 통찰과 삶의 모험과 낙관을 다룬 책

· 《나의 폴라 일지》 김금희 지음_ 남극 세종 기지에 체류하며 극

한 환경 속에서 발견한 삶의 진실과 인간 내면에 대한 산문집.

- 《돈키호테》미겔 데 세르반테스 지음_ 자유에 대한 불굴의 의지, 이상에 대한 끝없는 추구에 대한 고전소설.

- 《철학자와 하녀》고병권 지음_ 거짓 희망과 위로의 인문학이 아닌 사회 곳곳의 현장에서 길어 올린 생생한 철학 에세이.

- 《영혼의 도시 라싸로 가는 길》알렉산드리아 다비드 넬 지음_ 모험과 도전, 자유를 온몸으로 살아낸 불굴의 여성, 다비드 넬의 여행기.

- 《사피엔스》유발 하라리 지음_ 인간의 역사와 진화를 다루는 21세기의 대표 인문 교양서.

- 《빅터 프랭클의 죽음의 수용소에서》빅터 프랭클 지음_ 나치 강제수용소의 참혹한 고통 속에서도 인간과 삶에 대해 사유하고 질문을 놓지 않는 책.

- 《사자왕 형제의 모험》아스트리드 린드그렌 지음_ 악과 맞서는 형제의 용기와 모험의 여정을 그린 판타지 모험 동화.


## 태양 사수자리 시즌에 사수자리 에너지를
## 플레이하기 좋은 리추얼

사수자리는 겨울을 준비하는 계절로, 절기로는 소설과 대설을 지난다. 첫눈이 내린다는 소설은 한 해의 수확을 갈무리하는 시기로 대지는 쉼으로 들어가고, 대설이 되면 본격적으로 추워진다. 긴 긴 겨울은 내면을 성찰하고 사색하기 좋은 계절이다. 차갑고 맑은 기운 속에 자유로운 사수자리 영혼과 접속해 보자.

- 철학책을 정독하며 사유의 깊이를 더해 보라.
- 익숙한 곳을 떠나 멀리 낯선 곳으로 여행을 떠나 보자.
- 외국인 친구를 만나 다채로운 우정을 나눠 보자.
- 새롭게 떠오르는 여러 아이디어와 생각 중 온전히 하나에 집중해 보라.
- 어디서든 장점을 찾고 행운을 발견하라.
- 긍정과 낙관으로 무장하고 꿈꾸는 일에 도전하라.
- 내면의 성찰과 사색으로 진정한 자유의 의미를 찾아라.

**#자유스타그램 #여행스타그램 #방랑자라이프 #자유영혼 #열혈탐험가 #이상주의자 #솔직한낙천가**

# 염소자리
## 절제하는 성취자
### 12월 21일~1월 20일

한 번에 두 계단을 오르려는 자는 넘어질 것이다.
_탈무드

태양 별자리가 염소자리인 사람이 아름다운 개인주의자가 되기 위한 가이드로 삼으면 좋다. 달 별자리나 동쪽 별자리가 염소자리에 있거나, 세 개 이상의 행성이 염소자리에 있는 이들에게도 규율과 성취에 관한 통찰을 선사할 것이다. 또한 토성의 영향이 두드러진 출생 차트를 타고난 이들이나, 사회적 명예와 성취의 현장인 10번째 하우스에 행성이 세 개 이상 들어 있는 이들에게도 빛나는 조언이 될 것이다.

# 염소자리
## Capricorn
**12월 21일~1월 20일**

---

**원소: 흙(-)**
**상태: 시작하는 상태**
**수호행성: 토성**
**수호하우스: 10번째 하우스**

빼곡한 플래너에 꿈을 새기고, 단계별 미래를 설계하는 야심 가득한 영혼의 등반가. 정상을 향해 한 걸음씩 나아가는 드높은 의지의 전략가다. 퇴근 후엔 자기계발서를 탐독하고, 주말엔 미래를 위한 온라인 강의로 무장하는 완벽주의자. 사랑으로 선의지를 깨닫고, 과정 자체를 즐기며 도구를 목적으로 헌신할 때 영혼이 깨어나 진정한 마스터가 된다.

# 염소자리의
# 숨겨진 에너지 코드

## 꾸준함, 최고가 되는 염소자리의 비법

"매일 아침 일찍 일어나 글을 쓰고, 매일 정해진 시간에 달리기를 한다. 마라톤과 글쓰기는 비슷하다. 둘 다 매일의 꾸준함이 생명이니까."

무라카미 하루키는 천부적 재능이 아니라 꾸준한 노력으로 세계적인 작가가 되었다. 그의 하루 루틴은 작품만큼이나 유명하다(하루키에 대한 자세한 설명은 생략한다. 염소자리 사람들은 정상에 우뚝 선 사람이라 설명을 덧붙이는 게 무색하다). 새벽의 고요함 속에서 소설을 쓰고, 아침 해가 떠오르기 전 도쿄의 적막한 거리를 달린다. 점심에는 빌 에반스나 존 콜트레인의 재즈 음악으로 글쓰기의 영감을 얻는다. 저녁에는 와인 한 잔과 함께 고전 음악을 듣거나 독서를 하고, 밤 10시면 일찍 잠자리에 든다. 태양 별자리가 염소자리인 그의 엄격한 자기관리는 장인의 경지에 가깝다. 매일 리즈 갱신이다. 그의 최고 작품은 언제나 다음 작품이 될 것이다. 마라토너의 긴 호흡으로 성실하게 더 높은 곳을 향해 변함없이 달릴 것이기에. 그가 쌓아온 모든 시간이 최고의 작품으로 돌아올 것이다.

## 불굴의 의지로 절벽을 오르는 산양

깎아지른 절벽 위, 한 마리의 산양이 서 있다. 3,000미터의 아찔한 높이에서도 흔들림 없는 발걸음. 깎아지른 절벽도 거뜬히 오르는 이 놀라운 존재가 염소자리의 상징이다. 산양은 그 어떤 동물도 감히 도전하지 못하는 산비탈을 오르며 살아간다. 염소자리 사람들도 언젠가는 꼭대기에 오르고 만다.

12별자리의 여정에서 열 번째로 등장하는 염소자리는 마지막 흙의 에너지와 시작하는 상태 그리고 음에너지를 품고 있는 특별한 존재다. 지구의 마지막 별자리라고도 불린다. 대지의 현실성, 시작의 열정, 그리고 깊이 있는 사색이 한데 어우러져 신중하고 신뢰할 만한 캐릭터다. 같은 흙 별자리인 황소자리가 풍요로운 대지처럼 단단한 기반을 만들어가는 별자리라면, 처녀자리는 정성스레 가꾼 텃밭에서 필요한 곡식을 수확해 알맞게 나누어주는 별자리다. 마지막 흙의 별자리인 염소자리는 저 높은 곳을 향해 끊임없이 오르는 산의 기운을 담고 있다. 이들은 평지를 걷는 게 아니라 늘 가파른 오르막길을 오르는 고난을 자처한다. 자신의 물질적인 힘을 차근차근 쌓아 올려 마침내 산 정상에 서기 위해.

## 신의 서명 같은 신비로운 기호

염소자리의 기호 ♑는 눈에 보이지 않는 무릎 슬개골을 본뜬 상징이자, '신의 서명'이라 불릴 만큼 신비로운 이야기를 품고 있다. 무릎 슬개골은 몸의 체계와 골격을 잡는 뼈대로, 염소자리는 질서와 원칙을 잡는 별자리다. 신의 고대 아틀란티스 시대부터 10이라는 숫자는 완성과 완벽을 상징했으며, 별자리가 10개였던 그 시대의 마지막 사인이었던 염소자리는 물질적 성취와 영적 깨달음을 모두 아우르는 특별한 사명을 띠고 있다.

염소자리의 주인인 '가축의 신' 판Pan은 인간 남자의 상반신에 산양의 다리와 뿔을 지닌 반인반수다. 어머니는 그 모습에 놀라 도망쳤지만 아버지 헤르메스와 올림포스 신들은 기뻐하며 아이에게 그리스어로 '전부'라는 의미의 '판'이란 이름을 붙여주었다. 이름 그대로 염소자리들은 완벽을 추구한다. 일찌감치 자신이 해야 할 일을 깨닫고 그 분야의 정상에 오르기 위해 자신을 채찍질하며 꾸준히 노력하는 사람이다.

기본에 충실하면서 확고한 원칙을 가진 사람들이다.


## 최고를 향한 자기 절제


가수, 프로듀서, 기업가, 그리고 이제는 유튜버까지. 30년 넘게 끊임없이 새로운 도전을 이어가는 박진영, 그의 태양 별자리는 염소자리다. 글로벌 엔터테인먼트 기업 JYP를 일구고, K팝 스타들을 세계적 아티스트로 키워내면서도 자신의 음악을 놓지 않고 무대에서 최고의 공연을 보여준다. "환갑에도 댄스가수로 살아남으려면 하루도 쉴 수 없죠." 이런 그의 끊임없는 진화는 목표를 향해 한 걸음씩 착실하게 나아가는 염소자리의 본질을 완벽하게 보여준다.

"연기는 늘 조마조마해요. 그래서 더 치열하게 준비하게 되죠." 배우 손예진은 최고의 여배우 타이틀을 놓치지 않으면서 22년 동안 쉼 없이 30편이 넘는 작품에 출연했다. 매 순간 새로운 캐릭터로 변신하며 프로페셔널의 표본을 보여준 그녀도 태양 별자리가 염소자리다. "누구도 저에게 짊어지운 건 없는데, 혼자 책임감을 가지고 계속 그렇게 했던 것 같아요"라는 그녀의 고백은 스스로에게 책임감을 부여하며 완벽을 추구하는 염소자리의 진면모를 보여준다.

"매 영화를 보는 순간에도 분석과 해석의 칼날을 놓지 않습니다." 냉철한 비평 감각과 미세한 디테일에 대한 집요한 관찰력으로 한국 영화 평론의 새 장을 연 이동진 평론가의 태양 별자리도 염소자리다. '파이아키아'—그의 유튜브 채널명이자 호메로스 서사시에 등장하는 '항해의 귀재들이 사는 나라'라는 의미처럼, 그는 영화라는 바다를 항해하며 관객들을 새로운 세계로 안내한다. 1991년 잡지 한줄평에서 출발해 13년간의 조선일보 전문기자 시절과 현재의 멀티 플랫폼 활약까지, 그의 행보는 염소자리 특유의 불굴의 인내심과 정상을 향한 치밀한 산악 등반의 궤적을 그린다.

5천 편이 넘는 영화를 해부하며 '평론계의 아이돌'로 독보적 위치를 확보한 그의 발자취는 화려한 번영보다 묵묵한 전진을 선택하는 염소자리의 진수를 담아냈다. 특히 조선일보 퇴사 후 프리랜서로 탈바꿈한 모험은 자신만의 영토를 구축하는 염소자리의 흔들림 없는 소신을 증명한다. "영화는 삶을 비추는 거울이고, 평론가는 그 거울의 각도를 조정하는 사람입니다"라는 그의 철학처럼, 방송과 팟캐스트, 유튜브까지 영토를 넓히는 개척 정신은 염소자리의 집념 어린 정상 정복 의지를 적나라하게 투영한다.

이들의 성공 비결은 염소자리가 가진 강력한 자기관리와 절제의 힘이다. 정상에 올랐을 때도 방심하지 않고 새로운 정상을 향해 끝없이 노력한다. 화려한 성공 뒤에 숨겨진 치열한 자기관리와 끝없는 도전 정신, 그리고 완벽을 향한 책임감으로 정상의 자리를 지켜가는 염소자리 의지력은 진정한 프로의 태도를 보여준다. 사명감을 가지고 절제하며 일하는 사람은 감동을 준다. 그래서 이들은 최고의 자리에서 오래 사랑받는다.

## 정상을 오르는 고독한 마스터

인생 나이 64세에서 70세에 해당하는 노년의 에너지이자 시작하는 에너지를 가진 염소자리는 성숙한 리더십의 소유자다. 명예와 경력, 사회적 지위, 공적 이미지를 담당하는 10번째 하우스의 인생 영역을 담당하는 별자리로 염소자리는 양자리부터 사수자리까지 아홉 별자리를 거치며 모든 경험을 구체적 성취로 실현하고, 인내와 규율로 사회적 구조를 세우며 시간을 초월한 유산을 남긴다. 이들은 조직을 이끌고자 하는 강한 욕망을 지녔으며, 동시에 그것이 자신의 소명이라고 생각한다. 최고의 위치에 오른 염소자리는 자신의 책임을 진지하게 받아들이며, 오랜 시간 쌓아온 경험과 지혜를 후세대에게 전수하고자 한다.

염소자리는 돈보다 권위와 명예를 소망한다. 최고의 힘과 영향력을 가진 의사결정자가 되기를 원한다. 이들에게 평판은 목숨이다.

가장 어두운 동지와 소한의 혹한 속에서도 염소자리의 사람들은 꿋꿋이 자신의 길을 걸어간다. "나를 죽이지 못하는 것은 나를 더 강하게 만든다"라는 니체의 말의 진가를 아는 사람들이다. 모든 일이 확실하고 안전해질 때까지 절대 포기하지 않는 끈기를 지녔다. 그들은 완벽한 시스템을 구축해 조직과 사회에 실질적인 공헌을 하고자 하는 깊은 열망을 지니고 있다.

진정한 리더십은 자신을 낮추는 겸손에서 시작된다. 마치 밤하늘이 자신을 어둡게 함으로써 별들을 빛나게 하듯 성숙한 염소자리는 탐욕과 야망을 내려놓는다. 불굴의 의지를 선의지로 바꿔 무릎을 굽히는 겸손함을 배울 때, 염소자리의 성취는 비로소 완성된다. 염소자리를 '아버지의 별자리', '스승의 별자리', '공헌의 별자리'로 부르는 이유다.

## 한 걸음씩 오르는 정상, 양심의 나침반

염소자리에게 삶이란 끊임없는 자기 수련과 성찰을 통해 성숙한 리더십을 깨달아가는 구도자 같은 여정이다. 야망과 성취욕이 강한 염소자리가 진정한 리더로 성장하려면 '양심'이라는 내면의 나침반이 필요하다. 가슴의 사랑과 인간미의 자기장이 나침반을 흔들어야 한다. 대한민국 대표 동물행동학자 최재천 교수는 양심을 "아무리 불어도 안 꺼지는 내 마음속 촛불"로 정의했다. 염소자리의 태양을 품은 그는 '한국의 개미 박사'로, 그의 학문적 성취는 호기심과 탐구심, 염소자리 특유의 인내로 완성됐다. 불공정한 지름길을 거부하고 주변과 함께 걸었기에 시대의 어른으로 존경받고 있다.

2013년 서울대 졸업식에서 그는 "오직 정도만을 걷는 공정하고 따뜻한 리더가 되십시오"라고 당부했다. 염소자리의 진정한 리더십은 지식과 성취를 넘어 양심과 책임감에서 비롯된다. 최재천 교수는 한국 과학계 정상에 오른 후에도 환경 보전과 생태계 보호 활동을 멈추지 않았다. 제돌이와 돌고래들을 제주 바다로 돌려보내며 동물 복지의 새 이정표를 세웠다. 유튜브 채널 〈최재천의 아마존〉을 통해 다양한 지혜를 나누고 있다. 생명다양성재단의 재정적 어려움을 극복하기 위해 시작한 일이다. 그의 목적은 자신이 아닌 더 나은 세상에 있다.

　　다큐멘터리 〈어른 김장하〉에서 조명된 김장하 선생의 선한 영향력은 감동을 넘어 경이롭다. 자신이 세운 고등학교를 국가에 헌납, 문화재단에서 지급한 수많은 장학금, 사람살이의 문제를 고민하는 형평 운동에 오랫동안 참여하고 후원하며 다수의 시민 사회 단체를 남모르게 지원했다. 눈에 보이는 것만을 인정하는 물신주의 망령의 시대에 보기 드문 사례다. 태양 별자리가 염소자리인 그는 진주시에서 한약방을 운영하며 번 100억 원 이상을 수십 년간 꾸준히 기부했다. 행동뿐 아니라 선생의 태도와 철학이 더욱 인상적이다. 장학금을 받은 학생들에게 "나한테 갚지 말고 사회에 갚으라"고 말하며 무주상보시無住相布施를 실천했다. 자신의 이름이 알려지는 것을 극도로 꺼리고 기부금 사용 내역조차 확인하지 않는 모습은 성숙한 염소자리의 정신을 보여준다. 평범한 사람이 사회를 지탱한다고 믿으며 외진 곳을 들여다보는 선생의 굽은 등은 익을수록 고개 숙이는 벼를 닮았다.

　　"돈이란 똥과 같아서 모아두면 악취가 나지만, 밭에 골고루 뿌리면 좋은 거름이 된다"는 선생의 말은 울림이 크다. 염소가 오르는 정상에는 돈이 아니라 뜻이 있어야 한다. 이런 공헌이 염소자리의 진정한 성공이다. 선생의 선의는 선한 영향력으로 퍼져나간다. 문형배 헌법재판소장의 청렴으로, 〈양심 냉장고〉의 주인공 김종명 씨의 양심으로 이어지며 세상 곳곳에 조용한 씨앗을 심었다.

염소자리의 성취욕과 야망이 양심과 만날 때 개인적 성공을 넘어 사회적 공헌으로 승화된다. 최재천 교수와 김장하 선생의 삶은 염소자리가 어떻게 모두를 위한 성공을 이룰 수 있는지 보여준다. 남에게 인정받고 싶고 성취하고 싶은 욕망을 얼마나 절제하고 세상에 나눠줄 수 있는지 생으로 묵직한 질문을 던진다. 진정한 어른이 드물고 귀한 시대, 염소자리는 이런 질문을 되새기며 정상을 향해야 한다. 야망을 가진 자가 양심을 지킬 때 기계적 공평을 넘어 진정한 공정으로 나아갈 수 있다. 이 완전한 법칙을 잊지 말라.


## 결국엔 염소가 이긴다

태양계에서 가장 아름다운 고리를 품은 토성은 염소자리의 수호행성이다. 토성의 고리는 명확한 경계를 나눈다. 아름답게 빛나는 고리들은 각자의 궤도를 벗어나지 않으며, 그 안에서 완벽한 질서를 이룬다. 이는 염소자리의 냉철한 현실 감각과 닮았다. 그들은 자신의 한계를 명확히 인식하고, 그 안에서 최선을 다하는 지혜를 발휘한다. 열심히 살지 않는 염소자리는 드물다.

'시간의 행성' 토성처럼, 염소자리는 성급한 결실을 바라지 않는다. 무슨 일을 하든 단계를 밟아 차근차근 성장하기에 기본이 탄탄하고 내공이 남다르다. 인내심이 강한 염소자리에게 목표를 이루는 데 10년의 시간을 계획하는 일쯤은 아무렇지도 않다. 10년 단위로 목표와 전략을 정확히 세우는 염소자리를 찾는 일은 어렵지 않다. 매 순간 최선을 다하며 차근차근 나아가는 그들의 태도가 있기에 시간은 언제나 염소자리의 편이 되어준다.

마치 산 정상의 눈이 녹아 계곡을 따라 흐르며 생명수가 되듯이, 염소자리의 현실적 성공은 물병자리를 통해 더 많은 이들과 나누는 지혜가 된다. 사수자리가 세상의 무한한 가능성을 발견하고, 염소자리가 그것을 현실로 만들면, 물병자리는 이를 더욱 큰 미래로 확장한다. 개인의 성공이 모두의 행복으로 이어지는 별들의 이야기인 셈이다.

## 염소자리 주간별 강점과 약점

**12월 19일~12월 25일**
**영적 감응을 주는 정신적 스승 '예언의 주간'**

**강점:** 영적인, 불가해한, 강렬한

**약점:** 좌절하는, 비사교적인, 폭군같은

사수자리(불, 목성)와 염소자리(흙, 토성)의 영향을 동시에 받아 독특한 성격이다. 팽창하려는 목성의 낙관적인 에너지와 수축하는 토성의 현실적인 에너지가 공존하여, 재미를 추구하면서도 진지한 면모를 보인다. 높은 직관력과 지각능력을 가지고 있으며, 오감과 육감을 동시에 활용할 때 최고의 능력을 발휘한다. 자신의 힘을 확신할 때 뛰어난 역량을 보이지만, 때로는 자기연민에 빠지기도 한다. 아첨하는 사람이나 단지 예의로 하는 행동을 간파하기 위해 안테나를 세우고 있는데, 그러므로 아첨은 씨도 먹히지 않는다. 대체로 비사교적으로 보이며, 진정한 친구는 소수에 불과하다. 부모와의 관계에서 어려움을 겪을 수 있으며, 특히 같은 성별의 부모와 갈등할 가능성이 있다. 깊은 열정과 섹시함으로 사람들을 끌어들이지만, 강렬함을 가라앉히는 혼자만의 시간도 중요하다. 단, 스스로를 고립시키는 경향은 주의할 것. 따뜻하고 애정 넘치는 면을 마음껏 발휘하고, 항상 가슴을 열어두어라.

### 12월 26일~1월 2일
### 신의와 정직을 중시하는 지휘자 '통치의 주간'
**강점:** 능력 있는, 열심히 일하는, 염려해 주는

**약점:** 독단적인, 감정을 억누르는, 전제군주적인

자신의 생활에 대한 통제력과 자율성이 커지며, 일상 활동의 선택이 자유로워진다. 이들은 타고난 통치자의 기질을 가지고 있다. 가족, 사업, 조직을 지배하는 것이 특기이며, 권한 위임과 상황 관리에도 뛰어나다. 특히 의무를 수행하는데 있어 불평 없이 책임을 다하는 성향을 보인다. 권위주의적 성향이 강해 자신의 생각에 대한 확신이 강하며, 때로는 완벽을 추구하는 면모를 보인다. 도덕성과 윤리에 대한 기준이 높아 주변 관계에서 엄격한 잣대를 적용하는 경향이 있다. 가정에서는 독단적인 태도와 엄격함으로 인해 가족들과의 갈등이 발생할 수 있다. 감정 표현에 어려움을 겪으며, 자신만의 방식을 고집하는 면이 있다. 정의로운 일에 대해서는 두려움 없이 맞서는 용기를 가지고 있다. 하지만 다른 이들의 관점을 수용하는데는 어려움을 겪으며, 특히 가까운 이들에게 마음을 여는 것을 어려워한다.

### 1월 3일~1월 9일
### 실패를 용납하지 않는 예민한 노력가 '결단의 주간'
**강점:** 회복탄력성이 뛰어난, 잘 대처하는, 사색적인
**약점:** 순진한, 잔뜩 무장한, 일중독인

인생에서 새로운 관심사를 자유롭게 탐구하는 사람들이다. 더 넓은 시야와 깊이를 얻게 되며, 육체적 건강과 함께 정신적 회복력이 관건이다. 직업적 성공을 위한 강한 욕망과 추진력을 가지고 있으며, 야생

염소처럼 더 험난한 길을 자처하는 노력가의 면모를 보인다. 한번 결심한 일은 끝까지 해내려 하며, 종종 자신의 한계를 뛰어넘는 성과를 보여준다. 현실주의자이면서도 학문적, 형이상학적, 종교적 주제에 관심이 많다. 이런 분야에서는 오히려 급진적인 성향을 보이며, 현실과 환상을 독특한 방식으로 다루어 주변 사람들을 설득하는 능력이 뛰어나다. 일을 최우선으로 여기며 사생활과 철저히 분리한다. 동반자를 중요시하지만 일이 우선순위이며, 의존적인 파트너와는 어울리기 힘들다. 어려운 상황을 잘 견뎌내지만, 이는 상대방에 대한 이해보다는 실패를 인정하기 싫어하는 성향 때문이다. 현실적이면서도 이상적이면서도 순진한 면모는 다른 이들이 공감하고 호감을 느끼게 만드는 요소가 된다.

## 1월 10일~1월 16일
## 지배적 위치를 추구하는 부지런한 야심가 '지배력의 주간'

**강점:** 프로다운, 역경을 극복하는, 잘 유지하는
**약점:** 부주의한, 난폭한, 자기희생적인

지배적 위치에 대한 욕구가 강하다. 전문 분야에서의 지배력은 긍정적이나, 사생활에서는 갈등의 원인이 될 수 있다. 자신의 에너지를 내면으로 향하게 하여 감정, 충동, 환상을 잘 통제하려 노력한다. 현실적 판단과 어려운 선택을 하면서도 행복과 충족감에 대한 희망을 잃지 않는다. 일상생활에서 자신의 지배력을 표현하는 것으로 만족하며, 한

번 자리를 잡으면 그 위치에서 안정을 찾는다. 부지런함과 헌신성이 탁월하여 자신이 정한 길을 꾸준히 걸어간다.

도덕적 기준이 높고 세상을 선과 악으로 구분하려는 경향이 있다. 육체적 성향이 있으나 절제력이 있으며, 자신의 감정과 육체에 대한 통제력이 강하다. 사교성이 높지는 않지만 위트가 있고 재치 있는 성격이다. 그룹 활동을 즐기며 책임감이 강하면서도 카리스마가 있다. 때로는 자극적이고 과감한 행동을 보이기도 한다.

# 염소자리의
# 인간관계 가이드

## 염소자리의 가족 관계

뼛속까지 K장녀, K장남 DNA를 가진 염소자리는 유교적이고 모범적인 가족 관계를 맺는다. 첫째라면 동생들의 롤모델이 되려고 애쓴다. "내가 먼저 성공해서 동생들에게 본보기가 되어야지"라는 마음가짐으로 부모처럼 보살피는 책임감이 갑이다.

염소자리 아이는 세상에서 가장 어른스러운 아이다. 때로는 부모보다 더 어른스러운 염소자리 아이들. 책임감 강한 완벽주의자인 이 꼬마 어른들은 스스로 생활을 척척 해내고, 부모의 마음까지 헤아린다. 하지만 이런 모범생의 모습 뒤에는 작은 어깨가 지고 있는 무거운 긴장감이 숨어있다. 따뜻한 스킨십과 감정을 나누는 대화가 중요하다. "오늘 하루는 어땠어?", "그런 일이 있었구나. 네 마음이 어땠니?"라며 작은 감정도 놓치지 않고 보듬어주면 좋다. 아이의 어른스러움을 인정하되, 가끔은 그저 아이일 수 있도록 해주는 것이 필요하다. 염소자리 아이를 위한 최고의 사랑법이다.

염소자리 가족들은 규율과 원칙을 강조하는 편이다. "방을 깨끗이 정리해라"가 아닌 '매주 토요일은 대청소하는 날'처럼 규칙을 만들 것이다. 가정을 운영하는데도 체계적인 시스템을 추구해 규칙적인 룰을 선호한다. 염소자리 부모는 엄격하다. '공부해라, 성공해라'는 식의 잔소리보다 '무엇을 하든 최선을 다하라'는 원칙적인 가르침을 준다. 자녀에게 실패를 통한 배움의 기회를 주기보다 실수하지 않도록 미리 지도하는 경향이 있다. 자녀의 성공을 위해 헌신하지만, 때로는 과도한 기대로 부담을 주기도 한다. "우리 아이는 의대에 가야 해"라는 식의 구체적인 목표를 정해놓기 때문이다. 친척들과는 적당한 거리를 유지하며 예의 바른 관계를 맺는다. 가족들이 모이는 명절을 기념해 고급스러우면서도 실생활에 도움 되는 선물 꾸러미를 돌릴 것이다.


## 염소자리의 친구 관계

친구를 선택하는 기준도 놀라울 정도로 까다롭다. 말과 행동이 일치하는지, 약속을 잘 지키는지, 비밀 유지 능력이 있는지를 꼼꼼히 체크한다. 처음 관계를 형성할 때는 마치 친구 면접관처럼 예리한 관찰력으로 선별한다. 한번 신뢰가 무너지면 회복이 거의 불가능할 정도로 관계의 신뢰성을 중요시한다. 이들이 찾는 이상적인 친구상은 명확하다. 안정적이고 신뢰할 수 있는 성격, 적당한 거리감을 유지하면서도 편안한 대화가 가능한 사람, 현실적인 조언을 해줄 수 있는 지혜로운 친구를 선호한다. 특히 장기적인 관계 유지가 가능한 성숙한 사람을 친구로 삼는다. 반면 즉흥적이고 변덕스러운 성격이나, 남의 이야기를 즐기는 가십꾼, 겉치레나 허세가 심한 사람은 본능적으로 멀리한다.

한번 친구가 되면 놀라운 충성심과 책임감으로 우정을 나눈다. 친구의 어려움을 자신의 일처럼 여기며, 밤낮을 가리지 않고 실질적인 도움을 준다. 다만 감정 표현이 서툴러서 마음속 따뜻함을 겉으로 표현하는 일에 어려움을 느낄 수 있다. 염소자리의 우정 관리 방식도 독특하다. 자주 만나지 않아도 마음속 깊이 친구를 생각하며, 수년이 지나도 변함없는 우정을 이어간다. 이들에게 우정은 시간에 비례한다. 시간이 흐를수록 단단해진다. 때로는 목표 달성에 집중하느라 감정을 억누르거나, 관계에서 지나치게 조건적인 태도를 보일 수 있어 유연하게 균형을 맞추는 것이 필요하다. 특히 관계를 맺을 때는 상대방의 사회적 지위나 성취도 중요하게 여기는 편이다. 자신의 성장과 발전에도 도움이 될 수 있는 사람을 선호하며, 함께 성장할 수 있는 동반자적 친구 관계를 추구한다. 현실적인 흙 별자리로 실용적인 측면을 고려하지만, 결코 기회주의적이지는 않다. 오히려 서로의 성장을 돕는 건강한 경쟁자이자 동반자가 되어줄 것이다.

## 염소자리의 연인과 부부 관계

자신의 꿈이 실현되기 전까진 연애에는 무관심하다. 간혹 일찍 결혼하는 염소자리가 있지만 그들은 자신의 꿈과 미래를 확실히 정해놓고 안정을 위해 인생의 숙제를 미리 한다는 생각으로 결혼한다. 염소자리는 나이가 들수록 안정되고 노련하며 멋있어진다. 솔직히 20~30대 젊은 염소자리는 엄근진 스타일로 또래에게 인기도 별로 없다.

차분하고 신중한 성격의 소유자답게 한결같은 연애를 하거나 긴 연애를 한다. 상대를 오랫동안 지켜보며 천천히 관계를 만들어간다. 그래서 연애를 할 때도 간 보는 느낌이 들만큼 신중하다. 표현이 서툴러 겉으로는 알아차리기 어렵지만, 마음에 드는 상대에게는 특별한 방식으로 관심을 표현한다. 실용적이고 현실적인 성향 때문에 감정적인 과시보다는 실질적인 도움과 지지를 통해 사랑을 증명하려 한다. 상대가 좋아하는 것을 적재적소에 챙겨주거나, 힘들 때 조용히 도움의 손길을 내미는 식이다. 또한 안정적인 관계를 추구하기 때문에 결혼과 같은 장기적인 약속에 대해서도 진지하게 고민한다. 이들의 사랑은 겨울 눈이 소리 없이 쌓이듯 조용하지만 깊이가 있다. 드러내지 않지만 이성에 대한 본능적 끌림과 육체적 욕구가 은근 강하다는 것을 잊지 마시라. 체면 때문에 숨기지만 염소자리는 화성과 만날 때 강렬한 스파크를 낸다.

모든 흙 별자리가 그렇듯 염소자리도 파트너를 고를 때 현실적이다. 하지만 일단 사랑을 시작하면 한 사람에게 몰두하고 오랫동안 책임을 다한다. 한번 마음을 열면 신뢰와 책임감을 바탕으로 한 진실한 사랑을 보여준다. 흙 별자리와 잘 맞으며 전통적인 가치를 중시하는 게자리와는 건실한 가정을 꾸린다.

다만 지나친 신중함과 완벽주의적 성향으로 인해 때로는 좋은 인연을 놓치기도 한다. 상대방의 단점이나 불완전함을 받아들이는 데 시간이 걸리며, 이상적인 모습만을 기대하는 경향이 있다. 하지만 이러한 특성들이 오히려 한번 시작된 관계를 단단하게 만드는 바탕이 되기도 한다. 깊이 있는 대화와 지적인 교감을 중요시하며, 파트너와 함께 성장하고 발전하는 관계를 꿈꾼다. 겉으로 드러나는 화려함보다는 내면의 가치를 중시하는 염소자리의 이러한 성향은, 비록 사랑의 시작은 더 딜지 몰라도 한번 맺어진 인연은 오래도록 이어지게 만드는 원동력이 된다.

## 염소자리와 잘 지내는 법

현실적인 신뢰감을 줘야 한다. 마음의 문을 열기까지 수십 번의 시험을 거치는 염소자리와의 관계는 단단한 성을 쌓아가는 과정 같다. 이들은 상대방의 진정성과 신뢰도를 마치 현미경으로 들여다보듯 세심하게 관찰한다. 약속 시간을 철저히 지키고 맡은 일은 끝까지 완수하는 책임감 있는 모습이 염소자리의 마음을 여는 열쇠다. 저축하듯 차곡차곡 관계를 쌓아가야 한다. 신중하고 현실적인 염소자리는 즉흥적인 제안이나 갑작스러운 변경에 민감하게 반응한다. 이런 상황은 그들의 불안감을 고조시키므로 특별히 주의가 필요하다.

약속을 자주 어기는 시간 개념이 없는 모습, 일관성 없는 충동적인 행동은 염소자리에게 손절각이다. 반면, 목표를 향해 꾸준히 전진하며 노력하는 사람에게 깊은 호감을 가진다. 성실하게 노력하는 삶의 태도가 몸에 배어 있기에 체계적인 자기관리, 작은 성취까지도 진심으로 알아봐 주고 응원한다면 더욱 깊은 신뢰 관계를 구축할 수 있다. 특히 그들이 이룬 구체적인 성과나 목표 달성을 언급하며 지지해 주는 것은 그들에게 큰 힘이 되며, 때로는 잠재된 비관적 감정을 해소하고 긴장을 푸는 데도 도움이 된다. 특히 동기를 부여하는 구체적인 칭찬은 그들의 가려진 우울과 긴장을 이완시켜 줄 것이다.

진실과 거짓을 구분하는 안목이 뛰어난 염소자리는 꾸며낸 모습보다 진정성 있는 태도를 더욱 매력적으로 느낀다. 금전적인 부분에서는 깔끔한 매너는 필수다. 밥값도 카톡 송금이나 토스로 깔끔하게 정산하라. 가끔은 그들의 취향을 저격하는 적당한 선물을 챙겨주는 것도 좋다. 돈을 빌렸다면 약속한 날짜는 절대 잊지 말고, 정확히 갚아주는 센스를 보여줘라. 이런 신뢰감 있는 태도로 다가간다면, 염소자리와의 관계는 정기예금처럼 안정적이고 든든하게 발전할 수 있다.

# 염소자리의 관계 별점

Capricorn

- **처녀자리**★★★★★: 현실적이고 실용적인 가치관에 꼼꼼한 태도까지 공유한다. 두 별자리 모두 신중하고 분석적이며, 목표 지향적인 성향으로 안정적인 파트너십을 이룬다.

- **황소자리**★★★★: 신중하고 안정적인 삶의 태도가 비슷하다. 속도 차이로 인해 갈등이 있을 수 있지만 안정적인 관계를 유지할 수 있다.

- **게자리**★★★: 전통을 중시하는 가치관이 비슷하다. 게자리의 감성이 염소자리의 논리적인 면을 부드럽게 만들어준다.

- **천칭자리**★★★: 사회적 가치관과 정의로움을 공유한다. 균형 잡힌 판단력으로 상호 발전적인 관계를 만들어간다.

- **사수자리**★★★: 염소자리에게 긍정적 에너지를 주며 시야를 넓혀준다. 서로 성숙하다면 소울메이트 각.

---

# 염소자리의
# 라이프 밸런스 가이드

## 염소자리의 건강과 운동

염소자리는 뼈와 관절이 건강관리 포인트다. 오래된 나무처럼 단단해 보이지만, 특히 무릎과 척추가 약하다. 이들은 근육보다는 골격과 관절이 튼튼하며, 끈질긴 생명력과 인내력을 가진 것이 특징이다. 건강관리에 있어 가장 중요한 것은 뼈와 치아의 관리다. 칼슘과 비타민 D가 풍부한 음식을 섭취하고, 정기적인 운동으로 골밀도를 유지하는 것이 필수적이다. 또한 건조하고 예민한 피부 관리와 함께 치아와 잇몸 건강에도 특별한 주의가 필요하다.

염소자리의 특이한 점은 젊어서는 늙어 보이고 늙어서는 젊어 보이는 경우가 많으며, 자기관리를 잘해 대체로 장수한다. 다만 골격 조직에 에너지가 집중되면서 신체 말단의 영양 부족과 피부 생리 기능 저하를 주의해야 한다. 건강을 해치는 주된 원인은 과도한 목표 의식과 완벽주의적 성향이다. 일중독이나 지나친 절제, 과로에 빠지기 쉽고, 실패에 대한 걱정이 많아 우울증에 취약하다. 이는 염소자리의 대표적인 정신 건강 문제로 꼽힌다.

이러한 성향을 보완하기 위해서는 수영과 같이 몸을 유연하게 해주는 운동이 효과적이다. 특히 전략적 사고와 체력을 동시에 요구하는 클라이밍은 제격이다. 목표 설정과 달성 과정이 명확해 단계별 성취를 통한 자신감 향상에도 도움이 된다. 더불어 근력운동, 코어트레이닝을 보조적으로 하면 만족도가 상승할 것이다. 건강관리를 하나의 프로젝트로 접근해 일별, 주별 목표를 세우고 달성할 때마다 작은 보상을 주는 방식이 좋다. 운동을 의무로 하기보다 즐길 수 있도록 당근을 줘야 한다. 무엇보다 목표를 적정 수준으로 조절하고, 충분히 휴식을 취하며, 소중한 사람들과 감정을 나누는 것이 건강한 삶의 핵심이다.


## 염소자리의 일과 재능

염소자리는 명예와 커리어가 삶의 전부라 해도 과언이 아니다. 한번 결심한 일은 끝까지 밀어붙이는 강한 집념의 소유자다. 웬만한 어려움은 헤쳐가며 프로젝트를 완성해 낸다. 이런 성격이 장점으로 작용하기도 하지만, 가끔은 융통성 없다는 평가를 받기도 한다. 보수적이고 안정을 추구하는 성향이 강해 새로운 도전보다는 확실한 것을 선호한다. 갑작스러운 변화가 많거나 즉흥적인 크리에이티브 작업은 피하는 것이 좋다.

일을 시작할 때는 철저한 계획을 세우고 그 계획에 따라 한 걸음씩 꾸준히 달성한다. 체계와 질서가 잡힌 조직에서 능력을 발휘하기 좋다. 강한 책임감과 목표의식으로 인해 때로는 무리할 정도로 일에 매진하는 경향이 있다. 사소한 규칙이라도 반드시 지키려고 하는 완고한 성격의 소유자라 워라밸을 지켜주는 복지 체계가 있는 조직이 좋다. 경제적으로 안정적이면서도 전문적인 권위로 존경받는 직종이 제격이다. 성실하면서도 현실적인 판단력을 겸비한 야망가 염소자리는 조직에서 노하우를 배우면 독립해 자신만의 비즈니스를 창업한다. 평생직장이 없는 요즘 시대에 맞춘 염소자리의 영민한 전략은 빛난다. MZ세대의 염소자리는 전통적으로 보수와 안정을 추구하고 여전히 계획적이고 체계적인 성향은 유지하되, 디지털 시대의 혁신을 자신만의 방식으로 수용해 창의적인 방식으로 일한다.

### 헤드헌터, HR 컨설턴트

체계적인 분석력과 현실적 판단력으로 인재와 기업의 니즈를 정확히 매칭하는 능력이 탁월하다. 보수적이면서도 신중한 성향은 인재 평가와 진단에서 큰 장점이 되며, 장기적 관점에서 인재의 커리어를 설계하고 기업의 성장을 지원한다. 특히 꼼꼼한 시장 분석과 데이터 기반의 컨설팅으로 신뢰도 높은 결과물을 제공할 수 있으며, 안정적인 네트워크 구축을 통해 전문성을 인정받을 수 있는 직종이다.

### 데이터 사이언티스트

체계적인 분석력과 꼼꼼함을 필요로 하는 직무에 염소자리 성향이 잘 어울린다. 빅데이터를 통해 미래를 예측하고 계획하는 일은 이들의 계획적 성향을 만족시킨다. 특히 안정적인 테크 기업에서 자신의 전문성을 키우며 성장할 수 있다.

### 제조업 분야 CEO

품질 관리와 생산 효율성이 중요한 제조업에서 염소자리의 완벽주의적 성향은 큰 장점이다. 꾸준한 R&D 투자와 안정적인 생산 시스템 구축을 통해 장기적인 성장을 도모할 수 있다. 보수적인 투자 전략과 체계적인 조직 운영 능력은 제조업 경영에 매우 적합하다.

### 프랜차이즈 관리자

체계적인 시스템 구축과 표준화된 운영이 중요한 프랜차이즈 사업에서 염소자리의 조직력이 빛을 발한다. 가맹점 관리와 품질 유지를 위한 꼼꼼한 매뉴얼 제작, 그리고 안정적인 공급망 구축 등에서 이들의 체계적인 성향이 강점으로 작용한다. 염소자리의 원칙을 스스로 만드는 자다.

## 전문 교수, 공무원

염소자리는 대표적인 스승의 별자리다. 체계적인 교육 시스템 안에서 다음 세대를 이끄는 일은 염소자리의 책임감과 사명감을 충족시킨다. 특히 꾸준한 연구와 강의 준비가 필요한 교수직은 성실하고 치밀한 이들의 성향과 잘 맞는다. 또한 매 순간 최선을 다하며 통과해 온 시행착오들은 훌륭한 자산이 된다. 제자들을 차분히 이끌며 성장시키는 과정에서 이들의 진중함이 빛을 발한다. 안정된 제도권 교육의 틀 안에서 자신의 전문성을 발휘할 수 있다.


## 염소자리의 재테크

흙 별자리인 염소자리는 철저한 계획과 실행으로 돈을 모은다. 다만 염소자리는 돈이 많아도 검소함을 유지하며 사치를 멀리한다. 오랜 시간 사랑받는 명품을 좋아한다. 장인의 시간과 노력에 마땅한 값을 치르며 존경을 표한다. 비싼 명품을 산다 해도 클래식한 아이템을 사서 오래오래 사용한다. 이들은 매달 수입의 일정 부분을 저축하는 습관을 들이고, 나머지를 생활비와 투자에 균형있게 배분한다.

염소자리는 주식 시장에 관심을 가지되, 안정적인 기업의 주식을 분석하고 장기적인 관점에서 투자하는 경향이 있다. 경제 뉴스와 재무 보고서를 꼼꼼히 읽고 분석하는 것이 일상이 되며, 이러한 철저한 조사를 통해 위험을 최소화하는 투자 결정을 내린다.

　　장기적인 계획과 안목이 뛰어난 염소자리는 특히 연금 상품에 큰 가치를 둔다. 40대에는 안정적인 수익률의 연금, 50대에는 중기 만기 연금, 60대에는 단기 만기 연금 등 나이별로 다양한 만기 시점을 가진 연금 상품을 조합하여 미래의 재정적 안정을 체계적으로 구축한다. 이러한 방식으로 염소자리는 은퇴 후에도 안정적인 수입원을 확보한다. 돈이 나를 위해 일하게 하는 시스템을 만들어 경제적 자유를 누린다.

　　부동산 투자 역시 염소자리의 중요한 재테크 전략이다. 합리적인 가격의 부동산을 선별하여 구입하고, 이를 임대하여 안정적인 수익을 창출하는 방식을 선호한다. 부동산의 가치 상승보다는 꾸준한 임대 수익을 더 중요시하는 경향이 있다.

　　염소자리의 재테크는 단순히 금전을 축적하는 것을 넘어, 체계적이고 지속 가능한 방식으로 미래를 준비한다. 이들은 재정 목표를 명확히 설정하고, 그 목표를 향해 한 걸음씩 확실하게 나아간다. 빠른 수익보다는 안정적인 성장을, 화려한 투자보다는 검증된 방식을 선호하는 염소자리의 재테크 철학은 장기적으로 견고한 재정적 기반을 구축하는 데 탁월한 효과를 보인다.

# 염소자리를 일깨우는
# 해방 가이드

## 염소자리의 아킬레스건
## 인정욕망

염소자리는 오직 정상만을 향해 끊임없이 달린다. 최고가 되고자 하는 강한 의지는 이들에게 인정욕망이라는 짙은 그림자를 드리운다. 특히 자신의 분야에서 최고 권위자에게 인정받는 것에 존재의 의미를 건다. 최고의 인정을 받아야만 비로소 자신도 최고가 된다는 신념이 이들을 지배한다. 이러한 집착은 종종 과도한 자기 억제와 지나친 경쟁심으로 이어진다.

　강한 성취욕은 염소자리를 차갑고 계산적인 존재로 만든다. 목표 달성을 위해서라면 타인의 감정은 물론 자신의 감정조차 부차적인 것으로 치부하며, 심지어 소중한 인간관계마저 전략적 수단으로 전락시킨다. 특히 달 별자리가 염소자리에 있는 경우, 자신의 감정을 더욱 단단한 갑옷 속에 가두게 된다. 억눌린 감정은 얼음처럼 얼어붙고, 내면의 따뜻함은 서서히 식어가는데, 이는 관계에서도 조건부적 태도로 이어져 '네가 이만큼 하면 나도 이만큼 하겠다'는 거래적 방식을 고수하게 된다. 수직적 위계와 권위, 복종의 회로에 갇히면서 자신과의 관계뿐 아니라 타인과의 관계에서도 균열이 발생한다. 이러한 태도는 결국 가족, 친구, 동료들로부터 멀어지는 고립으로 이어지기도 한다.

성과가 기대에 미치지 못할 때면, 염소자리는 가혹한 자기비판가로 돌변한다. 사소한 실수조차 치명적 결함으로 확대해석하며 절망회로를 돌린다. 끝없는 외적 평가 속에서 서열을 매기고, 타인과의 끊임없는 비교는 자발적 고립을 낳으며, 필연적으로 심각한 번아웃을 부른다. 이는 결국 스스로를 패배자로 규정짓게 만들고, 깊은 우울과 비관주의가 삶 전체를 잠식하게 된다. 체면을 지키느라 의식하지 못했던 감정들은 무의식 속에 차곡차곡 쌓여가게 마련이다. 진정으로 오래도록 좋아하는 일을 지속하기 위해서는, 자신의 감정을 솔직히 들여다보고 인정하며 그 안에 담긴 신호와 욕구를 섬세하게 알아차리는 것이 필수적이다.

더불어 훌륭한 스승에게서 노하우와 태도를 배우되, 궁극적으로는 자신만의 고유한 산을 찾아 나서야 한다. 타인의 인정이 아닌, 자신만의 확고한 원칙과 기준 속에서 스스로를 인정하며 성장하는 태도를 길러나가야 한다. 염소자리가 가진 냉철하고 현실적인 인식력을 부정적인 자기비난이 아닌, 건설적인 객관적 분별력으로 승화시켜야 한다.

자신의 노력을 충분히 인정하고 사랑하는 시간을 가지며, 인정 욕망에서 벗어나 조건 없는 사랑과 지지를 경험하는 것이 중요하다. 기꺼이 실패하고 또 나아갈 용기가 필요하다. 아직 정상에 서지 못했거나 원하는 만큼의 인정을 받지 못하더라도, 자신의 본질적 가치는 결코 훼손되지 않는다는 깊은 자기신뢰가 무엇보다 중요하다. 세상의 모든 산이 반드시 에베레스트일 필요는 없다는 것, 자신만의 작은 봉우리에서도 충분히 아름다운 일몰을 만날 수 있다는 소중한 진리를 받아들이는 지혜가 필요하다. 어른 김장하 선생의 말마따나 평범한 사람들의 최선이 이 사회를 지탱하는 것이다.

## 염소자리답게 살기 위해
## 통과해야 할 미션

### 과정을 즐기기

목표 지향적인 염소자리는 결과에만 집착하다 삶의 향유를 놓치곤 한다. 산을 오를 때도 정상만 바라보다 보면 발밑의 아름다운 야생화나 귓가를 스치는 산들바람을, 코끝에 닿는 솔향을 놓치기 쉽다. 매 순간의 작은 기쁨을 발견하고 현재에 머무는 법을 배워야 한다. 삶은 결승점이 아닌 여정 그 자체이기 때문이다. "만약 당신이 어떤 일에 진지하게 전념한다면, 그 과정은 결코 쉽지 않을 것이다. 하지만 그 과정 자체가 당신을 성장시키고 변화시킬 것이다"라는 무라카미 하루키의 말을 믿어라. 그의 삶이 증거다. 진짜 성과를 내는 사람은 결과가 아니라 과정에 집중한다.

### 겸손하게 헌신하기

염소자리는 반드시 정상에 서야 한다. 그렇다고 물질적 성취만을 추구하면 위험하다. 세속적 성공만을 좇던 이들이 진정한 헌신의 대상을 만날 때, 놀라운 변화가 시작된다. 냉철했던 눈빛이 따스해지고, 결과만을 바라보던 시선이 과정의 아름다움을 발견하기 시작한다. 헌신할 만한 대상에게 무릎 꿇는다는 것, 그것은 염소자리에게 전혀 새로운 차원의 경험이다. 오컬트적으로도 염소자리는 사랑 속에서 자기의 심장과 삶을 모두 바칠 각오로 무릎 꿇을 수 있을 때 영적 성장을 이룬다고 한다. 기꺼이 헌신할 때, 이들의 뛰어난 현실 감각은 강력한 무기가 된다. 숫자로만 보이던 세상이 의미로 가득 찬 풍경으로 바뀐다. 야망은 소명으로, 성취욕은 봉사의 열정으로 승화된다. 타인을 밟고 올라서려 했던 발걸음이, 이제는 누군가를 돕기 위해 달려가는 발걸음이 된다. 우월감 없는 겸손과 약자에 대한 사랑이 차오를 때 가능하다. 자신의 재능을 조직과 세상에 기꺼이 나눠줄 때 냉정한 판단력은 지혜로운 분별력으로 변모한다. 염소자리의 가슴은 따스하게 채워져야 한다.

## 억압이 아닌 절제

지나친 자기억제는 창의적인 아이디어를 가로막는다. 욕망을 완전히 부정하는 것이 아니라 적절히 조절하는 법을 익혀야 한다. 마치 피아노를 칠 때 건반을 너무 세게 누르면 소리가 왜곡되고, 너무 약하게 누르면 소리가 나지 않는 것처럼, 삶에서도 균형 잡힌 절제가 필요하다. 자신의 욕구를 인정하되 그것을 우아하게 다스리는 법을 배워라. 무조건 원칙만을 고수하면 경직된다. 원칙은 있지만 상황과 맥락에 따라 유연하게 변주할 줄 알아야 한다. 계획이 틀어져도 새로운 길을 찾고, 고정관념에서 벗어나 다양한 관점을 받아들이는 융통성이 필요하다. 단단함과 부드러움의 조화를 이룰 때, 비로소 진정한 강함이 완성된다.

## 실수에 관대해지기

완벽을 추구하는 염소자리는 작은 실수에도 자신을 너무 가혹하게 다루곤 한다. 사소한 실수 하나에도 며칠 밤을 뒤척이며 자책하기 일쑤다. 업무 메일의 맞춤법 하나, 회의 때 놓친 작은 디테일 하나까지 모든 것이 신경 쓰인다. 이런 완벽주의적 성향은 종종 그들을 지독한 스트레스의 수렁으로 밀어 넣는다. 처음부터 잘하는 사람은 드물다. 실수는 인생의 자연스러운 부분이며, 오히려 성장의 발판이 된다. 실패를 통해 배우고 나아가면 된다. 좋은 실패를 하고 실수에서 배워라. 자신의 불완전함을 받아들이고 그것을 성장의 동력으로 삼는 지혜가 필요하다. 사실 염소자리가 좋은 스승이 될 수 있는 이유는 무수한 실패의 경험 속에서 배우기 때문이다.

## 염소자리의 영혼을 깨우는 법

크로노스와 새턴의 신화는 염소자리가 겪어야 할 영혼의 성장 여정을 보여준다. 태초에 하늘의 신 우라노스와 대지의 여신 가이아 사이에서 티탄들이 태어났다. 그중 막내였던 크로노스는 어머니 가이아의 부탁으로 폭군이었던 아버지 우라노스를 거세하고 왕좌를 차지한다. 그러나 자신 역시 자식에게 왕좌를 빼앗길 것이라는 예언을 듣고, 아내 레아가 낳은 자식들을 모조리 삼켜버린다. 레아는 마지막 아이 제우스를 크레타 섬의 염소 요정 아말테이아에게 맡긴다. 아말테이아는 자신의 젖으로 제우스를 키워내고, 후에 그 뿔이 부려져 풍요의 뿔이 된다. 결국 성장한 제우스는 크로노스를 몰아내고 새로운 신들의 시대를 연다.

크로노스가 자식들을 삼키는 행위는 염소자리가 자주 직면하는 첫 번째 시련을 상징한다. 이는 엄격한 현실의 요구와 책임이 젊은 영혼의 자유로운 열망을 억누르는 상황이다. 그러나 아말테이아의 보살핌처럼, 이 시련 속에서도 영혼을 키워내는 신성한 영양분이 존재한다. 겉으로는 제한과 고립처럼 보이는 상황이 실제로는 영혼을 키우는 양분이 된다.

크로노스는 대지의 신이자 시간의 신이다. 염소자리도 물질계의 법칙과 시간의 흐름을 받아들여야 한다. 아말테이아의 부러진 뿔이 풍요의 뿔이 되었듯이, 현실의 한계와 상처도 궁극적으로는 성장의 자산이 된다. 모든 것을 당장 이루고 싶은 젊은 정신의 조급함을 내려놓고, 시간이 가져다주는 성숙을 기다리는 지혜를 배우는 과정이다.

　　　이 신화는 염소자리에게 역설적 지혜를 가르친다. 시간의 한계를 받아들이기에 더욱 성실하고 꾸준히 노력하며 완전한 법칙을 향한 열망을 놓치지 말라는 것. 진정한 자유는 한계를 부정하는 것이 아니라 받아들이는 데서 찾아온다. 가장 큰 풍요는 상처와 결핍을 창조적으로 수용할 때 찾아오는 법. 결국 염소자리 영혼의 성장은 외적 성공 아닌 내적 성숙에 있다. 회의와 냉소를 지나, 절망의 심연을 들여다보며, 염소자리는 진정한 원칙과 가치를 발견한다. 이것은 단순한 지위 획득이 아닌, 진정한 권위의 탄생 과정이다. 아들이 아버지가 되는 것은 단지 나이 듦이 아닌, 깊은 이해와 자비를 갖춘 지도자로 거듭나는 것을 의미한다. 현실의 한계를 인정하면서도 이상을 잃지 않고, 냉정한 판단력을 지니면서도 연민의 마음을 잃지 않는 것. 냉정한 현실주의자에서 지혜로운 마스터로 진화하는 것, 그것이 이들의 운명이다.

## 염소자리에게 추천하는 콘텐츠

### 소명으로서의 일과 진정한 성취에 대한 빛나는 통찰을 보여주는 책

- 《사랑한다고 말할 용기》 황선우 지음_ 자기를 지키고 과정을 즐기면서 최선을 다하는 일의 태도를 기르는 다정한 조언을 담은 책.

- 《일의 기본 생활의 기본 100》 마쓰우라 야타로 지음_ 단단한 성장을 위한 기본을 일러주는 현실적이고 실천적인 조언이 담긴 책.

- 《아주 작은 습관의 힘》 제임스 클리어 지음_ 조금씩 시도한 아주 작은 습관으로 인생을 변화시키는 노하우를 체계적으로 담은 책.

- 《그릿》 앤절라 더크워스 지음_ 끈기있게 목표를 달성하며, 진정한 성공을 위한 통찰을 제공하는 책.

- 《파친코》 이민진 지음_ 일제강점기 나라 잃은 이민자들이 열악한 환경 속에서도 최선을 다해 담담히 살아 나가는 희망을 주는 역사소설.

- 《일의 감각》 조수용 지음_ 끊임없이 고민하고, 훈련해서 키워낸 일하는 사람의 섬세한 감각을 탐구하는 책.

- 《퓨처 셀프》 벤저민 하디 지음_ 미래의 자신을 설계하고 목표

를 달성하도록 강력한 동기부여를 하는 책.

## 태양 염소자리 시즌에 염소자리 에너지를
## 플레이하기 좋은 리추얼

염소자리 시즌은 동지와 소한이다. 한 해의 가장 어두운 밤이
자 새로운 빛이 시작되는 동지, 그리고 추위가 매섭게 몰아치는 소한까
지. 이 시기는 자연이 가장 고요하고 단단해지는 때다. 이 시기에는 특
히 자신의 한계를 시험하고 극복하는 도전이 중요하다. 마치 동지의 긴
어둠을 견디며 새로운 빛을 기다리듯, 인내심을 가지고 자신의 목표를
향해 꾸준히 나아가는 것이 핵심이다. 소한의 추위처럼 고난이 찾아와
도 흔들리지 않는 내공을 쌓아갈 때다. 체계적인 자기 관리와 꾸준한 노
력으로 진정한 성공의 토대를 마련하라.

· 매일 새벽 5분씩 명상하며 소명과 장기 목표를 되새겨라.
· 주말마다 한 주를 돌아보며 좌표를 점검하라.
· 매일 저녁 감사한 일 세 가지를 적으며 긍정성을 길러라.
· 한 달에 한 가지씩 새로운 전문 기술을 습득하라.
· 자신의 영적 스승을 찾아 완벽한 법칙을 구축하라.
· 전문가에게 정기적인 조언을 구하고 배우며 숙련도를 높여라.

- 재능을 헌신하고 나눌 사람들과 함께하라.

**#성공스타그램 #야망부자 #워커홀릭라이프 #자기관리끝판왕
#목표달성 #성공가도 #엄근진 #욕심만렙 #욕망덩어리
#워커홀릭그램**

# 물병자리
## 독창적인 혁신가

1월 20일~2월 19일

당신이 궁금한 문제를 직접 몸으로 살아보십시오.
그러면 어느 날 자신도 모르게 자신이 해답 속에 들어와 살고 있음을 깨닫게 될 것입니다.
_라이너 마리아 릴케

태양 별자리가 물병자리인 사람이 아름다운 개인주의자가 되기 위한 가이드로 삼으면 좋다. 달 별자리나 동쪽 별자리가 물병자리에 있거나, 세 개 이상의 행성이 물병자리에 있는 이들에게도 혁신과 공동체에 관한 통찰을 선사할 것이다. 또한 토성과 천왕성의 영향이 두드러진 출생 차트를 타고난 이들이나, 친구와 미래 비전의 현장인 11번째 하우스에 행성이 세 개 이상 들어 있는 이들에게도 빛나는 조언이 될 것이다.

# 물병자리

**Aquarius**

**1월 20일~2월 19일**

---

**원소: 공기(+)**

**상태: 고정하는 상태**

**수호행성: 토성(올드 룰러) & 천왕성(모던 룰러)**

**수호하우스: 11번째 하우스**

평등과 혁신을 DNA에 새긴 새 시대의 영혼. 모든 이를 친구처럼 대하며 위계 없는 관계를 추구하는 자유로운 존재다. 최신 트렌드와 기술을 숨 쉬듯 받아들이는 얼리어답터의 선두 주자로, 스타트업 실험실과 사회운동의 최전선을 누비며 더 나은 세상을 위해 목소리를 높이는 진보의 혁신가들. 이들의 영혼은 지속 가능한 봉사의 씨앗을 뿌리며 성장한다. 혁신의 날개와 현실의 뿌리가 조화를 이룰 때, 견고한 그라운딩 위에서 진정한 혁명가로 깨어난다.

# 물병자리의
# 숨겨진 에너지 코드

## 도래하는 새 시대의 별자리

별자리를 함께 공부하는 우주살롱 친구들과 재미 삼아 다음 생에 태어나고 싶은 별자리를 투표해 본 적이 있다. 물병자리가 압도적 1위였다. 힙하고 독창적인 물병자리는 관습이나 틀에 얽매이지 않는 자유로운 영혼이다. 각양각색 빛나는 무지개 빛깔을 존중하는 개성 가득한 사람들이며, 이 시대가 흠모하는 인간형이다.

우리는 바야흐로, 물병자리 시대로 진입하고 있다. 인류는 앞으로 2160년 동안 물병자리의 시대를 지나가며, 25000년이라는 더 큰 주기로도 물병자리에 들어서 더블 물병자리의 시대를 맞이한다. 정확한 시작 시기에 대해서는 학자들마다 분분하지만, 지금까지와는 다른 시대가 다가오고 있다는 것만은 분명하다. 물고기자리 시대를 지나 물병자리 시대로 가는 과도기의 징검다리를 건너는 중이다. 태양 별자리와 상관없이 모두 물병자리 영향을 강하게 받을 수밖에 없다.

마인드 마이너인 송길영 작가는 《시대예보》 시리즈를 통해 '핵개인'이라는 새로운 시대정신을 포착했다. 그가 빅데이터로 예보한 '핵개인'은 물병자리의 혁신적이고 독립적인 기질과 놀랍도록 닮아있다. 전통적 권위와 조직에서 벗어나 디지털 도구와 네트워크로 자신만의 길을 개척하는 이들의 모습은, 인류의 진보를 상징하는 물병자리의 DNA를 그대로 담고 있다.

'세상의 다양성에 기여하고 싶어서' 긴 머리를 묶은 헤어스타일을 고수하는 송길영 작가의 모습 또한 인상적이다. 전형적인 연구자나 CEO의 틀을 벗어던진 자유로움은 물병자리 정신이다. AI와 초연결로 무장한 핵개인들은 물병자리처럼 창의적이고 독창적인 방식으로 가치를 만들어낸다. 자신만의 브랜드를 구축해 가는 요즘 세대들의 행보는 물병자리가 상징하는 미래 지향적 에너지를 보여준다. 물병자리는 가장 핫한 별자리다.


## 번쩍이는 독창적 사고의 아이콘

차갑지만 인류애 가득한 물병자리, 고정하는 상태와 공기 별자리의 독창적 에너지를 응축한 존재다. 논리적이고 지적인 이들은 1과 0

의 디지털형 인간에 가깝다. 쌍둥이자리보다 중심이 잡혀 있고, 천칭자리보다 독립적이며 비순응적이다. 전형적인 T(생각)형 인간이라 납득이 되면 자신의 잘못도 순순히 인정한다. 머리 회전이 빠른 스마트한 달변가로, 말싸움에서 쉽게 물러서지 않는다. 신상 출시된 기술에 민감한 얼리어답터로, 다양하게 생활에 시도하고 실험해 본다. 열린 지성이되 자신만의 독특한 철학과 가치관에 대한 강한 확신을 지닌다. 특히 옳다고 믿는 신념 앞에서는 완강한 고집을 보인다.

　　물병자리는 열한 번째 별자리이면서 마지막 공기 별자리다. 인생 나이 70세에서 77세에 해당하는 원숙한 노년의 에너지를 상징한다. 우정과 단체활동, 희망과 꿈을 담당하는 11번째 하우스의 인생 영역을 담당하는 별자리로, 물병자리는 양자리에서 염소자리까지 열 별자리를 통과하며 쌓아온 경험을 사회적 비전으로 승화시키고, 혁신적 아이디어로 미래를 설계하며 인류의 집단의식을 깨운다. 지구를 벗어난 성층권의 공기처럼, 시공간을 초월한 메타인지적 지성을 추구한다. 다채로운 지성은 그를 이상주의자로 만들며, 번개처럼 깨달아 중력에서 자유롭다. 물병자리 사람들은 관습적 틀을 깨는 혁명적 아이디어로 가득하다. 사회적 규범에 얽매이지 않고 독립적 주장을 펼치며, 어디서나 신선하고 독창적인 의견으로 대중적 카타르시스를 선사한다.

## 공정함을 중시하는 개인주의자

평등함과 공정성을 중시하면서도 자신만의 프라이버시를 중요하게 여기는 개인주의자다. 아무도 모르는 음악을 듣고, 매니악한 취향을 즐기며, '돌아이'라는 말을 듣고 내심 기뻐하는 외계인 같은 존재다. 모두에게 인기 있는 유행템보다는 오랜 덕질과 취향이 쌓아 올린 빈티지하고 특이한 것들을 좋아한다. 길에서 우연히 똑같은 옷을 입고 있는 사람을 만나면 매우 수치스럽게 생각할 정도라고. 자신만의 길을 개척하며 마이웨이를 걷지만, 동시에 충만한 인류애로 자신의 모든 에너지를 공동선을 향해 쏟아붓는다.

"많은 사람이 '이효리답다'는 말을 쓰는데, 그게 무슨 뜻인지 모르겠어요. 저는 그냥 제가 하고 싶은 대로 살아가는 것뿐이에요." 예능에서는 털털하고 솔직한 매력으로, 무대에서는 카리스마 넘치는 퍼포먼스로, 그리고 제주도에서는 자연과 더불어 사는 여유로운 삶을 보여주는 이효리, 태양 별자리가 물병자리다. "유명하지만 조용히 살고 싶고, 조용히 살지만 잊혀지긴 싫다"라는 명언도 사람들 속에 있지만 프라이버시를 중요하게 생각하는 물병자리의 삶의 태도가 드러난다. 황소자리로 알려졌지만 최근 물병자리라고 진짜 생일을 공개했다. 시대의 아이콘이라지만 그녀는 그냥 자신만의 길을 걸어갔을 뿐이다. 스타일과 트렌드를 이끌면서도 환경과 동물권에 대한 관심을 놓지 않는 이효리의 행보는 전형적인 물병자리의 특징이다. 화려한 무대의 디바이면서 동시에 유기견 보호소를 찾아다니는 그녀의 모습은, 혁신과 인도주의를 동시에 추구하는 물병자리의 매력을 드러낸다.

'온 우주 삼라만상이 하나로 연결되어 있다'는 인드라망이자 생명평화무늬 타투를 팔에 새기고 환경 보호를 위해 상업 광고에 출연하지 않겠다고 선언한 적도 있다. 대중의 시선에 휘둘리지 않고 자신만의 신념을 지켜가는 이효리의 행보는, 고정관념을 깨고 새로운 길을 개척하는 물병자리의 혁신적 정신을 보여준다. 늘 새로운 시도를 두려워하지 않으면서도, 인류와 지구를 위한 가치 있는 변화를 추구하는 이효리처럼, 물병자리는 우리 시대의 진정한 혁신가다.


## 넥타를 나누는 물병자리의 정신

물병자리의 상징은 '물병을 들고 땅으로 물을 붓는 사람'이다. 고대부터 지혜와 생명을 상징하는 물, 신의 음료 넥타nectar를 땅으로 쏟아주듯 자신의 지혜를 인류와 나누는 정신이 담겨있다. 물병자리 기호 ♒는 전파를 상징하는 파동으로, 지혜와 인류애가 널리 퍼져나가는 모습을 표현한다. 단단한 땅에 물을 쏟아부을 때 일어나는 진동처럼, 새로운 지혜가 쏟아질 때 기존 질서의 균열과 진동은 당연한 일이다. 물병자리의 진폭은 기호처럼 급진적으로 왔다 갔다 한다. 물병자리 사람들의 인생 그래프는 상승하다 꺾이고 도전하고 그만두고를 반복하면서 변화무쌍하게 움직인다. 이쯤 되면 물병자리가 모두를 깜짝 놀라게 하는 괴짜 행동을 해도 너그럽게 봐줄 만하다.

## 과학과 혁신의 실험정신

물병자리의 특징과 찰떡궁합인 분야는 과학이다. 과학science의 어원은 깊이 안다는 뜻이다. '안다'는 뜻만이 아니라 '분별'하거나 '이것과 저것을 분리'한다는 뜻도 포함한다. 과학의 목표는 단순히 사실을 발견하는 것이 아니라, 일반적인 진실을 찾아내고 근본적 법칙을 정리하는 것이다. 적극적 추론과 실험을 통한 과학적 사고방식을 추구한다. 물병자리는 바로 전 별자리인 염소자리에서 권위자가 독식하던 지혜를 세상 모든 사람에게 보편적인 과학 법칙으로 만들어 공평하게 나눠준다. 과학의 별자리답게 갈릴레오 갈릴레이, 다윈, 에디슨 모두 물병자리다. 이들의 혁신적 발견은 당대에는 인정받지 못했지만, 후대에 큰 영향을 미쳤다. 에디슨이 발명한 전구가 20세기 전자공업 발달의 바탕이 된 것처럼, 물병자리는 세대를 넘어 영향을 미치는 천재성을 가졌다. 다만 문제는 너무 빠르다는 것. 이들이 말한 것은 50년 후에나 이뤄진다는 썰이 있을 만큼 빠르다. 지금도 과학기술의 발전으로 줌(화상회의 프로그램)으로 시공간의 지평이 넓어지고, 챗GPT나 AI로 정보가 모두에게 개방되고 있다. 우주탐사, 신재생에너지, 바이오테크놀로지 등이 인류의 삶을 변화시키고 있다. 모두가 자기만의 독창적인 메시지를 발신할 수 있는 1인 유튜브 시대가 도래했다. 과학 기술은 인류의 진화를 위해 혁혁한 기여를 한다.

## 모른다는 용기와 지적 겸손함

물병자리의 과학적 사고방식에서 가장 주목할 만한 점은 '모른다'는 사실을 인정하는 지적 겸손함이다. 과학의 역사를 보면 흥미로운 패턴이 있다. 오래 전부터 많은 물리학자들은 자신들이 '미지의 세계'에 직면한 마지막 세대가 될 것이라 생각했다. 뉴턴의 물리학이 등장했을 때도, 20세기 초까지 많은 이들은 그것이 '완벽한 진리'라고 믿었다. 그러나 상대성 이론과 양자 물리학이 등장하면서 그러한 믿음은 산산조각 났다.

과학혁명은 사실 지식혁명이 아니라 '무지의 혁명'이었다. 유발 하라리가 《사피엔스》에서 말했듯, "과학혁명을 출범시킨 위대한 발견은 '가장 중요한 질문들에 대한 해답을 모른다'는 발견이었다." 심지어 뉴턴조차 자신의 이론의 기반인 시간과 공간이 무엇인지 정의하지 못했다. 지금도 물리학자들은 이 근본적인 질문에 대한 답을 찾고 있다.

물병자리의 과학자 기질은 바로 이런 점에서 빛난다. 그들은 모르는 것을 정직하게 인정하며, 이론의 한계를 명확히 인식한다. 진정한 과학적 태도는 자신의 주장이 틀릴 가능성을 인정하는 것에서 시작한다. 물병자리의 혁신은 바로 이런 '아는 것보다 모르는 것을 정확히 아는' 지적 겸손함에서 비롯된다. 그들은 끊임없이 질문하고, 기존 체계에 의문을 제기하며, 새로운 지평을 열어간다. 물병자리에게 과학은 결국 무지의 학문이며, 이 열린 태도가 인류를 새로운 시대로 이끄는 원동력이 된다. 물병자리의 이런 과학자 마인드는 삶도 실험으로 생각한다. 언제라도 자신의 의견이 깨질 것을 아는 서늘함이 물병자리의 지적인 쿨함으로 드러난다.

## 룰을 깨려면 먼저 룰을 마스터하라

물병자리는 두 수호행성의 영향을 받는다. 완고한 절제의 행성 토성(올드 룰러)과 기존 질서를 전복시키며 등장한 혁명적 행성 천왕성(모던 룰러)이다. 가장 전통적이고 보수적인 행성과 가장 파격적이며 혁명적인 행성의 결합으로 물병자리의 특이성이 드러난다. 물병자리는 자유를 추구하기에 규율이나 규칙을 어려워한다. 진정한 자유로운 혁명가가 되기 위해서는 '룰을 깨고 싶다면 룰을 마스터하라'는 토성의 가르침을 기억해야 한다. 무턱대고 깨기보다는 기존 관습의 틀과 규칙을 잘 알고 균열을 내며 변화를 추구해야 한다. 물병자리는 변방에서 변화를 만들어내는 아웃사이더다.

진정한 물병자리의 수호행성은 천왕성이다. 천왕성은 전통을 깨부수며 요란하게 등장했다. 1781년 윌리엄 허셜이 발견한 이 행성은 토성이 태양으로부터 가장 멀리 떨어진 행성이라는 오랜 중세의 우주관을 전복시켰다. 그렇다면 행성은 우연히 발견되는 것일까? 인류의 의식이 행성의 에너지를 받을 준비가 되면 행성이 발견된다는 오컬트적 가설이 있다. 천왕성의 발견과 함께 미국의 독립전쟁(1781년), 프랑스 대혁명(1789년)과 같은 세계사적 사건이 나타난 것은 분명 우연이 아니다. 자전축이 극단적으로 기울어진 이 괴짜 행성은 상식을 초월하는 지성과 독창성의 에너지를 물병자리에게 부여한다. 물병자리의 인류애와 인도주의적 성향은 목성의 자비와 관대함이 아닌, 주목받지 못하는 소수에게 관심을 돌리려는 인류애와 반골 기질에서 비롯된다.

법칙과 한계를 나타내는 가장 보수적인 토성과 돌파와 초월을 나타내는 가장 혁명적인 천왕성이라는 두 역설적인 행성의 수호를 받기에 종잡을 수 없기도 하다. 전갈자리 수호행성인 화성과 명왕성은 호전성과 의지력이라는 공통점이 있는 반면, 토성과 천왕성 두 수호행성은 공통점이 거의 없다. 이 모순된 두 행성의 영향으로 물병자리는 종잡을 수 없는 돌발성과 복잡하고 이중적 성격을 드러낸다.

## 자기만의 방과 개인주의 인생상담

물병자리에게는 독창성을 키울 독립적인 공간이 필요하다. 물병자리 작가 버지니아 울프가 쓴 수필집 제목《자기만의 방》처럼. 버지니아 울프의《자기만의 방》은 불평등을 겪는 여성이 독립적으로 글을 쓰며 살아가는 삶을 옹호하는 선언적인 수필집으로, 문학이나 철학에 관심이 있고 글을 쓰는 여성이라면 시대를 초월해 감동과 힘을 얻을 수 있는 작품이다. 그녀의 태양 별자리는 역시나 물병자리다. '여성과 픽션'이라는 주제를 다룬, 강연문에 기초한 에세이로 도입부부터 제법 선언적이다.《자기만의 방》에서 "여성이 픽션을 쓰기 위해서는 돈과 자기만의 방이 있어야 한다는 의견"을 선언했다. 물질적 토대를 갖추고 독립적으로 글을 쓰라는 파격적 메시지를 던진다.

버지니아 울프가 활동한 문학가 단체인 '블룸즈버리 그룹'의 활동도 물병자리 특성을 잘 드러낸다. 물병자리는 그룹 활동을 좋아한다. 여성에게 강요되는 규범에 따라 정식으로 학교를 다닌 적이 없었던 버지니아였지만, 독학으로 쌓은 지식과 뛰어난 지성으로 그룹원으로 활동한다. 기존의 권위를 부수는 파격적인 행동으로 명성, 또는 악명을 얻어나갔다. 물병자리는 세상을 더 나은 곳으로 만드는 지적인 기여를 한다. 지연과 학연이 아니라 공공의 선을 향한 지적인 연대를 추구한다.

"내가 말해야 할 때는 주저하지 않습니다." 시원한 조언과 타협하지 않는 솔직함으로 많은 독자들의 막힌 속을 뻥 뚫어주는 임경선 작가의 태양 별자리도 물병자리다. '캣우먼'이라는 이름으로 네이버 오디오클립에서 진행한 〈개인주의 인생상담〉에서 보여준 그녀의 단호한 화법은 물병자리의 거침없는 진실 추구와 관습적 위로를 거부하는 태도가 가감 없이 드러났다. 12년간의 안정된 직장 생활을 과감히 접고 2005년 전업 작가로 전환한 대담한 선택은 틀에 갇히기를 거부하는 물병자리의 자유로운 영혼을 고스란히 담아낸다.

인스타그램에 공유하는 달리기와 건강에 관한 일상, 카페와 글쓰기 장소의 단정한 사진들 속에서도 느껴지는 삶의 루틴 속 단단함은 혁신적 사고 이면에 있는 물병자리의 체계적인 내면을 드러낸다. 특히 시의성 있는 사회 이슈에 대한 짧지만 강렬한 메시지들은 공동체 의식과 진보적 가치를 중요시하는 물병자리의 사회적 책임감을 생생하게 보여준다.

## 따로 또 같이, 핵개인의 시대를 향해

염소자리의 견고한 현실과 사회적 성취라는 산맥에서 시작하여, 물병자리는 그 한계를 뛰어넘어 구름처럼 자유로운 혁신의 하늘로 비상하고, 마침내 물고기자리에서는 모든 존재를 품는 대양의 깊이로 스며들어 우주적 사랑과 연민의 완전한 합일을 이룬다. 이는 마치 물이 산에서 증발하여 하늘을 떠돌다 다시 바다로 돌아가는 자연의 순환처럼, 개인의 물질적 성취에서 시작해 집단의식의 혁신을 거쳐 초월적 깨달음에 이르는 영혼의 장대한 여정을 보여준다.

새로운 시대를 열어젖힐 물병자리는 인류에게 어떤 새로운 무지개를 보여줄까. 유토피아일까, 디스토피아일까? 우리 개인들의 의식과 마음에 달렸다. "우리는 서로의 이름을 부르며, 각자의 빛나는 개성을 인정한다." 송길영 작가가 '핵개인의 시대' 다음으로 예보한 '호명사회'도 물병자리가 추구하는 자유와 평등의 가치관을 담고 진보했다. 직급이나 소속이 아닌 이름으로 서로를 부르며, 진정성 있는 관계를 맺는다. 직선적 위계가 아니라 둥근 원탁회의를 선호한다. 조직의 경계를 넘어 자유롭게 협업하고, 서로의 고유성을 존중하며, 함께 성장하는 새로운 시대의 시작을 알린다. 한 명 한 명이 빛의 센터가 된다. 바로 물병자리가 꿈꾸던 혁신과 자유, 그리고 평등이 공존하는 더불어 살아가는 미래다.

'대다수를 패배자로 만드는' 기존의 획일적 시스템의 균열이 시작되고 있다. 무의미한 경쟁의 시대는 저물어간다. 물병자리의 에너지가 이 새로운 흐름을 이끌 것이다. 자기만의 길을 만들면서 따로 또 같이 공존하는 중요한 전환점에서 당신은 어디에 서 있는가. 독립적인 '핵개인'이 되어 물병자리 시대의 첫 파도를 타라. 자신만의 뾰족함을 벼리고 자기만의 이야기를 만들어라. 서로를 호명할 용기를 내라. 광장에서 빛으로 함께 연대하라. 그때 물병자리 정신이 깨어나 당신만의 길이 보일 것이다.

## 물병자리 주간별 강점과 약점

**1월 17일~1월 22일**
**화려한 환상의 세계와 함께하는 헌신성**
**'미스터리와 상상의 주간'**
**강점:** 흥미진진한, 즐겁게 해주는, 명랑한
**약점:** 무질서한, 까다로운, 감정이 폭발하는

실용적이고 보수적인 염소자리 성향과 예측 불가능하고 인습 타파적인 물병자리의 성격이 충돌한다. 미스터리와 상상이 모습을 드러내게 된다. 화려하고 표현력이 풍부해 가는 곳마다 흥분을 불러일으키며 곧바로 자신의 존재감을 드러낸다. 생기발랄하고 상상력과 표현력이 뛰어나며, 보수적이어도 자신만의 환상 속에 사는 경우가 많다. 힘들고 불행한 사람을 도와주는 것에 주저하지 않지만, 아무런 노력 없이 바라기만 하는 사람에게는 일말의 동정심도 보이지 않는다. 창조적인 에너지를 발산할 수 있는 출구를 찾아야 하며, 경험한 것을 타인에게 나눠야 한다. 자신을 이해해 주고 높이 평가해 줄 사람을 찾아 자신의 본성을 지키는 것이 필요하다.

**1월 23일~1월 30일**
**성미 급하고 조숙한 철학자 '천재의 주간'**

**강점:** 조숙한, 개성이 강한, 스스로 깨우치는

**약점:** 무모한, 산만한, 스트레스를 잘 받는


배움의 속도가 굉장히 **빠르며** 지적 능력에 높은 가치를 둔다. 선천적으로 타고났든 아니든간에 자신의 지적 능력을 개발하기 위해 노력한다. 타고난 탐구심과 **빠른** 습득력과 사태 파악 능력으로 종종 다른 사람들을 놀라게 하며, 질투와 선망의 대상이 되기도 한다. 태도는 민첩하다 못해 신경질적이다. 혈기 왕성하며, 원하는 것을 이루고 싶어 마음이 근질거린다. 인내심과는 거리가 먼 사람인데, 정확하지 않은 표현이나 결단력이 부족한 사람을 만나면 답답함을 느낀다. 정서적으로 상당히 불안정하며 타인보다는 스스로에게 더 큰 상처를 준다. 그러므로 자신을 강하게 단련시키는 것이 우선시되어야 한다. 일상생활에서 위급한 일이 생겼을 때 잘 대처하려면 무엇보다 쉽게 흥분하지 않는 법을 배워야 한다. 좀 더 둔감해지려 노력하라. 자기 마음대로 하지 말고 차분함, 인내심, 끈기를 기를수록 더 강해진다. 좌절을 극복하는 법을 배우고, 스스로에게 최고가 될 것을 조용히 요구할 정도로 단단해져야 한다.


## 1월 31일~2월 7일
### 거장의 자질을 지닌 제2의 어린이 '젊음과 편안함의 주간'

**강점:** 기예가 뛰어난, 숭배받는, 세련된

**약점:** 철없는, 번뇌하는, 관계를 끊어버리는

육체적, 정신적, 감성적인 젊음을 추구해 나이보다 훨씬 젊어 보인다. 아이들의 자연스러움과 개성 등을 유지하고 싶어 하며, 예술품과 자신의 공간을 꾸미는 것을 좋아한다. 보편적인 생각에 따라 편안함과 행복을 유유자적 즐기려 한다. 트러블 없이 조용하고 행복하게 자신의 길을 가는 것을 최고로 여기며 열심히 노력한다. 채 스무 살도 되기 전에 자신의 능력을 모두 개발해 나이를 먹으면서 발전하는게 아니라 젊은 시절의 능력을 평생 써먹으며 산다. 인기가 많으며 사람들에게 칭찬받고 존경받는 데 집착할 가능성도 있다. 그렇게 되면 모든 시간을 남을 즐겁게 하는데 바치며, 친구나 팬을 잃을까 봐 자기의견을 강하게 주장하지도 못한다. 자신의 내면 깊숙한 감정들을 무시하기보다는 살뜰히 살피는 것이 중요하다. 다른 사람의 평가에 너무 방어적일 필요는 없다. 본래의 자기모습에 자신감을 가지고 아등바등하지 않는 태도를 길러야 한다.

**2월 8일~2월 15일**

**패자를 옹호할 줄 아는 위엄 '관대함의 주간'**

**강점:** 활기찬, 독창적인, 다정다감한

**약점:** 화를 내는, 공격에 약한, 곤궁한

어린 시절부터 지나칠 정도로 관대하다. 이기적인 사람들과 관계 맺으며 세상에 대해 열린 태도를 유지하면서도 자신에게 해가 되는 것은 거부할 수 있는 힘을 갖는 것이 숙제다. 편견, 선입견, 함부로 재단하는 태도가 거의 없다. 성급함과 부정적인 생각이 고개를 쳐들어도 한편으로는 자신과 자신이 했던 선택들, 친구, 사랑하는 사람, 그리고 세상 자체에 대해 모든 것을 용서할 수 있게 된다. 특히 종교적인 사람은 죽음 이후의 삶에 대한 생각과 더욱 깊어진 책임감으로 인해 자비롭게 행동한다. 스스로를 어려운 상황으로 몰아넣기 때문에, 일찍부터 궁지에서 탈출하는 법을 알게 된다. 스스로 문제를 만들고 또 해결하는 경향을 지닌다. 의미 있는 관계들을 통해 타고난 영적 능력을 건설적으로 사용해야 한다. 적당히 열린 마음과 동시에 분별력 있는 선택 능력을 발휘하는 것이 중요하다.

# 물병자리의
# 인간관계 가이드

## 물병자리의 가족 관계

가족 관계도 새롭고 실험적이다. 물병자리에게 지성은 피보다 진하다. 혈연으로 연결되지 않아도 조립식 가족 등 다양한 형태의 가족 형태를 꾸릴 가능성이 높다. 가족 구성원 각자가 독립적인 개체로서 성장할 수 있도록 지지하며, 서로의 프라이버시를 중요하게 여긴다. 물병자리 성향이 두드러진 가족에게 들은 가족 모임 풍경은 신박하다. 가족 모임이라고 굳이 같은 영화를 볼 필요가 없다. 각자 취향에 맞는 영화를 같은 시간에 보는 것뿐이다. 영화가 끝나면 알아서 저녁 식사 장소에 모인 뒤 각자 먹고 싶은 메뉴를 주문한다. 먼저 도착한 사람이 먼저 시켜 먹는 건 기본이다. 각자의 개성과 자유를 존중한다. 전통적인 가족 가치를 중시하는 구성원들과는 의견 충돌이 발생할 수 있다.

가족 내에서도 자신만의 공간과 시간이 필요한 것은 기본. 독립성이 매우 중요하기 때문에, 가족들과 함께하는 시간과 개인의 시간 사이에서 균형을 찾는 것이 중요한 과제다. 비록 전통적인 방식과는 다를 수 있지만, 자신만의 독특한 방식으로 가족에 대한 사랑과 책임감을 표현한다. 가족들이 이러한 물병자리의 특성을 이해하고 받아들인다면, 자유로운 가족 관계를 형성할 수 있다.

물병자리는 가족 문제를 객관적인 시각으로 바라보고 합리적인 해결 방안을 찾아내는 데 탁월하다. 가족 사이에 문제가 생기면 늘 가족회의를 소집하거나 단톡방을 만들어 논리적인 토론 속에 합의를 이끌어낸다. 또한 가족 구성원들의 개성과 재능을 발견하고 발전시키는 데 도움을 주는 조력자로서의 재능도 탁월하다. 물병자리 부모는 친구 같은 부모가 되려고 노력하고 창의적인 교육방식을 선호한다.

물병자리 아이는 대체로 똑똑하고 예민하고 독립적이다. 천재가 아닐까 싶을 정도의 놀라운 재능을 보여줄 때가 많을 것이다. 두뇌를 많이 쓰는 아이라 머리도 식히고 에너지도 발산할 수 있는 적당한 야외 활동이 필요하다. 빠른 에너지를 차분히 가라앉힐 수 있는 명상이나 예술 활동도 좋다. 친구들을 잘 도와주고 주위에 친구도 많다. 집중할 땐 다른 어떤 별자리보다 깊이 몰입하고, 불합리하다고 느낄 땐 예리한 비판도 서슴지 않으며 청개구리처럼 반항하기도 한다. 특이한 의견을 인정하고 존중하되, 부드럽고 논리적으로 방향을 제시해 주는 것이 물병자리 아이를 위한 육아법이다.

## 물병자리의 친구 관계

물병자리에게 우주 최고의 관계는 우정이다. 이들에게 우정은 사랑보다 고귀하다. 물병자리에게 진정한 친구란, 단순히 오래 알고 지낸 사이가 아닌 서로의 가치관과 이상을 공유하며 함께 성장할 수 있는 동반자다. 물병자리는 이런 친구다. 독창적이고 재미있는 친구, 지적인 대화가 가능한 친구, 편견 없이 대하는 열린 마음의 친구, 독특한 개성을 존중해주는 이해심 많은 친구. 애착과 정서로 연결된 사랑보다는 이해와 존중으로 동등한 관계를 맺는 친구. 자주 연락하지 않아도 친구들이 자연스레 몰려든다. 친구들 사이에서 두터운 신망을 받는 친구 부자다. 물병자리 여성은 중성적인 톰보이가 많아 동성 친구에게도 인기가 많다. 물병자리는 자신의 개성을 존중받고 싶은 만큼, 그 누구라도 공평하게 대한다. 남녀노소 불문하고 친구가 될 수 있다. 나이와 상관 없는 공정한 우정을 나누며 모든 사람을 친구라고 부른다.

물병자리는 특이한 매력을 뽐내는 사람들에게 관심을 가진다. 이상한 사람, 서투른 사람도 차별하지 않고 오히려 좋아한다. 그러나 물병자리는 누군가의 단짝이 되기보다는 두루두루 어울리는 것을 좋아한다. 쿨하고 이상적인 물병자리는 사수자리와는 철학적 대화를 나누며 서로를 자유롭게 있는 그대로 존중하며 편한 관계가 될 확률이 높다. 쌍둥이자리와는 공통적인 취미가 있으면 최고의 궁합으로 지적인 대화가 끊이질 않을 것이다. 천칭자리와는 거리감을 절묘하게 조절하며 말하지 않아도 알 수 있는 사이가 될 수 있다. 성숙한 물병자리라면 사자자리는 소울메이트 각으로 서로를 변화시키는 파트너가 될 것이다.

## 물병자리의 연인과 부부 관계

물병자리의 사랑은 오래 우려낸 차처럼 담백하다. 대부분 친구에서 연인으로 발전한다. 물병자리에게 사랑을 느낀다면 처음부터 고백하는 건 비추. 우선 자연스럽게 친해지는 게 좋다. 함께 책도 읽고, 커뮤니티 활동도 공유하면서 좋은 친구가 되는 것이 좋다.

재미있는 건 물병자리에게 우정과 사랑의 경계가 참 모호하다는 점이다. 친구들과 어울리는 걸 정말 좋아해서 연인이 생겨도 친구들과의 술자리나 모임을 빼먹지 않는다. 그러다 보니 친구 중에서 특별한 누군가를 발견하게 되는 경우가 많다.

연애 스타일도 남다르다. "우리도 다른 커플처럼 100일 기념일에 커플링 하자", "매일 통화하자" 이런 틀에 박힌 제안은 질색이다. 특이한 점은 연인이 생겨도 그 사람에게만 온 마음을 쏟지 않는다는 거다. 여러 사람에게 두루두루 관심과 애정을 나누는 스타일이라, 가끔은 질투가 날 수도 있다. 연인 사이라도 때론 좀 서먹한 느낌이 들 수 있다. 감정적인 교감보다는 지적인 대화를 더 좋아하다 보니 "이게 연애가 맞나?" 싶을 때도 있을 거다. 하지만 걱정은 붙들어 매라. 이게 바로 물병자리만의 매력이니까.

결혼관도 역시나 독특하고 진보적이다. 여자가 일하고 남자가 육아하는 게 전혀 이상하지 않다고 생각한다. 결혼해도 서로의 개인 시간과 공간은 확실히 지켜줘야 한다고 믿는다. '평생 함께 해야지' 하는 생각보다는 '지금 이 사람과 있는 게 즐겁고 편하다' 정도의 마음으로 시작했다가, 어느새 평생의 동반자가 되어 있는 경우가 많다. 서로를 구속하지 않고, 재미있는 대화와 새로운 경험을 나누다 보면 자연스레 오래 곁에 있는 사이가 되는 것이 물병자리식 사랑이다.


## 물병자리와 잘 지내는 법

프라이버시는 물병자리의 절대 불가침 영역이다. 가벼운 농담일지라도 인신공격은 금물. 각양각색의 개성을 있는 그대로 존중하는 이들은 이를 결코 용납하지 않는다. 끝없는 개인적인 질문으로 그들을 옥죄지 마라. 마치 우주처럼 광활한 자유로움을 추구하는 이들은 답답함을 호소할 것이다.

물병자리는 지적 호기심으로 우주를 넘나드는 탐험가다. 시공간을 초월한 지적 유희를 즐길 줄 알아야 한다. 일상적인 가십이나 피상적인 대화보다는, 우주의 신비로운 현상부터 첨단 과학기술, 사회의 심층적인 이슈까지 다양한 주제로 그들의 호기심 버튼을 눌러라. 그들의 독특한 시각과 창의적인 발상에 진심 어린 관심을 보이면, 더욱 흥미진진한 대화가 펼쳐질 것이다.

"그건 너무 비현실적이야"라는 말은 물병자리의 영감을 단번에 무너뜨릴 수 있다. 그들의 상상력이 자유롭게 비상할 수 있도록 지지하고 다른 가설을 세워서 질문해 보라. 더불어 당신도 자신만의 자유로운 독창성을 마음껏 발산해라. 그럴 때 물병자리는 눈을 반짝이며 당신에게서 매력을 발견할 것이다.

실험은 물병자리의 삶의 원동력이다. 예상치 못한 계획 변경이나 새로운 시도를 실험하듯 대응하는 태도는 그들의 마음을 사로잡는다. 관습에 얽매이지 않고 혁신적인 방식을 함께 모색할 때, 물병자리와의 관계는 시너지를 발휘한다.

물병자리와의 관계는 별이 빛나는 밤하늘을 탐험하는 여정과 같다. 자유와 지적 호기심, 창의적 표현이 조화를 이룰 때, 당신은 그들의 광활한 우주에서 가장 밝게 빛나는 별이 된다.

# 물병자리의 관계 별점

· **사자리**★★★★★: 서로의 독특한 개성을 완벽하게 이해하며 창의적인 시너
지가 발생하는 최상의 궁합. 성숙하다면 소울메이트이자 운명적 사랑이 가능한
관계.

· **쌍둥이자리**★★★★: 지적 호기심과 자유로운 성향이 맞아떨어지며 풍부한 대화
가 가능한 관계. 서로에게 영감을 주는 즐거운 파트너십.

· **천칭자리**★★★★: 정의와 평화를 추구하는 가치관을 공유하며 안정적인 균형을
이루는 관계. 사회적 이슈에 대한 깊은 공감대 형성.

· **양자리**★★★: 도전적이고 진취적인 에너지로 서로의 성장을 자극하는 관계. 새
로운 시도를 함께 즐기는 파트너십.

· **사수자리**★★★: 깊이 있는 철학적 대화와 진리 탐구를 함께하는 관계. 서로의
자유를 존중하며 지적 성장을 추구.

---

# 물병자리의
# 라이프 밸런스 가이드


## 물병자리의 건강과 운동

발목과 정강이가 물병자리의 취약 부위로 꼽힌다. 특히 약한 발목 탓에 잘 넘어지는 편이며, 혈액순환이 원활하지 않아 늘 붓는 다리로 고생하기 마련이다. 심할 때는 발목과 종아리의 경계가 희미해질 정도로 부기가 심해진다. 하체 혈액순환이 지속적으로 좋지 않으면 혈관 확장이나 정맥류 등의 증상으로 이어질 수 있어 주의가 필요하다. 불규칙한 식사나 과도한 스트레스는 손발 저림, 흉부 통증, 위경련 등을 유발할 수 있으니 규칙적인 생활 습관이 중요하다. 평소 순환계 건강에 신경 쓰고 짬짬이 가벼운 스트레칭을 하는 것이 도움이 된다.

끊임없이 활발한 두뇌 활동을 하는 만큼 충분한 수면은 필수다. 주기적으로 휴식을 취하고 전자기기를 멀리하는 디지털 디톡스도

효과적이다. 창의적이고 독립적인 성향의 물병자리는 정신적 스트레스에 취약해 예민해지기 쉽다. 자연 속 산책으로 생각을 정리하는 시간을 갖는 것이 좋다. 변화를 즐기는 성향에 맞게 수영, 테니스, 배드민턴처럼 동적이고 다채로운 동작이 있는 운동이 잘 맞는다. 스케이트보드, 서핑, 스노보드 등 창의적이고 자유로운 동작을 시도할 수 있는 기존의 틀을 벗어난 새로운 도전형 스포츠도 훌륭한 선택지다. 친구들과 함께하는 단체 운동은 즐거움이 배가 되어 지속적인 운동 습관을 기르기에 좋다.

## 물병자리의 일과 재능

다재다능한 능력자로 여러 분야에서 두각을 드러내지만, 자유롭고 창의적인 환경에서야 비로소 진가를 발휘한다. 딱딱한 출퇴근 시간이나 위계질서가 강조되는 보수적인 조직에선 숨이 막혀 제 실력을 펼치기 어렵다. 업무 능력은 탁월하지만 '나는 나의 길을 간다'는 마이웨이 기질이 강해 조직 생활이 어려울 수 있다.

공유 오피스나 크리에이티브 스튜디오 같은 열린 공간이 이들의 놀이터다. 다양한 분야의 창의적인 영혼들과 교류하며 신선한 아이디어를 떠올리고 발전시키는 데 탁월한 재능을 보인다. 실험적이고 도전적인 프로젝트야말로 물병자리의 진정한 무대다. 반면 판에 박힌 듯한 일상적인 업무는 마치 새장에 갇힌 새처럼 답답함을 느낀다.

### SF 작가, 영화 감독

물병자리는 창의성과 분석력을 활용하여 흥미로운 이야기를 창작할 수 있는 지적 상상력이 드높다. 특히 우주적 상상력을 서사로 펼칠 수 있는 SF 장르에서 진가를 드러내기 좋다. 자신의 독특한 생각을 예술로 승화하며 인류에게 이야기를 남긴다는 것은 매우 흥분되는 일이다.

### 과학 커뮤니케이터

물병자리의 분석력과 탐구심을 활용하여 새로운 지식을 발견하고 연구하기에 제격이다. 가설을 세우고 실험하는 과학자의 사고 실험을 하고 전파하는 커뮤니케이터에 적합하다. 물병자리의 창의성과 기술적인 능력을 활용하여 혁신적인 제품을 개발하거나 문제를 해결하는 발명가도 좋다. 물병자리의 마음은 직관적이면서도 논리적이고, 이해력이 높아서 첨단 기술 분야에 종사하기도 한다.

### NGO 정책 연구가

인류애가 뛰어나 난민기구나 NGO 정책가로 일하기 좋다. 정치에 개입하거나 남을 돕는 직업은 물병자리의 자존감을 높여준다. 그들의 지적 능력을 이타적으로 인류애를 위해 과학적인 방법으로 사용하는 데에 관심이 많다. 미래를 예측하는 능력과 분석력이 뛰어나 정책을 연구하면 더할 나위 없이 좋은 정책을 제안할 수 있다.

### ESG 전문가

지속 가능성과 사회적 가치를 추구하는 ESG 분야는 분석력과 정책력이 뛰어난 물병자리의 인류애까지 충족시킨다. 기업의 친환경 정책을 설계하고 사회적 가치를 창출하는 과정에서 이들의 실험적이고 분석적인 성향이 빛을 발한다. 일반적 기업 문화에 혁신을 더하는 역할도 잘 어울린다.

## 물병자리의 재테크

돈보다는 지식이 먼저인 물병자리. 부자가 되는 것보다 지적 호기심을 채우는 데 진심이다. 돈을 불리는 데는 관심이 없지만, 쓰는 데는 천재적이다. 최첨단 기기와 책이라면 지갑이 술술 열리는 이들에게 돈 관리는 영원한 숙제다. 어제 나온 신형 전자기기에 눈이 멀어 한 달 식비를 탕진하거나, 우주 물리학 전집을 충동구매하고 공과금을 깜빡하는 일이 다반사다. 수입과 지출의 균형이 깨지기 일쑤다.

'탕진잼' 유혹에 넘어가는 즉흥적 소비 버릇은 경계해야 할 포인트다. 밤 11시 반, 온라인 쇼핑몰에서 자정 특가 알림을 받는 순간 쇼핑카트에 담기는 '필요하지 않은 필수템'들. 충동구매의 트리거가 언제 당겨지는지 파악하는 것만으로도 소비 습관의 개선이 가능하다. 스마트 폰에 지출 관리 앱을 설치하고 한 달에 한 번은 꼭 확인하는 습관을 들이는 것도 좋은 방법이다. 경제적 난관을 피하고 싶다면? 믿을 만한 '재정 멘토'의 조언이 필수다. 지출 관리를 조언해 줄 든든한 친구가 있다면 금상첨화다. 물병자리는 친구 말은 잘 듣는다.

　　물병자리의 독창적이고 개방적인 성향은 투자 세계에서도 빛을 발한다. 주식부터 선물, 옵션, 부동산, 채권, 예금까지 투자 스펙트럼이 남다르다. 특히 크라우드 펀딩이나 스타트업 투자처럼 혁신적인 아이디어에 배팅하는 모험적 투자에 끌린다. 블록체인 기술, 친환경 에너지, 우주탐사 기업의 주식에 관심을 보이는 것도 이 때문. 여럿이 머리를 맞대는 협력 투자에서 진가를 발휘한다. 온라인 투자 커뮤니티에서 다양한 관점을 수집하고, 투자 동아리에서 전략을 공유하는 식이다. 혼자보다는 함께 전략을 짜고 투자하는 것이 물병자리식 재테크다.

　　미래 기술에 대한 통찰력은 물병자리의 최대 재테크 무기다. 다른 이들이 주목하지 않을 때 신기술의 잠재력을 알아보는 눈은 장기적으로 큰 수익을 안겨준다. 2010년, 친구들이 의아해할 때 비트코인을 소액 구매했던 물병자리 친구는 지금 조용히 경제적 자유를 누리고 있다. 단, 너무 앞서 나가려는 성향이 실패로 이어질 수도 있음을 명심해야 한다. 모든 혁신이 성공하는 것은 아니니, 미래 기술에 투자할 때도 전체 포트폴리오의 20% 이내로 제한하는 현명함이 필요하다.

# 물병자리를 일깨우는
# 해방 가이드

## 물병자리의 아킬레스건
## 무조건적인 반항

무조건적인 반항은 물병자리의 진정한 자유를 가로막는다. 물병자리는 이상향에 사는 혁명가로 낡은 권위와 인습에 저항하며 새로운 미래를 추구한다. 눈치 보는 건 질색하고 분위기 맞추기는 더더욱 싫어한다. 관습을 의심하고 삐딱하게 보는 건강한 저항은 기존의 틀에 얽매이지 않고 새로운 길을 연다. 보편과 평균을 의심하는 것 또한 자기다움의 시작이다. 그러나 보편적 세상이 어떻게 작동하는지 아는 것은 중요하다. 현실을 제대로 알고 저항하는 것이 아니라 무조건 깨고 보려는 청개구리식 반항심은 성장을 방해하는 걸림돌이 되기 쉽다.

지나친 반항심은 때로 두려움과 불안을 숨기기 위한 방어기제일 가능성이 높다. 상처받지 않으려는 마음에 더욱 강한 반항심을 드러내고, 이는 다시 타인과의 거리를 멀어지게 만드는 악순환을 낳는다. 시크한 모습 뒤로 외로움을 숨기고 있진 않은가. 남들과 다르다는 이유로 느끼는 소외감, 이해받지 못할 것이란 불안을 강한 반항심으로 드러내고 있는 건 아닌지 성찰해야 한다.

진정한 혁신은 맹목적인 반항이 아닌, 현실에 대한 깊은 이해와 창의적 대안으로 시작된다. 기존의 틀을 깨는 것만이 능사는 아니다. 변화를 추구하는 과정에서 모든 것을 거부하는 대신, 수용할 것과 바꿀 것을 현명하게 구분하는 지혜와 용기가 필요하다. 자극이 아닌 자유를 향하고 있는지 반드시 성찰해야 한다. 자유는 내면의 단단한 축에서 피어나는 주체적 선택이자 책임이다. 고요 속에서도 충만함을 느끼고, 반복되는 일상에서도 의미를 발견하는 능력이다. 마치 오랜 수련 끝에 자유로운 연주를 하는 피아니스트처럼, 역설적이게도 자유는 규율과 수련을 통해 얻어진다. 반면 자극은 순간적인 쾌락을 좇는 도피에 가깝다. 도파민에 중독된 듯 끊임없이 새로운 자극을 갈구하지만, 그 순간이 지나면 공허함만 남는다. 점점 더 강한 자극만을 추구하며 결국 무감각해진다. 자유는 내면의 성장이지만, 자극은 외면의 도피다.

진정한 자유는 일상의 책임과 리듬 속에서 자란다. 진정한 자유를 누리려면 자극이란 달콤한 독에서 벗어나 일상을 성실히 가꾸어야 한다. 자유는 책임이라는 토양에서 자란다. 같은 조건 속에서도 새로운 시도로 변화를 만들어내면 매 순간 자유로울 수 있다. 삐딱선 탄 문제아

혹은 반골 기질 강한 외골수로 남지 않으려면 자신이 추구하는 것이 자유인지 자극인지, 변화인지 변덕인지 정확하게 살피는 지혜가 필요하다.


## 물병자리답게 살기 위해
## 통과해야 할 미션

### 일상에서 책임지기

이상을 좇는 미래주의자 물병자리의 허점은 일상이다. 박식하지만 이론에만 머물러 현실에선 허약하기 그지없다. 어릴 적부터 '이론만 내세운다', '억지를 부린다'는 말을 자주 들었다면 더더욱 그럴 것이다. 실제 경험을 통해 자기만의 규칙을 세우는 데는 일상에서 책임지는 것만큼 좋은 스승이 없다. 평범한 식사 준비, 청소 같은 소소한 일들을 묵묵히 하라. 책임감 있게 맡은 일을 해내고, 반복되는 일상을 훈련하는 것이야말로 현실 감각을 키우는 지름길이다. 아무리 좋은 아이디어라도 현실과 동떨어진 지나친 혁신은 누구도 따라가기 힘들다. 작은 목표부터 하나씩 이뤄가며 단계적 성장을 꾀하는 것, 그것이 진정한 도약을 위한 발판이 된다. 그때까지는 일상 속 작은 책임들을 통해 현실 감각을 쌓아가야 한다.

## 끼리끼리를 넘어선 지적 연대

세상을 더 나은 곳으로 만드는 데는 감정적 연대를 넘어선 지적 연대가 필요하다. 공동의 목표를 확고히 하고, 변화를 향한 목소리로 연대한다. 혈연, 지연, 학연은 물론 모든 패거리 의식을 벗어던져야 한다. 이익이 아닌 상호 이해와 지적 인식을 바탕으로 한 그룹 의식이야말로 진정한 연대의 시작이다. 새로운 연대는 누구도 착취하지 않는 대등한 연대다. 누구도 차별하지 않는 모든 인류에 대한 사랑으로 열린 마음의 환대를 가질 때 비로소 진정한 그룹이 만들어진다. 보편적 사랑과 박애 정신은 누구도 차별하지 않는다. 집단의식이 아닌 그룹의식으로, 끼리끼리를 넘어선 상호 이해와 지적 인식이 필요한 시점이다. 진정한 개인주의자는 서로에 대한 존중과 이해 속에서 탄생하고, 그제야 비로소 서로가 서로를 지켜주는 무해한 관계가 완성된다. 오늘날의 민주주의와 인권도 이러한 그룹 의식이 만들어낸 소중한 결실이다.


## 감정적 공감대 높이기

외계인과도 친구가 될 수 있는 물병자리지만, 잘 우는 사람들 앞에선 당황한다. 감정도 이성적으로 해석하려는 물병자리는 쿨내가 진동한다. 세세한 감정을 느끼고 공감하는데 매우 서툴다. 감정이란 논리로 예측할 수 없는 것. 허우적대지 않으려 거리를 두는 건 좋지만, 지나친 거리두기는 공감 능력을 떨어뜨려 결국 관계의 깊이를 잃게 만든다.

물병자리와는 오래 이야기를 나눠도 마치 블루투스 연결이 끊긴 듯한 묘한 장막이 느껴지는 이유가 바로 이 때문이다. 특히 친밀한 관계에서는 감정을 나누고 깊이 표현하는 것이 필수다. 자신의 감정적 경험에 마음을 열고, 더 개인적인 차원에서 감정을 느끼고 표현하는 연습이 필요하다. 이는 타인과 더 깊고 의미 있는 관계를 만들어갈 뿐 아니라, 자신의 감정적 필요도 발견하게 해준다. 감정 일기를 쓰거나 예술 활동을 통해 정제되지 않은 거친 감정도 받아들이고 표현해 보라.

## 물병자리의 영혼을 깨우는 법

물병자리와 관련된 신화, 티탄족의 후예인 프로메테우스의 이야기는 인류에 대한 무한한 사랑과 숭고한 희생을 담고 있다. '미리 아는 자'라는 이름값을 하듯, 그는 인류를 특별히 아끼고 보살폈다. 제우스가 인간들에게서 불을 앗아갔을 때, 그는 과감히 올림푸스산을 넘어 신들의 불을 훔쳐 왔다. 단순한 불꽃이 아닌, 문명과 지식, 기술을 상징하는 지성의 빛이었다.

인류의 진보를 꿈꾼 그의 도전은 제우스의 진노를 샀다. 신들의 왕은 그를 카프카스 산맥에 쇠사슬로 묶어두고, 매일 독수리가 그의 간을 쪼아 먹게 했다. 밤사이 재생된 간은 다시 독수리의 먹이가 되는 영원한 형벌의 굴레에 갇혔다. 그럼에도 그는 자신의 선택을 한 순간도 후회하지 않았다. 물병자리는 이 프로메테우스의 정신을 고스란히 담고 있다. 물을 부어 단단하게 굳은 땅을 깨트리는 물병자리의 모습은 인류에게 지혜를 전하는 그의 숭고한 행위를 상징한다. 기존 질서에 도전장을 내민 혁신가이자, 더 큰 선을 위해 자신을 내던진 이타주의자의 모습이 겹쳐진다.

물병자리의 에너지는 역설적이다. 공동체 속의 개인주의자다. 강렬한 개인주의 성향을 품고 있지만, 그 에너지는 오롯이 인류를 위한 봉사로 승화되어야 한다. 자신이 가진 모든 것을 물병에 담아 나누는 순간, 비로소 그 영혼이 깨어난다. 50년 후를 내다보는 통찰력을 지녔으면서도, 아우게이아스의 외양간을 청소하며 가장 낮은 곳에서 봉사하는 헤라클레스의 모습과 제자들의 발을 씻어주던 예수의 모습이다. 이처럼 용기 있는 지혜로운 봉사야말로 물병자리가 걸어가야 할 길이다.

## 물병자리에게 추천하는 콘텐츠

### 독창성과 다양성 속의 연대와 공존을 잘 어루만지며 빛나는 통찰을 보여주는 책

- 《나 자신으로 살아가기》임경선 지음_ 내 인생을 자율적으로 살아가고 있다는 감각과 선택을 반추하도록 북돋는 책.
- 《핵개인의 시대》송길영 지음_ 독립적으로 우뚝 서서 연대하는 '핵개인'의 탄생을 예고하며 자신만의 길을 걷도록 응원하

는 책.

- 《세계 끝의 버섯》애나 로웬하웁트 칭 지음_ 버섯 하나로 생태계 연결성에 대한 호기심을 충족시키며, 인류와 자연의 공생 관계에 대한 새로운 패러다임을 제시하는 책.
- 《우리는 더 많은 민주주의를 원한다》에릭 클라이넨버그 지음_ 일상적 차원에서 시작하는 공동체 만들기의 구체적 실전법이 담긴 책.
- 《두 사람의 인터내셔널》김기태 지음_ 파편화된 요즘 시대의 관계와 우정 사랑을 다시 환기시키며 존중 속의 연대와 공존을 알려주는 책.
- 《이토록 뜻밖의 뇌과학》리사 펠드먼 배럿 지음_ 뇌에 대한 혁신적인 관점의 뇌과학으로 지적욕구는 물론 메타 인지를 선물하는 책.
- 《긴긴밤》루리 지음_ 모든 것이 다른 두 존재가 '우리'가 되어 긴긴밤을 뚫고 바다로 나아가는 감동적인 동화책.

## 태양 물병자리 시즌에 물병자리 에너지를 플레이하기 좋은 리추얼

물병자리 시즌은 대한과 입춘 절기다. 절기의 끝과 시작이 공존하며 혹한의 추위가 몰아치는 겨울의 절정이다. 봄이 겨울을 깨고 나오듯, 물병자리는 기존의 틀을 깨고 새로운 것을 추구한다. 계절의 전환기처럼 새로운 시대로의 변화를 이끌며 추위 속에서도 다가올 봄을 준비하듯 더 나은 미래를 그려보기에 좋은 때다. 인류애 실천이나 독창성 강화가 제격, 뇌가 섹시해지는 지적 탐구나 객관성 훈련을 통해 혁신적 사고를 실험하기 적당한 시기다.

- 과학자처럼 가설을 세우고 실험하고 연구하라.
- 인식의 틀을 깰 수 있는 새로운 분야의 지식(aka. 과학책)을 탐독하라.
- 챗GPT를 친구삼아 고차원의 지적 토론을 즐겨라.
- 친구들과 더 좋은 세상을 만드는 모임을 만들고 봉사하라.
- 자신만의 독특한 사고방식이나 관심사를 정교하게 다듬어보라.
- 익숙한 일들을 새로운 방식으로 실험하고 도전해 보라.
- 힙한 텀블러나 장바구니로 제로 웨이스터가 되어보라.

**#4차원라이프 #독특스타그램 #특이점주의 #엉뚱매력**
**#보헤미안스타일 #아웃사이더그램 #독특한매력 #특이점스타**
**#엉뚱스타일 #유니크라이프 #청개구리**

# 물고기자리
## 신비로운 영성가

2월 19일~3월 20일

당신이 꿈꾸는 것을 이룰 용기가 있다면,
당신의 꿈은 모두 이루어질 것이다.
_월트 디즈니

태양 별자리가 물고기자리인 사람이 아름다운 개인주의자가 되기 위한 가이드로 삼으면 좋다. 달 별자리나 동쪽 별자리가 물고기자리에 있거나, 세 개 이상의 행성이 물고기자리에 있는 이들에게도 연민과 자비심에 대한 통찰과 조언이 도움이 될 것이다. 또한 해왕성과 목성의 영향이 두드러진 출생 차트를 타고난 이들이나, 무의식과 영적 성장의 현장인 12번째 하우스에 세 개 이상의 행성이 들어 있는 이들에게도 빛나는 조언이 될 것이다.

# 물고기자리
## Pisces
**2월 19일~3월 20일**

---

**원소: 물(−)**
**상태: 변화하는 상태**
**수호행성: 목성(올드 룰러) & 해왕성(모던 룰러)**
**수호하우스: 12번째 하우스**

작은 홈 스튜디오에서 재즈 음악을 들으며 수채화를 그리고, 심야에 영감을 받아 시를 쓰는 로맨틱한 예술가. 요가와 명상으로 내면의 평화를 추구하며, 주변 사람들의 감정을 섬세하게 읽어내는 공감의 달인. 무한한 포용 속에서 자신만의 초점을 찾고, 자아 없는 선의의 공허함을 채워갈 때 영혼의 예술가로 완성된다.

# 물고기자리의
# 숨겨진 에너지 코드

## 고통을 초월한 무한한 사랑

"그의 눈에는 무한한 슬픔이 있었고, 그것은 마치 모든 인간의 고통을 담고 있는 것 같았다."

태양 물고기자리 작가 빅토르 위고의 위대한 소설, 《레 미제라블》의 주인공 장발장에 대한 묘사이다. 이 소설은 '레 미제라블Les Misérables'이라는 제목 뜻 그대로 '비참한 사람들'인 장발장과 여러 인물들의 극적이고 웅장한 이야기로 장발장이 굶주린 조카를 위해 빵을 훔치는 것으로 시작한다. 자신이 아닌 조카를 위해 빵을 훔치는 것도, 이후 미리엘 주교의 사랑과 자비에 감복하여 내면의 큰 변화를 얻은 것도, 자신의 공장 노동자 판틴과의 약속을 지키기 위해 그녀의 딸, 코제트를 데려와 키우는 것도 모두 물고기자리답다. 장발장은 동정과 연민의 대상이 되는 비참한 사람에서 바로 그 비참함, 고통으로 인해 존재의 깊은 슬픔에 공감하며 더 크고 넓은, 무한한 조건 없는 사랑의 가치를 실현한다. 자비와 연민의 별자리 물고기자리처럼 말이다.


## 황도대의 마지막 별자리, 올드소울

물고기자리는 양자리부터 시작하는 12별자리의 마지막 별자리다. 양자리가 시작과 탄생을 의미한다면 물고기자리는 죽음과 영원을 의미한다. 물고기자리의 에너지 나이는 77세에서 84세의 노인으로, 앞선 열 하나의 별자리를 모두 포용하며 시작과 끝을 동시에 품는 가장 다채롭고 폭이 너른 수용적인 별자리다. 양자리의 열정과 황소자리의 느긋함, 게자리의 변덕과 쌍둥이자리의 재치, 처녀자리의 체계적이고 분석적인 태도와 천칭자리의 공정함, 사수자리의 관대함과 솔직함, 염소자리의 우울과 헌신이 모두 한데 뒤섞인 다면적인 페르소나를 지녔다. 그래서 물고기자리는 첫인상이나 세상에 나를 드러내는 현실적 자아라고도 불리는 동쪽 별자리, 감수성과 본능을 드러내는 무의식의 별자리인 달 별자리에 따라 매우 다채로운 모습을 보인다.

천문해석학에서 물고기자리는 '올드소울'이라 불린다. '올드소울'은 수많은 생을 경험하며 지혜를 터득한 영혼으로 물고기자리에서 태어난 이들은 영혼이 선택할 수 있는 가장 어려운 의무를 수행하거나, 삶의 완전함에 다다르기 위해 이번 생을 선택한다고 전해진다. 연약한 것들, 가난하고 아픈 이들에게 자기가 가진 모든 것을 주어야만 마음이 편안한 물고기자리는 타인을 위해 헌신하는 삶을 살며 자신을 잊기도 한다. 통장 잔고가 바닥일 때도 유니세프 후원을 끊지 못하며, 타인의 치명적인 실수나 위선, 중독, 혹여 범죄를 저지르더라도 함부로 판단하지 않는다. 연민이 넘쳐 길거리에서 만난 어려운 사람도 지나치지 못한다. 힘들고 어려우면 물고기자리 앞에서 쓰러지면 된다. 그러나 이것은 물고기자리의 지극히 작은 한 부분을 설명할 뿐이다. 물고기자리는 최고의 성스러움과 밑바닥의 비천함이 함께 공존하는 복잡하고 이상하며 세속적인 동시에 신비한 사람들이다.

강물이 결국 바다로 흘러 들어가듯, 모든 경험과 지혜가 최종적으로 모이는 황도대의 마지막 별자리 물고기자리는 무의식의 저장고이자 영적 성장의 12번째 하우스를 담당한다. 양자리부터 물병자리까지 열한 별자리의 모든 경험을 담아내고, 이를 초월적 통찰로 승화시키며 우주적 연결성 속에서 궁극의 경계 없는 사랑을 완성한다. 이로 인해 물고기자리는 더 깊은 통찰력과 포용력을 지니며, 무조건적 사랑과 연민, 자비심을 가진다.

## 경계 없이 드넓은 물 별자리

변화하는 물 에너지의 물고기자리는 예민한 감수성과 직관력으로 물이 주변의 모든 것을 흡수하듯 다른 이들의 감정과 에너지를 자연스럽게 이해한다. 공기 별자리가 명료한 지성으로 세계를 인식하고 이해하는 것과 다르게, 물고기자리는 물이 흐르듯이 그냥 느낀다. 이로 인해 뛰어난 공감 능력을 얻지만, 종종 자신의 감정과 타인의 감정 사이에 경계가 흐릿하다.

물 에너지는 감정과 본능, 느낌과 정서, 무의식을 담당한다. 같은 물 별자리 게자리가 자궁의 양수와 젖과 같은 키워내는 물로 감정의 안정감을 통해 단단해지고, 전갈자리가 피와 정액과 같은 강렬한 감정으로 어둠에 대한 통찰로 자기 갱신을 이뤄 낸다면, 물고기자리는 모든 생명의 원천인 바다와 같은 포용력으로 현실과 비현실의 경계를 넘나들며 초월적이고 영적이다. 게자리가 물질을 상징하는 흙을 품은 물이고, 전갈자리가 열정과 창조성을 상징하는 불을 품은 물이라면, 물고기자리의 물은 그 모두를 품은 거대하고 심오한 대양이다. 이것과 저것을 나누지 않고 무한히 넓혀가는 변화하는 물 에너지의 특징으로 부드럽고 유연하며 감정의 레이어가 많아 민감하다.

모든 것이 뒤섞인 탓에 모호하고 막연한 물고기자리는 그 속에 무엇이 들었는지 알 수 없어 때론 회색인이라는 오해를 받고, 꿈꾸는 듯한 표정은 홀로 딴 세상에 있는 것처럼 보이기도 한다. 그리고 정말 물고기자리는 꿈을 많이 꾸는 사람들이기도 하다. 이들은 꿈을 통해 오히려 현실을 더 또렷하게, 풍성하게 느끼고 이해한다. 깊은 무의식을 겹겹의 상징으로 보여주는 꿈의 언어를 물 에너지의 직관과 상상으로 알아차린다. '신이 인간에게 매일밤마다 보내는 연애편지'라는 꿈에 민감한 물고기자리는 영성에 더 가까이 열려있는 사람들이다.

## 예술적 영감과 종교적 감수성

물고기자리의 수호행성은 해왕성(모던 룰러)과 목성(올드 룰러)이다. 신비로움과 깊은 무의식, 영성을 상징하는 해왕성과 인식의 확장과 성장, 관대함의 별 목성의 특징을 함께 지녔다. 두 확장의 별을 수호행성으로 두는 물고기자리가 너그럽게 다른 사람들에게 퍼주는 것은 타고난 숙명인지 모른다.

해왕성의 상징기호 ♆는 체가 혼을 관통하는 모양이다. 물질의 십자와 섞인 혼의 기호가 나타내듯 해왕성은 경계를 뛰어넘어 물질로부터 초월하고 싶은 욕망, 통합하고자 하는 열망을 지닌다. 해왕성의 기호 모양이 바다의 신 포세이돈의 삼지창을 도안한 것은 우연이 아니다. 파도처럼 모든 것을 섞고 삼켜버리는 해왕성은 통합을 위해 혼돈을 가져온다. 영감과 상상, 연민과 자비, 꿈과 이상, 혼돈과 환상이 파도처럼 출렁이며 물고기자리에게 현실 세계 너머에 대한 통찰과 예술적 영감,

영적 깨달음을 선사한다. 한편, 목성의 지혜로운 에너지로 인해 철학적 사고와 성장에 대한 열망을 갖는다. 너그러움과 경계 없는 자비심, 순수한 낙관주의로 끊임없는 내적 확장을 추구하는 물고기자리는 해왕성의 직관과 감성, 목성의 지혜와 성장을 조화롭게 융합하는 풍요로운 존재들이다.

해왕성의 신비한 상상과 창조성으로 무의식에 접속하는 물고기자리는 뛰어난 예술가가 많다. 금성의 기능이 한 옥타브 높아진 것으로 보는 해왕성은 세속적인 미와 사랑 저편의 초월적인 것을 갈망한다. 그래서 금성을 수호행성으로 가진 흙 별자리 황소가 실용적이며 감각적인 예술을 지향한다면, 해왕성의 물 별자리 물고기자리의 예술은 추상적이며 영적이다.

영성과 신비의 별, 해왕성의 관대함과 너그러운 별 목성의 기질을 하나로 품은 물고기자리는 종교와 관련이 깊기도 하다. 재밌게도 물고기는 불교와 기독교 두 종교 모두의 상징으로, 절집 처마에 매달린 물고기 모양의 풍경과 불교 의식에 사용되는 목어, 초기 기독교의 예수를 상징하는 물고기나 성경에 등장하는 오병이어의 기적이 그것이다. 그래서인지 물고기자리는 신실한 종교인이 많고 종종 현실을 넘어선 신비한 경험을 하며 예지력을 발휘하곤 한다. 물고기자리가 느낌이 좋지 않다며 다음 차를 타고 가라거나 여행 날짜를 미루자고 한다면 속는 셈 치고 들어주는 것이 좋다. 그리고 대체로 물고기자리의 느낌은 맞을 때가 많다.

## 영적 열망과 현실적 욕구 사이에서
## 균형 찾기

물고기자리의 기호 ♓는 두 마리의 물고기가 서로 반대 방향을 향하면서 끈으로 연결되어 있다. 이는 현실과 환상, 의식과 무의식, 물질 세계와 영적 세계를 동시에 아우르는 물고기자리의 특성을 보여준다. 두 물고기 중 한 마리는 하늘을 향해 상승하고, 다른 한 마리는 깊은 바다를 향해 하강하는 모습은 영적 열망과 현실적 욕구 사이에서 균형을 찾아가는 물고기자리의 여정을 상징한다.

현재 가장 주목받고 있는 피아니스트 임윤찬은 태양 별자리가 물고기자리이다. 클래식 음악계에 어린 나이의 신동이 등장하는 것은 그리 놀라운 일은 아니다. 임윤찬의 등장도 그랬다. 아름답고 섬세한 연주와 탁월한 곡 해석은 놀라웠지만 주기적으로 등장하는 재능 넘치는 어린 연주가인 줄 알았다. 그런데 세계의 콩쿠르에서 매번 최연소 입상으로 기록을 갱신하면서도 콩쿠르 우승은 그리 큰 업적이 아니라고 말하고, 클래식 음악의 오스카라 불리는 음반상과 올해의 젊은 예술가상을 수상하며 화려한 이력을 이어가면서도 들뜨지 않고 담담하다. 임윤찬은 지금까지 봐오던 젊은 천재 피아니스트와는 다른 수행자 같은 태도를 보여준다. 수줍은 소년의 얼굴을 하고 노인처럼 지혜롭고 겸손하다. 예술가 임윤찬이 생각하는 대단한 업적은 이타적인 물고기자리처럼 음악을 나누는 것이다. "신이 있어서 제게 악기를 연주할 수 있는 기회가 주어진 거라면, 음악회를 볼 기회가 없었던 분들을 직접 찾아가 음악을 나누는 것이야말로 대단한 업적이라고 생각합니다. 그분들이 몰랐던 또 다른 우주를 열어드리는 과정일 수 있기 때문입니다"라고 말한다. 그리고 피아노를 하면서 가장 행복한 순간은 음악을 공유하는 것이지만, 음악이 꽃을 피우기 위해서는 혼자 고립되어야 한다고 생각한다. 사람들의 열광과 찬사에도 도취되지 않는 이제 스무 살의 물고기자리 예술가 임윤찬은 지혜로운 현자 같고 고독한 수행자 같다. 임윤찬의 예술의 바다에는 예술의 나눔과 홀로 고독하게 예술에 집중하는 두 마리의 물고기가 '크레센도'로 헤엄치고 있다. 〈크레센도〉는 '점점 세게'라는 음악 용어로 2023년 개봉한 임윤찬을 다룬 다큐멘터리 영화의 제목이기도 하다.

공기 별자리 물병자리의 낡은 것을 깨부수는 혁명과 자유의 독창적인 에너지를 이어받은 물고기자리는 물병자리의 혁명을 경계 없는 너른 자비로 품어 하나로 통합하여 불 별자리 양자리의 새롭게 시작하는 열정과 개척의 에너지로 이어준다. 물고기자리에서 12별자리의 카르마는 비로소 하나로 통합되고 다시 새로운 운과 명을 개척하는 여행을 떠난다.

## 물고기자리 주간별 강점과 약점

**2월 16일~2월 22일**

**중도를 모르는 감성과 다재다능 '예민함의 주간'**

**강점:** 성공지향적인, 염려해 주는, 보살펴 주는

**약점:** 위태로운, 비관적인, 고립된

물병－물고기자리 예민함의 주간은 공기 별자리인 물병자리의 활동적이고 창의적인 성격과 물 별자리 물고기자리의 감성적인 특성이 공존한다. 성공 지향적이며 다소 공격적인 성향을 보이는데, 이는 자기 증명 욕구에서 비롯된 내면의 불안감 때문이다.

물병자리의 공공을 위한 보편주의와 물고기자리의 내향적인 개인주의적 기질 사이의 양극을 오가느라 일상적인 교류가 어렵고 힘들 수 있다. 형이상학과 형이하학을 동시에 오가는 이들은 혼자 있고 싶은 욕구와 일상적인 교류에 대한 거부감 때문에 힘들겠지만, 아이를 낳고 가정을 꾸리거나 가족과 함께 사는 일상이 좋은 경험이 된다. 만약 가족이 안 된다면 반려동물도 좋은 대체제가 된다. 물병－물고기자리 주간은 물병의 천상계와 물고기자리의 깊은 심연까지 탐험하려는 욕구가 강렬한데 이를 군이 부정할 필요는 없다. 그러나 세상에 대한 신뢰를 배우기 위해 스스로 쌓은 방어적 장벽을 허물고 나와야 한다. 세상으로부터 도망치거나 자신만의 울타리 뒤에 숨지 않아야 한다.

**2월 23일~3월 2일**

**영적 가치와 세속적 태도의 결합 '영혼의 주간'**

**강점:** 영적인, 감각적인, 투명한

**약점:** 감정적인, 무책임한, 파멸적인

영혼의 주간은 이름답게 영적인 것에 가치를 두는 사람들이다. 동시에 직업을 가지고 돈을 벌며 생활하는 현실적인 부분도 등한시하지 않는다. 영성과 세속적 가치의 조화로운 결합이 특징으로 이들에게 영성은 주변의 일상에 깃들어 있으므로 세속적인 관심을 버릴 필요가 전혀 없다. 생동감 넘치는 영혼의 주간은 젊은 마인드를 가지며, 건강에 대한 관심이 높다. 이들의 건강에 대한 관심은 오래 살고자 하는 욕망보다는 삶의 질을 위해서이다. 좋은 세상을 만들기 위해 환경이나 재난 문제 등에 민감하게 반응하며 선한 일을 하고자 하는 욕구도 강하다. 인간적이며 물고기자리답게 공감 능력도 높지만, 자신을 타인보다 우월하게 여기는 무의식적 태도로 인해 깊은 관계 형성에 어려움을 겪을 수 있다.

영혼의 주간은 우월감을 내려놓고 타인의 필요에 귀 기울이는 균형 잡힌 태도를 가지고 자신의 실수를 인정할 수 있어야 한다. 그리고 무엇보다 타인의 제안이나 비판에 마음을 열어야 한다.

**3월 3일~3월 10일**

**천박함을 혐오하고 아름다움을 추구하는 '고독의 주간'**

**강점:** 숭고한, 친밀감을 주는, 우아한

**약점:** 은둔하는, 실망하는, 고통받는


고독의 주간은 자신만의 독립된 세계에서 머무는 혼자 놀기의 달인들이다. 얼핏 고독해 보이지만 외로운 것과 혼자 있는 것의 차이를 잘 안다. 자주 혼자이지만 그렇다고 외롭지는 않다. 이들의 가장 좋은 친구는 바로 자기 자신이다. 친구는 많지 않지만 몇몇과 깊은 친밀감을 나누며, 특히 사랑에 있어 강한 열정과 헌신을 보인다.

이들의 가장 큰 위험은 중독에 빠지기 쉽다는 것이다. 술이나 약물에 습관적으로 의지하거나 중독되며, 육체적인 즐거움이나 유혹에도 거부감이 없어 사랑과 관계에 중독되기도 한다. 그러나 동시에 강렬한 영적 통찰력과 감정의 희열을 경험하는 능력도 함께 지녔다. 고독의 주간은 인생에 심각한 상처를 경험해도 놀라운 회복력으로 극복하는 이들로, 자신을 보호하는 것은 자기 자신임을 잊지 않아야 한다. 현실감을 잃지 않으며 세상으로부터 도피하지 말고 열린 자세를 가져야 한다.


## 3월 11일~3월 18일
## 초월과 명상의 자기 존재 증명 '춤과 몽상의 주간'

**강점:** 철학적인, 도움을 주는, 기적을 행하는

**약점:** 무력한, 덧없는, 의존을 조장하는

철학적 성향이 강한 춤과 몽상의 주간은 우주의 신비와 인생의 의미를 끊임없이 탐구한다. 몽상적이지만 실용적이고 과학적 지식도 뛰어나다. 운명의 영향을 강하게 받아 28세에서 42세 사이 중대한 도전과 마주하게 되는데, 운명의 부름이라 할 수 있는 이에 대한 응답 여부가 이후의 삶을 좌우하게 된다. 이들은 의지만 가진다면 얼마든지 세속적인 성공과 성취를 이룰 수 있으며 불가능을 극복하는 힘을 지녔다. 춤과 몽상의 주간은 중요한 존재로 인정받고자 하는 욕구가 큰데 이는 이들의 가장 큰 약점이 된다. 가까운 이들이 독립을 선언할 때 불안해지는 것은 그 때문이다. 혈연관계이든 아니든 가족 같은 존재가 필요하며 그들에 대한 책임을 기쁜 마음으로 받아들인다. 사랑에 있어서는 불안정하고 비현실적인 면이 있어 때로 잘못된 선택을 하지만, 이들 자신은 긍정적이고 자상한 태도로 헌신적인 배우자가 된다.

춤과 몽상의 주간은 자신의 발전을 위해 적극적으로 삶에 참여해야 한다. 모든 것엔 한계가 있다는 것을 인정하고 때로는 쉬운 길을 선택해도 괜찮으며 필요하다면 기꺼이 타협해도 좋다.

# 물고기자리의
# 인간관계 가이드

## 물고기자리의 가족 관계

고통받는 존재들에게 늘 깊은 연민을 가지는 물고기자리는 타인과 세상에 좋은 사람이 되려고 한다. 그래서 오히려 현실의 가장 가까운 사람, 가족에겐 자칫 소홀할 수 있다. 늘 더 어렵고 가여운 사람을 도우러 집을 나선다. 물고기자리가 가족과 돈독해지는 좋은 방법은 같은 종교를 갖는 것이다. 가족과 봉사활동을 하며 이웃에 대한 사랑을 함께 실천할 수도 있다. 또 예술을 사랑하는 물고기자리답게 가족과 함께 전시회를 가거나 연극 공연에 다니며 문화를 즐길 수도 있다.

물고기자리 아이가 태어난다면 부모는 자신의 감정 관리에 신경을 써야 한다. 물고기자리 아이는 그 어떤 별자리의 아이보다 부모의 감정을 그대로 흡수하며 더 영향을 받는다. 상상력이 풍부해 그림책

《지각대장 존》처럼 매일 자신의 상상의 나라에서 사자를 만나고 작은 개울에서 파도를 만나는 아이들이다. 부모는 물고기자리 아이의 상상력에 기꺼이 공감해 주고 감정적으로 따뜻하게 대해야 한다. 그리고 상상과 현실의 경계를 부드럽게 알려주어야 한다. 부드럽게는 물고기자리 아이를 대하는 제1원칙이라는 걸 잊으면 안 된다.

물고기자리가 부모가 된다면 아이들의 상상력과 창의력을 존중해주고, 아이의 감정을 섬세하게 이해하는 다정한 부모가 된다. 물고기자리 부모들은 특히 동화와 옛이야기를 생생하고 실감 나게 읽어주는데, 마치 아동극단의 연극배우처럼 연기력이 훌륭하다. 단, 현실적인 훈육도 필요하다는 걸 잊지 않아야 하며, 특히 시간관념을 가져야 한다.

대체로 물고기자리들은 가정의 평화로운 분위기를 만들기 위해 애쓰며 가족들 사이의 작은 갈등도 부드럽게 녹여낸다. 하지만 가끔은 가족의 기대에 부응하려다 자신을 너무 희생하지는 않는지 돌아봐야 한다. 특히 물고기자리가 엄마가 된다면 자녀와 남편을 항상 자신보다 먼저 생각하는 경향이 더욱 짙어진다. 물고기자리 여성이라면 누구의 엄마나 아내, 딸이기 전에 자기 자신이 되어야 한다. 물고기자리의 이타심은 스스로를 지우고 희생하는 것이 아니다. 적절한 거리를 두고 건강한 경계를 만들 수 있어야 행복한 가족 관계를 유지할 수 있다.

## 물고기자리의 친구 관계

물고기자리는 가진 것보다 훨씬 많이 베푸는 마음 부자다. 충고, 조언, 평가, 판단하지 않고 잘 들어주고 베푼다. 친구들 중 누가 애인과 헤어졌다면 가장 먼저 알아채는 이는 물고기자리일 것이다. 타인의 감정에 깊이 공명하는 물고기자리들은 친구가 무엇을 필요로 하는지 본능적으로 안다. 너그러운 이들은 친구를 돕는 일에 헌신적이며, 때로는 자신의 안녕마저 잊을 만큼 친구를 위해 자신을 내어준다. 그러나 이런 공감 능력과 감수성으로 인해 친구의 무심한 한마디에도 깊은 상처를 받을 수 있다. 물고기자리는 친구 사이라도 '아니오'라고 말할 수 있는 힘을 길러야 한다. 너그럽고 다정한 심성으로 인해 거절할 줄 몰라 곤란한 상황에 처할 수 있다. 우정을 오래 지키고 싶다면 때론 거절할 수 있어야 한다. 친구의 감정만큼 아니, 먼저 자신의 감정을 살피고 알아야 한다.

물고기자리는 음악이나 미술, 영화와 같은 창조적 활동을 통해 교감을 나누며, 예술적 감각과 감성을 함께 공유하는 친구들과 깊은 유대를 형성한다. 물고기자리에게 예술 워크숍에 가자고 한다면 기쁘게 따라나설 것이다. 별자리나 타로, 영성을 공부하는 모임에도 호기심 가득한 표정으로 함께 한다. 물고기자리는 신비한 모든 것에 이끌리며 그들 자신도 매우 신비로운 분위기를 풍긴다.

물고기자리에게 우정이란 영혼의 교류이자 서로의 내면을 비추는 거울과 같다. 깊이 있는 관계를 추구하다 보니 친구의 수는 많지 않지만 일단 맺어진 인연은 평생을 함께하는 경우가 많다. 한 물고기자리 친구는 매년 연말엔 좋아하는 친구들을 집에 초대해서 소박한 식사를 만들어 먹는다. 그녀의 친구들은 서로 모르는 사이라 한 사람씩 서로 다른 날에 초대하는데, 매번의 준비를 그녀는 전혀 수고스럽게 여기지 않는다. 만약 오지 못한 친구가 있다면 다정한 편지와 소박하지만 정성스러운 선물을 보낸다. 그녀는 초등학교 시절 친구와 주고받은 크리스마스카드와 편지를 아직 간직하고 있다.

물고기자리는 일생 소울메이트를 찾아다니며 자신도 누군가의 진실한 소울메이트가 되길 원한다. 당신의 친구가 물고기자리라면 누구보다 이해심 깊은 다정한 친구를 두었다. 단, 당신도 물고기자리만큼 섬세해져야 한다.


## 물고기자리의 연인과 부부 관계

친밀한 관계에서 감정을 나누는 것이 삶의 중요한 이슈인 물고기자리는 결혼에 잘 어울리는 별자리다. 물 별자리답게 사랑의 바다에 주저 없이 풍덩 빠진다. 그러나 종종 드넓은 사랑의 바다에서 길을 잃고 허우적거린다. 사랑을 지나치게 이상화하며 연인을 위해 자신을 희생하거나 현실의 여러 문제에서 도피해 버리기도 한다. 물고기자리들이 연인과 배우자를 고르는 안목이 없는 것은 사람을 파악하는 능력이 없어서라기보다 사랑이라는 감정 그 자체를 사랑하기 때문이다. 물고기자리는 결혼을 하더라도 연애 시절의 로맨틱함을 잃지 않지만, 결혼은 현실이라는 것을 알아야 한다. 감정적인 공감과 이해만으로 매달 날아오는 각종 고지서와 명세서를 해결할 수 없다. 사랑과 결혼에 있어 물고기자리들은 파트너의 감정을 이해하고 공감하는 장점과 함께 현실의 여러 문제를 성숙하게 처리하는 능력을 길러야 한다.

흙 별자리 처녀자리나 황소자리는 물고기자리의 섬세하고 풍부한 감성을 이해하면서도 현실적인 안정감을 준다. 특히 금성을 수호행성으로 두는 황소자리는 물고기자리의 낭만에 현실적인 감각을 더하며 잘 어울리는 별자리다. 불 별자리 사수자리는 낙천성과 유머로 종종 우울해지는 물고기자리를 웃게 하며, 같은 수호행성인 목성의 너그러움과 관대함을 공유한다.

가깝게 지내는 물고기자리 친구는 연애 시절 직장에 자주 지각을 했는데, 매일 아침 연인과 헤어지는 것이 힘들었다고 했다. 물론 이제 40대가 된 그녀는 성실한 직업인이 되었지만 달콤한 그 시절을 그리워한다. 따뜻한 사랑으로 연인과 배우자를 보듬어주는 물고기자리는 감정에 휘둘리지 말고 현실적인 균형 감각을 가져야 한다. 이들은 사랑으로 가장 높은 경지의 영적 성숙을 이룰 수 있지만 때론 상대보다 자신을 더 사랑해야 한다. 물론 지금 사랑에 빠진 물고기자리에겐 들리지 않을 테지만 말이다.

## 물고기자리와 잘 지내는 법

물고기자리에게 "너무 예민한 거 아니야?"라고 말하는 것은 금물이다. 잔잔한 호수에 던져진 조약돌처럼, 물고기자리에겐 작은 말 한마디도 마음에 깊은 파문을 일으킨다. 당신이 살가운 대화에 능숙하지 않다면 차라리 입을 다물고 조용히 곁에 머물러라. 물고기자리는 어설픈 문제 해결이나 시시비비를 가리는 논리보다 자신의 내면을 이해해 주는 사람에게 더 깊은 신뢰를 보인다. 현실적인 조언도 좋지만 때로는 물고기자리의 꿈같은 이야기에 귀 기울이고 함께 상상의 나래를 펼칠 수 있어야 한다.

그렇다고 물고기자리가 섬세하기만 한 몽상가는 아니다. 어느 별자리보다 거짓과 속임수를 빨리 알아차린다. 같은 물 별자리 전갈자리가 상대의 거짓과 위선을 날카롭게 통찰한다면, 물고기자리는 거대한 바다와 같은 깊은 느낌과 감각으로 당신조차 의식하지 못하는, 당신 마음 깊숙이 숨겨 둔 거짓을 본능적으로 느낀다. 사소하고 작은 거짓도 금방 알아차리는 재능을 지녔다. 또 이들은 당신과 나눈 이야기가 다른 이에게 공유되면 매우 당황한다. 물고기자리와 나눈 사적인 대화는 함부로 발설하지 않아야 한다. 물고기자리들은 감정적 공감을 원하지만 의존적인 이들은 아니다. 감정 변화에 민감하게 반응해 주되 지나친 간섭은 피해야 하는데, 이들은 자신만의 공간과 시간이 필요하다. 물 별자리답게 종종 수면 아래로 깊이 침잠하는데 그러려니 하며 믿고 기다려주는 느긋함, 혹은 무심함이 필요하다. 그리고 진실해야 한다. 가장 쉽지만 한편 가장 어렵다.

예민하지만 너그럽고 다정하지만 자주 혼자이고 싶어 하는 물고기자리는 12별자리를 모두 품은 복잡한 영혼이다. 하여 물고기자리와 함께 하는 당신은 삶과 우주의 신비에게로 한층 더 가까워질 것이다.

# 물고기자리의 관계 별점

Pisces

· **황소자리**★★★★: 물고기자리의 몽환적이고 감성적인 성향에 필요한 현실적인 안정감과 실용적인 지지 기반을 제공한다.

· **게자리**★★★: 서로 직관적 이해와 감정적 교감이 뛰어나 안정적인 관계를 형성한다.

· **처녀자리**★★★: 처녀자리의 분석적이고 체계적인 성향은 물고기자리의 창의성과 직관을 현실화하는 데 도움을 준다.

· **전갈자리**★★★: 물고기자리의 신비로운 면을 이해하고 존중하며, 깊이 있는 영적 교감이 가능하다.

· **사수자리**★★★: 열정적이고 적극적인 사수자리 에너지가 물고기자리에게 새로운 자극이 되며 사수자리의 철학적 성향은 물고기자리의 영적 추구와 조화를 이룬다.

---

# 물고기자리의
# 라이프 밸런스 가이드


## 물고기자리의 건강과 운동

물고기자리가 담당하는 신체 기관은 발과 임파선, 뇌하수체다. 감수성이 풍부하고 스트레스에 민감해서 정신적, 신체적 건강의 균형을 맞추는 것이 중요하다. 다른 이의 감정과 기분도 물처럼 흡수해서 정신적 소모가 크므로 주기적으로 혼자만의 조용한 시간을 갖는 것이 필요하다. 정서 불안이나 우울해지기 쉬운 기질로 마음의 안정을 위해 명상이나 일상에서 쉽게 할 수 있는 호흡법을 익혀두는 것도 좋다. 또 쉽게 중독되므로 진통제나 진정제 등 약물을 함부로 사용하지 않아야 한다.

림프 순환이 좋지 않아 잘 붓는 경향이 있고 발과 발목 부위가 약해 오래 걷는 것을 힘들어 한다. 발과 발목을 보호하기 위해 적절한 운동화를 착용하고 운동 후 발 마사지 등으로 피로를 풀어줘야 한다. 자연 속에서 걷기는 정신건강에도 좋아 추천하는 운동이다. 갑작스럽고 격한 운동보다는 수영이나 댄스, 부드러운 동작의 빈야사 요가 등 유연한 동작으로 이뤄진 운동이 잘 맞는다. 물고기자리는 약한 강도의 운동을 규칙적으로 꾸준히 하며 점진적으로 강도를 높여야 한다.

## 물고기자리의 일과 재능

물고기자리는 타고난 직관력과 예술적 감수성의 별자리다. 풍부한 상상력과 창의성은 음악, 미술, 문학 등 다양한 예술 장르에서 빛을 발하며, 12별자리의 개성을 모두 지닌 물고기자리의 특성으로 다양한 역할을 소화하는 배우로서 재능 또한 풍부하다.

또 깊은 공감 능력과 섬세한 감수성은 타인의 감정을 이해하고 치유하는 일에 큰 강점이 된다. 내담자의 고통과 상처에 깊이 공명하는 상담사나 치료사로 적합하며, 특히 예술치료사로서 자신의 예술적 재능과 치유적 능력을 동시에 활용할 때 큰 만족감을 얻는다. 물고기자리의 예술적 감각과 창의력은 예술 분야에만 국한되지 않으며, 마케팅, 디자인, 교육 등 다양한 분야에서 독특한 시각과 창의적인 접근으로 새로운 가치를 창출할 수 있다. 특히 디지털 시대에 걸맞는 콘텐츠 크리에이터로서의 잠재력도 매우 크다.

## 예술치료사, 심리상담사

예술적 감수성과 타인을 이해하는 공감 능력을 동시에 활용할 수 있으며 뛰어난 직관력과 공감 능력으로 내담자를 깊이 이해하며 소통한다. 관계에서 공감하는 능력을 직업적으로 살릴 수 있어 물고기자리에겐 좋은 직업적 선택이 된다. 특히 해왕성의 별자리답게 내담자의 꿈을 리딩하고 치유하는 꿈 상담가로도 탁월한 재능을 가진다.

## 콘텐츠 스토리텔러

풍부한 상상력과 시각적 표현력을 마음껏 발휘하며 감성적인 스토리텔링 능력을 활용해 독창적인 콘텐츠를 만들 수 있다. 또한 자유로운 업무 환경은 물고기자리의 창의성을 발휘하기에 적합하다. 다양한 예술 장르가 하이브리드로 섞이며 디지털 미디어를 활용하는 등, 새로운 직업 분야를 개척하며 물고기자리만의 신비한 상상력과 콘텐츠의 결합으로 주목받을 수 있다.

## 아티스트, 교육자

깊은 감수성과 신비한 상상력으로 인간 내면의 깊은 무의식을 성찰하고 일깨우는 다양한 장르의 예술가, 자신의 예술 세계를 확장하는 의미로의 예술교육자 역시 물고기자리에게 적합하다. 특히 12별자리의 개성을 모두 품는 다채로운 물고기자리의 페르소나는 배우로서 매우 큰 재능을 가진다.

## 물고기자리의 재테크

　은행을 비롯한 금융권에서 일하거나 금융시장의 큰 손인 물고기자리를 찾는 것은 매우 어려운 일이다. 물고기자리가 부유하다면 그건 자산가와 결혼했거나 유산을 상속받은 경우일 것이다. 그렇다고 물고기자리가 돈에 관심이 없는 것은 아니다. 돈을 모으는 것에 무관심할 뿐이다. '네 돈 내 돈'을 구분하지 못하고 경계가 없다. 돈에 대한 개념이 떨어지는 물고기자리는 물질을 다루는 개념을 배울 때 이타성을 확장할 수 있다. 다소 충동적인 물고기자리는 재테크 이전, 자신의 지출 성향이나 소비 방식을 먼저 점검하고 가계부를 작성하는 습관을 가져야 한다. 구매를 결정할 때에도 적정한 소비인지 하루는 더 생각해야 한다.

　물고기자리는 꾸준히 월급을 모으고 적금을 통해 기본 자산을 마련해야 한다. 목돈이 모여 투자를 한다면, 변동성이 높은 투자는 물고기자리에게 신경증과 스트레스만 주니 직관력이 뛰어난 특성을 살려 장기 가치투자를 하는 것이 좋다. 그리고 유사시를 대비해 긴급자금을 확보해 두고 장기적인 재무 목표를 세우고 정기적으로 점검해야 한다.

　직관력과 통찰력을 활용하되, 감정적 판단은 최소화하는 것이 성공적인 재테크의 핵심이다. 무엇보다 타인의 감정에 영향 받아 경제적인 결정을 하지 않도록 주의해야 한다. 투자, 대출을 결정할 때 전문가의 조언을 반드시 구하고, 물고기자리의 뛰어난 공감 능력과 예술적 감각을 살려 부가 수입 창출을 모색하는 것도 재테크 방법으로 고려할

만 하다. 낮에는 평범한 회사원이지만, 밤에 온라인 타로 상담가가 되거나 판타지 소설을 쓸 수도 있다. 물고기자리는 부가 수입과 부캐를 동시에 챙기며 즐길 수 있는 이들로, 물고기자리의 다양한 페르소나를 재테크에서도 활용할 수 있다.

# 물고기자리를 일깨우는
# 해방 가이드

## 물고기자리의 아킬레스건
## 감정의 동일시와 현실 회피

    12별자리를 모두 품는 물고기자리의 심리적, 정서적, 영적인 영역은 끝없는 바다와 같다. 경계 없는 드넓은 바다에서 물고기자리의 감정은 타인의 감정과 구분 없이 섞이고 함께 출렁인다. 타인의 감정을 수용하고 받아들이는 공감의 능력자인 물고기자리는 이런 강점으로 자신의 정서적 경계가 쉽게 무너질 수 있다. 타인의 고통에 깊이 공감하고 내 것처럼 느끼는 태도와 마음은 아름답지만, 흐릿하고 모호한 자기상으론 건강한 삶의 목적을 찾을 수 없다. 물고기자리들은 넘치는 공감과 지나친 감정이입으로 타인의 감정과 욕구를 들어주고 해결하느라 자기 삶의 목적과 이상을 잃어버리고, 잊는 성향이 있다. 특히 달 별자리가 물고기자리에 있을 때 연민이 지나쳐 필요 이상으로 퍼주는 호구가 되지 말아야 한다. 무턱대고 헌신하다가는 정말로 헌신짝이 된다.

다른 사람의 고통과 감정에 지나치게 공감하다 보면, 정서적으로 소진되어 감정적 방어력이 약해진다. 그때 타인의 심리적, 감정적 조작에 쉽게 노출된다. 물고기자리의 부드러운 마음, 선하고 양보하는 성향은 악의를 가진 이들에게 이용될 수 있고, 스스로의 감정과 욕구, 필요를 지속적으로 무시하고 미루다 자기정체성마저 사라질 수 있다. 물고기자리의 과도한 감정이입과 자기희생은 자존감 저하로 이어지며, 결국 우울감이나 불안에 빠져 술이나 약물, 관계에 집착하고 중독되는 원인이 된다.

물고기자리는 현실로 나가 부딪히고 싸우는 것에 대한 두려움으로 자신을 타인에게 동일시하며 살고 있는 것은 아닌지 스스로 질문해야 한다. 복잡다단한 현실적인 문제들과 더 복잡한 자신의 감정에 대한 직면이 두려워 습관처럼 자신의 삶을 타인의 삶에 헌신하고 희생하며 사랑이라 하지는 않는지 되물어야 한다.

성장은 깊은 자기이해와 세상과의 조화로운 관계를 통해 이루어진다. 물고기자리는 나를 지운 채 타인의 감정에 이입하여 동일시하지 않는지 늘 경계하며, 이타심과 현실에서 도피하려는 마음의 구분과 차이를 알아차려야 한다. 타인에게 공감하며 돕고자 하는 따뜻한 마음, 삶의 이상을 추구하는 고상하고 고귀한 자질은 자신을 사랑할 때 힘을 가진다.

타인의 감정에 공감하는 능력을 스스로에게 돌려 자신의 깊은 감정을 먼저 만나라. 그때 물고기자리의 연민과 깊은 자비심은 건강한 이타심으로 영적인 성장을 이룬다. 자신을 사랑하라, 현실에서 도망가지 마라. 물고기자리가 여러 번 되새겨야 하는 진언이다.


## 물고기자리답게 살기 위해
## 통과해야 할 미션

### 감정의 경계 설정과 자기부터 사랑하기

물고기자리들은 타인의 감정을 스펀지처럼 흡수하는 뛰어난 공감 능력을 지녔지만, 이 능력으로 인해 진짜 자기감정을 잃어버리기도 한다. 타인의 감정과 자신의 감정을 구분할 수 있도록 물고기자리는 건강한 감정의 바운더리를 만들어야 한다. 감정의 경계 설정은 타인을 위해 과도하게 희생하고 헌신하는 물고기자리가 스스로를 돌볼 수 있게 하는 제일 첫 번째 원칙이다. 물고기자리는 자신을 먼저 사랑하고 돌봐야 한다. 그때 타인에 대한 사랑과 이타심 역시 건강할 수 있다.

### 현실에서 도피하지 않기

이상주의자 물고기자리는 풍부한 상상력과 비전을 가지고 있지만, 때로는 현실과의 괴리로 인해 어려움을 겪는다. 꿈과 현실 사이에서 적절한 균형을 찾아, 무엇보다 현실에 기반을 둔 방법으로 이상을 실현해 나가는 지혜를 가져야 한다.

## 중독 트리거 알아차리기

많은 물고기자리가 잠이 오지 않아서, 기분이 좋아서, 또는 슬퍼서 술에 의존한다. 한두 잔 마시는 것이야 괜찮지만, 물고기자리는 술을 비롯한 모든 중독을 경계해야 한다. 그러기 위해서 자신의 심리적·정신적 트리거가 무엇인지, 과거의 어떤 경험이 중독으로 이끄는지 알아야 한다. 중독을 멀리하기 위해 물고기자리는 일상적인 멘탈 관리가 필요하다.

## 결단력 기르기

물고기자리는 12별자리의 각기 다른 개성과 재능을 한 몸에 지닌 이들로 다양한 가능성을 보는 능력 역시 뛰어나다. 그러나 아무 결정도 내리지 않고 실현되지 않은 가능성만 가진 채로 세월을 보낼 수 있다. 물고기자리는 불확실성 속에서도 명확한 선택을 내리고 그 선택에 책임을 지는 용기를 가져야 한다.

## 물고기자리의 영혼을 깨우는 법

물고기자리의 신화는 미의 여신 아프로디테와 그녀의 아들 에로스가 괴물 티폰을 피해 유프라테스강으로 도망치는 이야기를 담고 있다. 아프로디테와 에로스는 물고기로 변신하여 강 속에 몸을 숨겼는데, 서두른 나머지 지느러미가 끈으로 묶인 채 도망가게 되었다.

괴물이라는 위험 앞에서 물고기로 변신하는 물고기자리 신화는 상황에 유연하게 대처하고 생존하는 능력을 의미한다. 물고기자리에게 영혼의 성숙은 변화를 두려워하지 않고 상황에 적응하는 능력과 연결된다. 생존을 위해 도망가는 것은 용기이며, 위기를 감지하고 즉각적으로 대응할 수 있는 것은 내면의 지혜와 직관을 믿을 때 가능하다. 삶의 위기와 위험 앞에서 물고기자리들은 타인이 아닌 무엇보다 자신의 직관을 신뢰해야 한다.

신화 속 두 물고기는 끈으로 연결되어 있다. 얽힌 물고기들은 상호 연결된 내면의 심연, 때로는 모순되고 때로는 조화로운 내면세계를 상징한다. 물고기자리는 분리와 통합, 개별성과 전체성 사이 미묘한 균형을 이루면서 이 끈을 풀어야 하며 결국 하나의 방향을 선택해야 한다. 쌍둥이자리가 서로 다른 기질과 관점, 이중성을 오가며 통합한다면, 물고기자리는 두 가지의 방향 중 하나를 선택할 수 있어야 한다. 12별자리의 개성과 재능을 모두 품은 물고기자리는 무엇이든 될 수 있지만 또 한편 아무것도 되지 않을 수 있다. 상류로 헤엄쳐 새로운 세상을 만나든 하류에 헤엄쳐 세상의 바닥을 경험하든 그것은 물고기자리의 선택이다. 선택은 결단력을 기를 때 가능하다. 모호하고 모든 것이 뒤섞인 물고기자리는 불분명한 경계를 넘어 삶이라는 바다에서 하나의 방향으로 나가는 결단력을 가져야 한다. 그 순간 물고기자리의 영은 한 단계 높은 차원으로 나아간다. 성숙한 물고기자리는 명왕성의 단호함과 결단력으로 두 마리 물고기의 연결된 줄을 끊는다.

## 물고기자리에게 추천하는 콘텐츠

### 존재에 대한 깊은 연민, 삶에 대한 영적 통찰과 성장에 대한 책 추천

- 《레 미제라블》빅토르 위고 지음_ 자기희생과 속죄를 통해 성인<sup>聖人</sup>으로 거듭나는 한 존재를 역사의 혁명 속에 보여주는 소설.
- 《백년의 고독》가브리엘 가르시아 마르케스 지음_ 환상적 상상력과 현실의 경계를 넘나드는 마술적 리얼리즘의 대표적인 남미문학.
- 《아침 그리고 저녁》욘 포세 지음_ 삶과 죽음에 대해 마침표가 거의 없는 문장으로 이어가는 심오하지만 간결한 소설.
- 《내면작업》로버트 A. 존스 지음_ 무의식의 보물창고, 꿈 작업에 대한 성찰 깊고 친절한 안내서.

- 《시와 산책》 한정원 지음_ 시를 읽고 산책을 하며 삶의 의미를 찬찬히 담아낸 맑고 단정한 산문집.
- 《요가 에세이》 이숙인 지음_ 요가는 영적 성장이라는 것을 알려주는 요가 철학에서 실천 요가까지 요가의 모든 것을 담은 책.
- 《아툭》 미샤 다미안 글, 요첩 빌콘 그림_ 이별과 죽음, 미움과 사랑을 알려주며 슬픔 속에 성장을 알려주는 그림책.


## 태양 물고기자리 시즌에 물고기자리 에너지를 플레이하기 좋은 리추얼

물고기자리는 우수와 경칩을 지나는, 겨울에서 봄으로 가는 길목의 별자리이다. 옛사람들은 이 시기에 한 해의 농사를 준비하고 경칩 이후 깨어난 생명이 상하지 않도록 들에 불을 놓지 못하게 금지령을 내렸다. 물고기자리의 자비와 이타심이 절기의 풍속과도 잘 어울리는 계절, 겨우내 얼었던 땅이 새봄의 기운으로 부드러워지듯 물고기자리의 다정한 온기로 내면의 깊은 감성을 일깨워보자. 마음과 몸, 영혼의 연결감을 느끼며 나의 영성에 접속하자.

- 아름다운 시를 읽거나 필사해 보자.
- 훌륭한 예술 작품을 감상하며 영혼을 정화해 보라.

- 산책길에 만나는 작은 생명과 교감해 보라.
- 곁의 사람들에게 아낌없이 베풀며 다정함을 나누라.
- 공감하되 감정의 경계를 지키는 리추얼을 만들어보라.
- 신이 매일 밤 인간에게 보내는 러브레터, 꿈을 기록하며 깊은 내면과 만나 보라.
- 나만의 안식처로 떠나 고요히 머물러라.

**#몽상스타그램 #꿈나라스타일 #소울러버 #니맘내맘 #드림러버 #본투비힐러 #판타지월드 #신비마스터**

● 이림영옥

별빛요기이자 별자리 커뮤니케이터 키키. 전갈자리 태양을 받으며 지구별에 와 통찰에 골몰한다. 요가를 좋아해 별자리 운명 해석을 명상으로 여긴다. 머리가 환해지는 물구나무서기 자세와 태양을 환대하는 태양 경배 자세를 매일 하려 한다. 덕분에 전갈의 집착을 집중으로 바꿔 몰입한다. 영혼의 점성학이라 불리는 에소테릭 어스트롤로지를 공부하며 드넓은 대우주와의 연결로 경이를 경험 중이다. 지구별에 올 때 동쪽에서 빛나던 쌍둥이자리를 혼의 목적으로 삼아 진리의 본질을 흐리지 않으면서도 쉽고 재밌게 별자리를 전하려 의지를 세웠다. 기업 매거진 에디터로 오래 밥벌이를 하며 언어를 세공하던 훈련도 이 길을 돕고 있다.

제천문화재단, 평택 지산초록도서관과 '길 위의 인문학'을 진행했고 오뉴, 무슨서점, 서울의 시간을 그리다 등 다양한 공간에서 클래스와 상담으로 별빛을 배달하고 있다. 천문해석학을 일상에 뿌리내리는 별자리 탐사대 및 별자리 해방클럽 등 재미난 별 볼 일도 만들고 있다. 《별자리 오디세이》와 《별자리 일력》을 우주살롱 친구들과 함께 썼고, 〈싱글즈〉에 별자리 운세를 쓴다.

인스타그램 @kiki_amorfati

## ● 제소라

전갈자리에 풍당 빠진 달을 쌍둥이자리 수성으로 해석하는 느긋한 태양 황소자리. 나와 우주의 관계를 풀어내는 모든 종류의 이야기에 끌려 사주와 별자리, 타로와 꿈을 공부하며 그 쓸모를 찾아낸다. 《별자리 일력》집필 참여와 별자리 책 집필 역시 그 쓸모 중 하나가 되었다. 읽고 쓰고 그리는 일을 하고, 종종 드로잉 모임을 열어 사람들과 접속하며 지구별을 내 속도대로 탐색 중이다. 몇 권의 그림책에 그림을 그렸고, 글과 그림을 잡지에 연재 중이다.

**인스타그램 @may_sora**

## ● 윤순식

전갈자리의 통찰력으로 보이지 않는 이면을 꿰뚫고, 사자자리의 열정으로 그 지혜를 나누며 살아가고자 한다. '배우는 사람'이라는 삶의 모토 아래, 10년 넘게 인문학 공동체 〈감이당〉과 〈남산강학원〉에서 시대를 초월한 지혜를 배우며 읽고 쓰고 있다. 사람과 사람을 연결하고, 서로를 이해하는 것이야말로 진정한 배움의 길이라 믿는다. 그 믿음을 바탕으로 사주명리와 별자리를 통해 삶과 내면을 탐구하는 상담과 교육도 틈틈이 하고 있다. 《별자리 일력》집필에 참여했으며, 북드라망 출판사에 '별들이 전하는 이달의 운세'를 연재하며 우주의 지혜를 전하고 있다.

**책 추천 도움: 무슨서점, 선민정 나나, 퍼스널북퍼**

아름다운 개인주의자를 위한
# 별자리 심리 사전

초판 1쇄 인쇄 | 2025년 5월 15일
초판 1쇄 발행 | 2025년 5월 26일

지은이      | 이림영옥·제소라·윤순식
펴낸이      | 전준석
펴낸곳      | 시크릿하우스
주소         | 서울특별시 마포구 독막로3길 51, 402호
대표전화    | 02-6339-0117
팩스         | 02-304-9122
이메일      | secret@jstone.biz
블로그      | blog.naver.com/jstone2018
페이스북    | @secrethouse2018
인스타그램 | @secrethouse_book
출판등록    | 2018년 10월 1일 제2019-000001호

ⓒ 이림영옥·제소라·윤순식, 2025

ISBN 979-11-94522-14-0  03180